Luc de Brabandere · Alan Iny

LA BONNE IDÉE EXISTE !

Cinq étapes essentielles pour la trouver

Traduit de l'anglais par Marie-France Pavillet et Michel Le Séac'h

EYROLLES

Autres ouvrages de Luc de Brabandere

La Logique. L'art de bien utiliser le mot donc (avec Gabrielle Halpern), pure e-book, Eyrolles, 2013.

Petite Philosophie des grandes trouvailles, Eyrolles, 2012, 2e édition.

Petite Philosophie des mathématiques vagabondes (avec Christophe Ribesse), Eyrolles, 2012, 2e édition.

Pensée magique, pensée logique. Petite philosophie de la créativité, Le Pommier, 2012, 2e édition.

Les Mots et les choses de l'entreprise, Éditions Mols, 2012.

Petite Philosophie de nos erreurs quotidiennes (avec Anne Mikolajczak), Eyrolles, 2011, 2e édition.

Le Plaisir des idées. La pratique de la créativité en entreprise (avec Anne Mikolajczak), Dunod, 2010, 4e édition.

Balade dans le jardin des grands philosophes (avec Stanislas Deprez), Éditions Mols, 2009.

Petite Philosophie des histoires drôles, Eyrolles, 2009, 2e édition.

La Valeur des idées. De la créativité à la stratégie en entreprise, Dunod, 2007.

Espèce de Trochoïde ! 50 idées mathématiques expliquées au profane (avec Christophe Ribesse), Dunod, 2006.

The forgotten half of change: Achieving Greater Creativity through Changes in Perception, Kaplan, 2005.

Machiavel, Erasme et More. Trois philosophes pour les managers d'aujourd'hui (avec Jean-Michel Besnier et Charles Handy), Village Mondial, 2000.

Calculus, Mardaga, 1994.

Le Latéroscope, La Renaissance du livre, 1990.

Les Infoducs. Un nouveau mot, un nouveau monde, Duculot, 1985.

Cet ouvrage est dédié à tous nos collègues et clients, qui nous ont permis d'apprendre la créativité tout en l'enseignant, et à nos épouses, Bernadette et Roberta, qui ont fait en sorte que cela arrive.

Sommaire

Préface 9

CHAPITRE 1 ***Des cadres mentaux neufs pour une réalité nouvelle*** 13

CHAPITRE 2 ***Les cadres mentaux : fabrication et mode d'emploi*** 29

Les concepts clés de ce livre 49

CHAPITRE 3 ***Douter*** 55

CHAPITRE 4 ***Explorer*** 91

CHAPITRE 5 ***Diverger*** 127

CHAPITRE 6 ***Converger*** 171

CHAPITRE 7 ***Réévaluer*** 195

CHAPITRE 8 ***De l'inspiration à l'innovation : construire de nouveaux cadres mentaux et les remplir*** 225

CHAPITRE 9 ***Imaginer l'avenir*** 253

CHAPITRE 10 ***Un nouveau commencement : comment adapter les cinq étapes à votre situation*** 291

Remerciements 299

Notes 303

Les auteurs 313

Index 315

Préface

IL ÉTAIT UNE FOIS une petite ferme nichée dans de douces collines, où vivait un labrador nommé Sartre. Épris de liberté, Sartre sautait régulièrement par-dessus une clôture, au fond de la cour, pour courir les bois à la chasse aux écureuils. Un beau matin, son maître compatissant décida d'y ouvrir une large brèche, de sorte que Sartre n'avait plus besoin de franchir cet obstacle quand l'envie le prenait d'aller battre la campagne. Cependant, chaque fois qu'il parvenait à l'endroit où elle se dressait auparavant, il sautait tout de même – il avait en effet amassé suffisamment de souvenirs et de convictions pour qu'il lui soit presque impossible de remarquer sa disparition.

Le comportement de Sartre était, à certains égards, semblable à celui des trois personnages de *Huis clos*, la célèbre pièce de théâtre du philosophe existentialiste dont il portait le nom. Garcin, Estelle et Inès, prisonniers en enfer, rêvent de s'évader de cet espace oppressant. Pourtant, à la fin de la pièce, quand la porte s'ouvre soudain et qu'ils peuvent en sortir, ils y restent, car l'espace inconnu qui les attend à l'extérieur les remplit d'effroi.

L'attitude du chien peut paraître comique, le destin des héros pathétiques de Jean-Paul Sartre d'une symbolique un peu forcée, mais ces deux histoires révèlent de profondes vérités sur la nature humaine.

Tous les jours, nous créons tous d'innombrables modèles ou cadres mentaux – relais indispensables pour comprendre le monde. Beaucoup nous sont effectivement utiles un certain temps – comme l'avait été, des années durant, la tactique de Sartre. Mais ils peuvent aussi nous empêcher de progresser, en particulier parce qu'ils rendent difficile de remarquer d'importants changements survenus autour de nous. Notre cerveau nous ramène systématiquement vers le familier, nous nous accrochons donc à de vieux schémas mentaux qui ne sont peut-être plus pertinents. L'horreur du risque pousse la plupart d'entre nous à tenter de confirmer des opinions existantes et à refuser de reconnaître à quel point les choses changent vite et radicalement.

De telles erreurs de perception peuvent coûter très cher, dans le monde toujours plus turbulent d'aujourd'hui. Il est certes utile, et même inévitable, d'utiliser ses modèles mentaux existants pour simplifier l'infini inconnu, mais à s'appuyer dessus trop exclusivement ou trop longtemps, on risque fort de manquer des opportunités fabuleuses. Ils peuvent nous empêcher de voir des « brèches dans la clôture », de sortir de notre zone de confort et de réussir dans cet abysse qu'est l'inconnu. Comme les protagonistes de *Huis clos*.

L'expérience acquise au cours de dizaines d'années de conseil stratégique au service de très grandes entreprises et institutions, dans le monde entier, pour les aider à relever des défis aux enjeux considérables, affectant parfois des milliers de salariés et des millions de clients, nous a permis de constater que la distinction essentielle entre les gagnants et les perdants, les leaders et les suiveurs, ceux que le changement propulse sur une trajectoire triomphale et ceux qu'il anéantit, se résume à la forme de créativité stratégique que nous décrivons dans cet ouvrage. Il s'agit de réfléchir en se plaçant dans *le* bon cadre mental et, finalement, d'identifier *la* bonne idée parmi tant d'autres.

C'est un processus qui conjugue l'analyse pragmatique et la génération d'idées dans un climat de liberté totale. Il suppose de développer et de tester continuellement des hypothèses – en particulier de nouvelles manières d'assumer la complexité –, de naviguer dans l'incertitude et de se préparer aux bouleversements qui vous attendent inévitablement.

Que vous soyez créateur d'entreprise, riche d'une idée novatrice à proposer au marché, architecte, avec en tête l'image d'un édifice d'une beauté à couper le souffle, ingénieur, tentant de conceptualiser un nouveau programme logiciel, homme politique à la recherche d'un changement social révolutionnaire ou PDG tentant de piloter son entreprise dans l'un des contextes économiques les plus périlleux des temps modernes, vous êtes concerné. Quel que soit le défi auquel vous êtes confronté, le processus de créativité décrit dans ces pages peut changer la façon dont vous interprétez tout ce qui se passe autour de vous et celle dont vous résolvez les problèmes. Il peut changer la façon dont vous dirigez votre équipe sans savoir ce qui vous attend au tournant (mais personne ne le sait, après tout !). Vous allez redécouvrir toute la puissance de la pensée, dans ses innombrables dimensions, grâce à un système pragmatique qui vous permettra d'atteindre une créativité productive, libre, pratique, durable, ouvrant des perspectives plus larges et rendant la vie plus belle.

Lisez la suite. Vous y trouverez une méthode qui vous aidera à imaginer, peaufiner, puis offrir au monde de nouvelles conceptions, stratégies et visions qui pourraient bien vous permettre, à vous et à vos collègues, de créer le prochain Post-it ou le prochain iPad – ou au moins de porter un regard totalement différent sur la créativité. Elle vous poussera à rêver de multiples scénarios d'avenir afin de mieux vous préparer à ce qu'il vous réserve. Elle vous guidera même vers une façon plus ouverte de penser à votre vie et vous montrera comment poser les bonnes questions afin d'être mieux armé pour réaliser vos objectifs, tant personnels que professionnels.

Oui, vous allez apprendre à penser autrement et plus efficacement – et cela changera votre façon de travailler et de vivre. Et vous vous amuserez. Promis.

Quelques mots sur la traduction

L'expression emblématique de la créativité en anglais est « thinking outside the box ». Tout le monde la comprend, elle est utilisée aussi bien dans les affaires qu'en politique ou dans l'enseignement. Elle est également à l'origine du titre original de ce livre, *Thinking in New Boxes*, où l'accent est davantage mis sur le but que l'on veut atteindre que sur ce que l'on quitte.

Mais comment traduire « box » ? La question s'est très vite posée. En français on dit parfois « sortir du cadre », mais « construire de nouveaux cadres » ne peut convenir comme titre, sauf peut-être pour un livre sur la décoration intérieure. Le titre finalement choisi, *La bonne idée existe ! Cinq étapes essentielles pour la trouver* a éliminé le problème de la traduction, tout en étant plus en phase avec plusieurs autres livres que j'ai publiés sur le même thème avec Anne Mikolajczak.

Le choix de l'équipe fut donc de revenir au sens du mot « box » qui évoque les limites que nous nous imposons à nous-mêmes sans véritable raison, et donc de traduire le mot de manière alternée par « modèle mental », « cadre de pensée », « représentation », « prisme », « regard », en fonction du contexte et des nuances.

Luc de Brabandere

Chapitre 1

Des cadres mentaux neufs pour une réalité nouvelle

Une question facile, pour commencer : combien de couleurs y a-t-il dans un arc-en-ciel ?

Selon vous : cinq ? sept ? dix ? À l'école, on vous a sans doute dit à un moment ou à un autre qu'un arc-en-ciel en comportait un nombre fixe. L'explication la plus courante en est que l'œil humain en distingue sept – le rouge, l'orange, le jaune, le vert, le bleu, l'indigo et le violet –, et beaucoup d'entre nous ont donc appris au cours de leur enfance que l'arc-en-ciel est composé de sept couleurs. Mais ce n'est pas tout à fait exact : il couvre un spectre de couleurs continu, au moins selon nos modèles de physique. Pour traiter des idées aussi compliquées que celle-ci (un nombre infini de couleurs), le cerveau simplifie en plaçant la réalité physique dans un modèle mental, dans un « cadre » d'une taille plus commode, plus maniable*.

Les cadres permettent de ranger, entre autres, des idées, des approches, des philosophies, des tactiques, des théories, des schémas

* En réalité, un certain nombre d'études ont montré que l'œil ne discerne en général que six couleurs dans un arc-en-ciel (le plus souvent, il ne distingue pas l'indigo). La réponse de notre cerveau, sept (celle que l'on nous a enseignée durant l'enfance), est donc encore plus artificielle que nous ne le pensons – elle pourrait bien avoir un rapport avec la signification culturelle du chiffre 7, considéré comme tout à fait particulier.

et des stratégies. Toute idée humaine peut s'exprimer ou s'interpréter grâce à une myriade de modèles mentaux. Le cerveau s'en sert constamment – et il ne peut pas faire autrement – pour nous permettre d'affronter et de traiter la réalité. Le monde nous confronte à une variété infinie de personnes, de lieux et d'objets ; nous avons recours à des schémas et à des systèmes pour les simplifier et à des catégories pour les organiser.

Nous disposons tous de cadres de tailles très diverses. Les plus petits accueillent des objets similaires – « entreprises de produits électroniques grand public » ou « cafés du quartier ». Les stéréotypes ou les jugements – comme « nos clients aiment le chocolat » ou « les joueurs de basket sont grands » – correspondent à un format légèrement plus grand. Un paradigme est un cadre tellement vaste (par exemple « démocratie » ou « liberté ») que, parfois, on ne se rend plus compte que ce n'est justement qu'un simple cadre, comme lorsqu'on est à bord d'un navire si immense qu'on en oublie que l'on est en mer. D'autres formats correspondent à ce que nous appelons communément des structures, hypothèses, systèmes, mentalités, cadres de référence, etc.

Ces divers cadres contribuent tous à rendre le monde plus gérable. Nous vivons énormément de choses, engrangeons d'innombrables informations et, tous, nous réduisons constamment tout cela en segments ou en catégories, autrement dit en « cadres », par le truchement desquels nous tentons de les comprendre. Mais il ne faut pas confondre ces tiroirs – même les plus évidents, les plus largement utilisés – avec la réalité : la comptabilité n'est jamais qu'une photographie du passé et non une représentation exacte du présent ; diviser sa clientèle en segments de marché est une distorsion souvent utile qui repose sur des distinctions et des généralisations artificielles.

Si le cadre simplifie la réalité, il en est aussi une représentation approximative. Vous croyez sans doute avoir en tête une image exacte du logo de Google : six lettres arborant chacune une couleur primaire. Pourriez-vous dire avec certitude lesquelles, parmi ces couleurs, apparaissent deux fois ? Vos cadres vous aident à appréhender les choses, mais seulement jusqu'à un certain niveau de détail (en l'occurrence, assez pour éviter les confusions avec le logo d'une autre entreprise), et seulement pendant un certain temps. Ils sont tous voués à être révisés, raffinés et même, le cas échéant, remplacés.

Supposons par exemple que vous soyez en train de dîner au restaurant et qu'arrive un homme grisonnant, d'une cinquantaine d'années, vêtu d'un costume élégant et accompagné d'une femme beaucoup plus jeune en jean et t-shirt. Comme ils se ressemblent vaguement, vous décidez immédiatement qu'ils sont père et fille. Mais quand ils s'installent à la table voisine de la vôtre, vous remarquez un certain nombre de détails révélateurs et, peu à peu, vous en apprenez davantage sur ce couple. Par exemple, l'homme décrit à la jeune femme les avantages de tel ou tel investissement et vous décidez que c'est l'une de ses riches clientes. Ou alors, ils se tiennent par la main et vous décrétez qu'ils sont mariés. À moins qu'ils ne fassent tout pour détourner votre attention tandis qu'un comparse s'empare de votre portefeuille. Quoi qu'il en soit, vous ne pouvez pas vous empêcher de trouver une explication, c'est-à-dire de construire des cadres.

Dans notre vie professionnelle, nous prenons tous sans arrêt le même genre de « décisions » en cascade. Supposons que votre PDG, à la surprise générale, nomme un nouveau directeur financier. Dans son communiqué, il remercie de ses bons et loyaux services la DAF qu'il remplace – elle souhaite consacrer davantage de temps à sa famille, ce dont il la félicite. Vous pouvez prendre cette annonce au pied de la lettre, mais vous pouvez aussi « décider » qu'il régnait une tension excessive entre elle et le PDG. Plus tard, près de la machine à café, vous surprendrez peut-être des rumeurs d'indélicatesses, et, quelques jours après, l'annonce de nouvelles réglementations du remboursement des frais vous incitera à penser que la directrice financière gonflait ses notes de frais. À moins que vous n'ayez vent d'une réunion d'urgence du conseil d'administration au cours de laquelle le PDG a, semble-t-il, dû se battre pour sauver sa tête – vous en concluez qu'il a sacrifié celle de sa directrice.

Dès l'annonce d'un accident d'avion en Afrique ou d'une fusion entre deux entreprises, nous imaginons une logique expliquant le pourquoi et le comment de ces événements. Et, comme le montrent tous ces exemples, notre interprétation de la réalité évolue à mesure que nous rassemblons de nouvelles données. À l'instar des scientifiques développant des hypothèses qu'ils modifient, après investigation, les transformant en « théories » plus définitives, nous refaçonnons et raffinons nos cadres en fonction des nouvelles informations dont nous disposons. Mais quand cette démarche s'avère insuffisante, par exemple parce qu'une nouvelle observation se révèle totalement incompatible avec les cadres dont nous disposons, il nous faut imaginer un nouveau cadre radicalement différent des précédents.

Ajoutons qu'on ne peut en général pas se contenter d'un seul cadre. La complexité du monde oblige à jongler avec de multiples théories, modèles et stratégies. Au moment même où votre « cadre » décrivant le couple du restaurant évoluait, vous manipuliez et actualisiez d'autres modèles mentaux pour décider si le potage était bon, quelle fourchette utiliser pour le dessert, le montant du pourboire que vous alliez donner à la serveuse et si vous lui répondriez avec franchise quand elle vous demanderait si vous aviez apprécié le repas.

La différence cruciale, qu'il ne faut jamais oublier, est celle qui sépare le monde difficile à comprendre, avec ses myriades de facettes, que vous avez *devant vous* et la façon dont vous le percevez, l'interprétez et le simplifiez *dans votre tête*. En d'autres termes, pour utiliser une formulation qui nous paraît plus claire, les gens utilisent les modèles mentaux ou les cadres qu'ils ont en tête (par exemple des concepts ou des stéréotypes) pour traiter la réalité complexe, toujours changeante et souvent chaotique, qui se présente à eux.

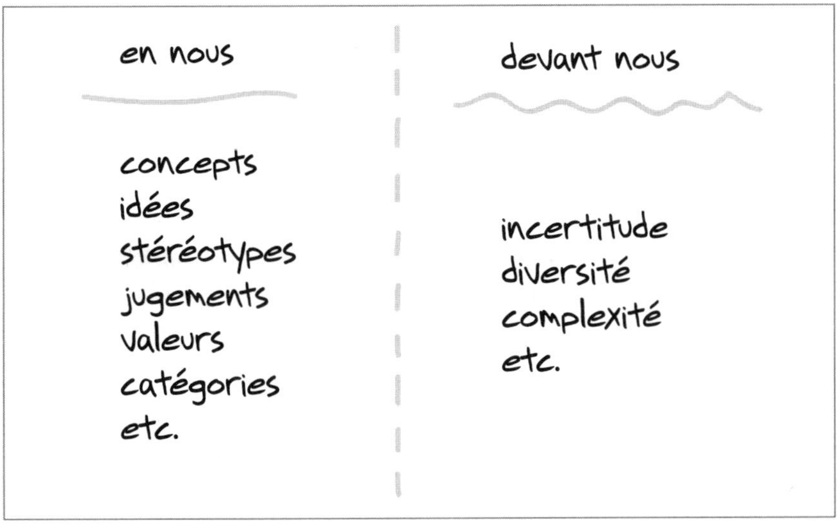

On n'a pas en nous ce qui est en face de nous

Si vous voulez doper votre créativité et survivre dans un contexte de changement accéléré et de difficultés de toutes sortes, nous sommes convaincus qu'il ne suffit pas de penser « en dehors du cadre ». Ce qu'il faut, c'est apprendre à penser avec des cadres neufs, et cela suppose de créer délibérément (et non pas inconsciemment) un arsenal de nouveaux modèles mentaux que l'on explorera ensuite méthodiquement en les classant par ordre de priorité.

On ne peut pas penser sans cadres mentaux, ce n'est même pas la peine d'essayer

On ne peut pas réfléchir, prendre des décisions et encore moins avoir des idées réellement nouvelles (ou repérer *la bonne idée* entre mille autres) sans utiliser une batterie de modèles mentaux qui nous simplifient la tâche. La plupart du temps, penser passe par un processus de *classification* : l'esprit est confronté à la réalité – une multiplicité de *stimuli*, d'éléments et d'événements. Pour comprendre tous ces entrants disparates, il a recours à des catégories préexistantes qu'il a déjà créées ou, si aucune d'entre elles ne coïncide avec la réalité du moment, il en génère de nouvelles.

Nous nous représentons volontiers le cerveau comme un placard géant, avec des compartiments et des tiroirs, un endroit destiné à mettre de l'ordre dans le fouillis de la réalité, à trier cette masse pour aboutir à un ensemble d'idées plus compréhensibles et plus gérables. Pour faire de l'ordre, nous avons tous recours au tri : nous regroupons les éléments dotés de caractéristiques communes. Nul ne peut affronter les aspects innombrables et compliqués de la vraie vie sans commencer par les placer dans ce genre de *cadres*, matière première de la pensée et de la créativité humaine. Quand le commercial dit « mes clients », le professeur « mes élèves », ils utilisent un cadre afin de catégoriser, voire de visualiser mentalement, deux ou trois clients ou élèves. Contrairement à ce qui se passe quand on dit « mes enfants » ou « mon bureau », en se référant en général à la réalité, l'ensemble des clients ou des élèves est suffisamment vaste pour qu'une simplification soit nécessaire.

Considérons les premières pages de la Bible judéo-chrétienne. Quand Dieu a placé Adam dans le jardin d'Éden, il lui a dit de devenir le maître des autres animaux. « Dieu dit : Faisons l'homme à notre image, selon notre ressemblance, et qu'il domine sur les poissons de la mer, sur les oiseaux du ciel et sur tous les reptiles qui rampent sur la terre[I]. »

Que fit Adam pour établir sa domination ? Il commença par donner un nom à chaque espèce d'animaux. Cela revenait à dire : *Je suis le maître du lion parce que je lui ai dit : « Tu es un lion. »* Et : *Je suis le maître de l'ours parce que je lui ai dit : « Tu es un ours. »* Les noms – et les mots – n'existent que dans notre esprit, mais nous en avons besoin pour affronter le monde qui nous entoure. En donnant des noms aux animaux, aux objets et aux autres facettes de la réalité, nous établissons des distinctions, portons des jugements et créons des liens entre les choses ; nous favorisons l'ordre, exerçons un contrôle et, plus important encore, nous disposons tous ces aspects de la réalité dans des catégories qui en facilitent la compréhension.

La *catégorie* est effectivement l'une des formes les plus primitives de cadre, et peut-être l'une des inventions les plus importantes de tous les temps. Quand Aristote, dans son *Organon*, décrit dix catégories (dont la « quantité » et le « lieu ») afin d'organiser toutes les sortes possibles d'objets pouvant être le sujet ou le prédicat d'une proposition, il pose les bases de la science de la logique, qui a elle-même conduit à un raisonnement humain plus formalisé *.

Les catégories ne représentent évidemment qu'un seul type de cadre relativement simple. Pour penser, il faut avoir recours à de nombreux autres modèles mentaux plus complexes, comme les stéréotypes, schémas, systèmes, règles, postulats et paradigmes. Ces divers cadres sont des outils utiles pour affronter la réalité. Si vous êtes comme le commun des mortels, vous vous tenez à bonne distance des lions, car vous avez déjà créé un cadre, dans votre tête, qui identifie cette bête sauvage à un danger. Chaque fois que vous voyez un animal qui ressemble à d'autres que vous avez déjà vus et catégorisés, vous placez l'idée nouvelle dans ces cadres existants qui vous aident instantanément à réagir.

Les gens aiment réduire l'incertitude. C'est même une impérieuse nécessité. Il est affreusement inconfortable d'être dans l'inconnu. Les cadres constituent une manière facile de simplifier, minimisant ainsi l'angoisse que vous inspire le monde. Quand vous réfléchissez à une situation ou à un problème de la vraie vie, vous l'humanisez : vous recréez le monde à votre image, à votre ressemblance, en vous fondant sur tout ce que vous avez toujours eu « devant vous ». Vous avez besoin de ces cadres pour produire d'autres idées en rapport avec les premières – qu'elles soient complémentaires ou contradictoires, étroitement liées ou totalement distinctes.

* Pourquoi Aristote propose-t-il dix catégories et non, disons, douze ? À en croire le célèbre linguiste français Émile Benveniste, la raison en est simple : en grec, le verbe être peut prendre dix formes différentes selon que l'on souhaite dire : « je suis », « je suis en France », « je suis un homme », « je suis heureux », etc. Aristote avait observé les dix usages du verbe et percevait donc en lui-même dix catégories très utiles. Si Aristote était venu d'une autre partie du monde, où il y avait plus ou moins d'usages du verbe être, il aurait peut-être augmenté ou diminué le nombre de ses catégories conformément à leur nombre.

Ainsi, les cadres sont des ébauches, c'est la façon dont le cerveau simplifie, nomme et classe les choses – qu'il s'agisse d'un lion affamé, d'un bébé qui pleure ou d'un soulèvement populaire dans le pays d'un de vos amis – de façon à ce que vous puissiez déterminer la meilleure façon de réagir.

Il ne suffit pas de « sortir du cadre »

Mais comment générer de nouvelles idées et approches créatives ?

Les ateliers consacrés à la créativité ou à l'innovation encouragent traditionnellement leurs participants à « sortir du cadre » (l'expression consacrée en anglais est *think outside the box*). Voilà des décennies que les animateurs de ces séminaires les y exhortent, mais deux problèmes se posent : 1) ce conseil est très difficile à appliquer et 2) même si l'on y parvient, que l'on réussit donc à s'extirper de tel ou tel cadre, cela ne suffit pas – le plus souvent, pour aller plus loin, il faut partir d'un nouveau modèle mental.

Supposons que vous fassiez partie de l'équipe de direction d'une banque située à Chicago et que, lors d'un séminaire, l'on vous demande de « penser en dehors du cadre ». Dans ce contexte, cela ne veut pas dire en dehors de la banque, mais bien plutôt en dehors de la façon dont vous la *percevez* et, peut-être, en dehors de vos hypothèses de travail concernant la banque en général.

Autrement dit, un cadre n'est pas un objet tangible. C'est plutôt un modèle *dans votre esprit*. Et tout modèle mental que vous créez, si brillant ou rentable qu'il puisse être, finit inéluctablement par devoir être renouvelé et remplacé, puisque le monde continue à évoluer, tandis que votre cadre reste figé. Quand Sartre, notre ami à quatre pattes, sautait par-dessus la clôture qui l'empêchait d'aller explorer les champs situés derrière sa ferme, c'était intelligent. Mais un changement s'était produit – la clôture avait été supprimée –, cette habitude n'avait dès lors plus ni sens ni valeur. Il fallait qu'il se débarrasse de son vieux cadre et en construise un nouveau, correspondant au monde qu'il avait devant lui, un monde sans clôture.

Ce que Sartre le chien n'avait pas réalisé, c'est que nos modèles mentaux peuvent certes nous guider et nous libérer. Mais ils peuvent également occulter la vérité et nous empêcher d'aller de l'avant. Ils nous enferment alors dans des hypothèses rigides et des actions répétitives, nous poussant vers des routines éculées et des conventions dépassées. Ils étouffent notre créativité, nous tiennent en captivité.

Pourquoi ne suffit-il pas de « sortir du cadre » ? L'une des principales raisons, c'est qu'il est difficile, souvent impossible, de le faire sur commande. Comme à Sartre (le chien, cette fois encore !), il nous faut souvent beaucoup de temps et d'efforts pour modifier nos modèles mentaux et en élaborer de nouveaux qui s'avèrent efficaces. Et comme traiter une situation donnée nécessite toujours non pas un seul cadre mais plusieurs, on se trouve face à de nombreuses théories, hypothèses ou approches possibles – il n'est donc jamais facile de déterminer de *quel* cadre il faut essayer de sortir. Enfin, même si l'on réussissait à isoler le bon de tous ceux que l'on a créés, il serait encore difficile de penser en dehors de lui, car l'espace extérieur est trop vaste, nous errons dans cet immense inconnu.

Le premier cadre « sorti du cadre »

Si l'origine de l'expression « sortir du cadre » est incertaine, elle semble avoir germé dans la culture d'entreprise des années 1960 et 1970. Elle ferait référence à un casse-tête aujourd'hui bien connu comportant neuf points, que l'on utilisait à l'époque pour stimuler la pensée créative. Il s'agissait, comme le montre la figure ci-dessous, de relier les neuf points d'une grille carrée en traçant quatre lignes droites sans jamais relever son stylo.

Mission impossible, semble-t-il au premier abord – et elle l'est effectivement si la plume ne sort jamais de la grille créée par les points. La seule solution consiste à prolonger au moins une ligne au-delà du cadre de la grille, d'où l'expression « sortir du cadre[2] ».*

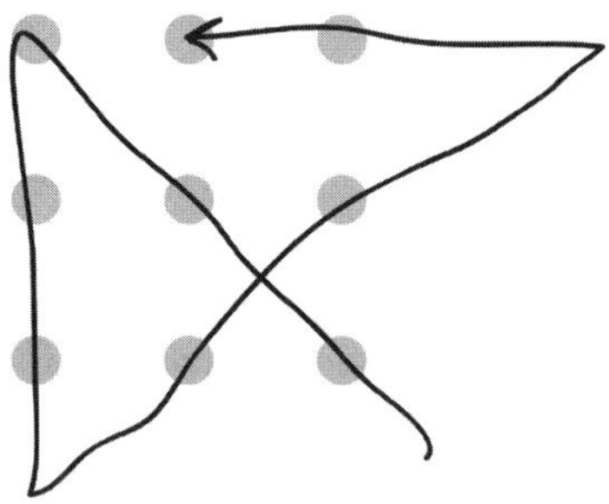

* L'inventeur du test en neuf points est également contesté. John Adair, universitaire britannique expert en leadership, affirme l'avoir introduit dans le monde de l'entreprise en 1969, mais à en croire Mike Vance, consultant en management, ce test est né dans les bureaux de Walt Disney. La citation la plus ancienne de l'expression « en dehors de la boîte » provient du magazine *Aviation Week & Space Technology*, dans son numéro de juillet 1975. Mais le concept de la pensée sans restrictions remonte plus loin. Par exemple, en 1945, l'*Oelwein Daily Register*, magazine de l'Iowa, définissait le *blue sky thinking* comme « la véritable pensée. La spéculation. S'aventurer dans l'inconnu. C'est la recherche [des faits] qui m'a mis sur la voie de cette théorie ».

Ce célèbre casse-tête suscite deux questions fondamentales dans le modèle traditionnel de l'innovation. La première est la suivante : « Dans quel genre de cadres sommes-nous actuellement ? » et la seconde : « Comment pourrait-on en sortir ? »

Pour répondre à la première, il suffit ordinairement de se demander : dans quel type d'activité est-ce que je travaille ? À quoi, précisément, est-ce que je consacre le plus clair de mon temps ? Quelles sont les compétences pour lesquelles on me paie ? Quels postulats, explicites ou implicites, la manière dont mes activités quotidiennes influencent ma façon de penser me pousse-t-elle à formuler sur le monde ?

Si vous êtes assis autour d'une table de conférence, entouré d'autres dirigeants de l'industrie automobile, l'un de vos modèles mentaux les plus évidents sera sans doute : « Nous sommes un constructeur automobile. » Si, au contraire, les sièges autour de la même table sont occupés par des comptables, ce sera : « Nous sommes un cabinet comptable*. » Ce modèle de créativité part du principe que si vous êtes comptable, vous avez « une certaine façon de raisonner ». Vous pensez *en comptable*. Les théories classiques de la créativité vous incitent à sortir de ce cadre, mais l'élément le plus créatif de cette démarche se borne généralement à se demander : « Certains de nos concurrents procèdent-ils autrement que nous ? Si oui, faut-il les copier ? »

Imaginez plutôt ce qui pourrait se passer si l'on vous demandait de voir votre cabinet comptable comme le verraient peut-être des individus d'horizons totalement différents – des créateurs de logiciels, des infirmières ou des sommeliers, par exemple, s'ils étaient soustraits à leur propre vie professionnelle et placés, temporairement, à votre place. Cette façon de sortir du cadre ajouterait un élément de différence susceptible de conduire à une pensée moins conventionnelle et plus créative. Le concepteur de logiciels verrait-il la comptabilité comme un cœur de principes fondateurs auquel s'ajouteraient des « applications » ? L'infirmière classerait-elle les clients en fonction de la gravité

* Il ne faudrait pas croire que le livre que vous avez entre les mains encourage la mise de la créativité au service d'une comptabilité qui devient alors fallacieuse. C'est ce que les Américains appellent *creative accounting*.

de leurs problèmes financiers ? On aura beau vous répéter sur tous les tons qu'il faut « sortir du cadre », vous ne débouchez pas automatiquement sur une réflexion aussi ouverte.

Sortir du cadre n'est pas pour autant un exercice futile. C'est une façon importante d'aborder les problèmes de l'entreprise, ainsi que d'autres tâches créatives. Le problème, c'est que si cela permet d'éviter les solutions trop évidentes ou trop conventionnelles, cela ne nous dit pas pour autant *où* l'on pourrait trouver les meilleures solutions. Dire à quelqu'un d'éviter la pensée conventionnelle, c'est comme lui dire de ne pas prendre l'autoroute sans lui donner la moindre information sur un autre itinéraire – ou évoquer la possibilité de prendre l'avion ou le train.

Au lieu de vous demander de réfléchir à la façon de relier neuf points en traçant quatre lignes, nous préférons donc vous proposer de réfléchir à un autre exercice plus emblématique de notre « nouveau paradigme ».

Regardez le carré ci-dessous, puis essayez d'imaginer différentes façons de le diviser en quatre parties de taille égale.

Cherchons toutes les différentes manières de le faire.

Vous pourriez commencer par diviser le carré en traçant une ligne verticale et une ligne horizontale. Vous pourriez aussi tracer les diagonales, ou encore diviser le carré en bandes :

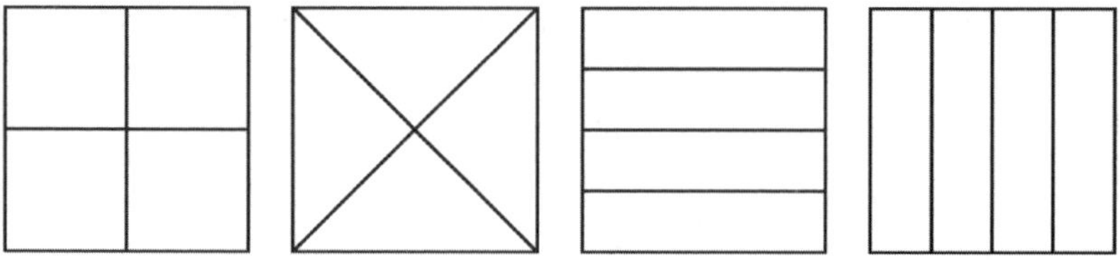

Quelles autres possibilités existe-t-il ? Avez-vous envisagé d'autres formes possibles ?

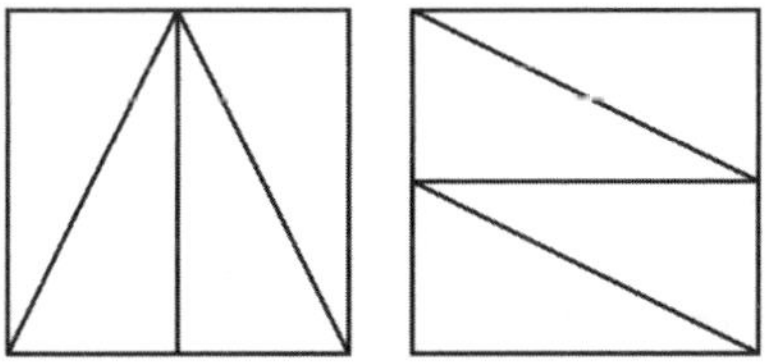

Et si l'on créait, à l'intérieur de notre carré, d'autres formes que des triangles ou des rectangles ? On pourrait, par exemple, songer à un X que l'on ferait éventuellement tourner autour de son axe ou encore utiliser des lignes brisées.

Ceci commence à faire penser qu'il existe peut-être un nombre infini de solutions. Nous n'avons pourtant pas encore tenté d'utiliser des lignes courbes.

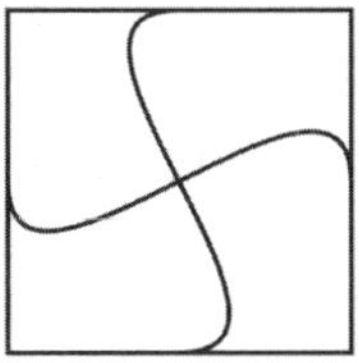

En y réfléchissant davantage, vous verrez qu'il y a effectivement un nombre infini de façons de diviser le carré en parties égales. En développant mentalement ces différents modèles, vous réaliserez que cela ouvre de nouveaux horizons que vous ne pourrez jamais épuiser. Passer ainsi de quelques réponses à un nombre infini de solutions est analogue à l'immense bond en avant que l'on fait en passant de « sortir du cadre » à la mise en place de « cadres neufs » : on en arrive ainsi, effectivement, à changer radicalement le regard que l'on porte sur un problème et à réaliser l'ampleur du possible que l'on a devant soi.

La grande évasion

Il y a plusieurs années, à l'issue d'une conférence, à Paris, sur la créativité et l'innovation, l'un des participants est venu nous poser la question suivante : « Vous avez dit à plusieurs reprises qu'il fallait sortir du cadre, mais de quel cadre parlez-vous ? »

Cet homme était intelligent ; il avait bien compris qu'il s'agissait d'une métaphore, mais il voulait en savoir plus. « Qui le construit, ce cadre ? Peut-on le démonter ? Pourquoi faudrait-il *absolument* que j'en sorte ? Comment le fait d'en sortir m'aidera-t-il à concevoir des idées novatrices ? »

À la lumière de ces questions pertinentes, nous nous sommes demandé si le conseil de « sortir du cadre » était réellement productif – il nous a semblé que cela revenait presque à dire à nos interlocuteurs qu'ils étaient prisonniers de leurs cadres et n'avaient qu'à se débrouiller après s'en être échappés ! En un sens, il est vrai que nos cadres mentaux nous enferment dans une certaine vision du monde, de sorte qu'en sortir nous libère au moins d'une entrave. Mais, plus généralement, nous avons pris conscience que demander aux gens de s'évader d'une prison ne peut réussir que s'ils réalisent qu'ils y sont effectivement enfermés et en comprennent les caractéristiques. Il leur faudra apprendre les règles et les pratiques des liens qui les ligotent à leur modèle, à en repérer les points faibles, à découvrir les failles du système afin de s'échapper par l'une de ces brèches. Encore faut-il savoir où aller, une fois sorti. Cela suppose de trouver de nouveaux cadres.

Nous avons vite compris que cet astucieux Parisien avait joué à la perfection le rôle du prisonnier avide de liberté parce qu'il avait le genre d'esprit inquisitif et de raisonnement pratique et créatif qui finit par conduire à la libération. De fait, il ne suffit pas de répéter sur tous les tons à un individu qu'il lui faut à tout prix sortir du cadre – ou de prison – pour lui faire recouvrer la liberté. En revanche, méditer sur la nature de ce cadre, se demander pourquoi il est là, s'efforcer de comprendre les stratégies et les contraintes de ceux qui le contrôlent – tels sont les premiers pas qui y mènent. Comme nous le répéterons tout au long de ce livre, le *doute* est la première étape cruciale sur le chemin de la créativité et de la libération.

Comme le découvrent les personnages de *Huis clos*, de Jean-Paul Sartre, il est souvent très difficile de comprendre que l'on est enchaîné à un modèle mental, surtout s'il est inconscient ou tellement imbriqué dans notre culture et nos attentes que l'on ne voit plus à quel point il nous paralyse. S'il est si difficile de quitter votre cadre de pensée actuel, c'est peut-être tout simplement parce qu'il est confortable, familier, et que l'espace infini qui s'étend au-delà semble dangereusement incertain.

Nous avons la conviction que l'histoire de la créativité est une épopée de la liberté : il faut être libre pour créer, mais conquérir sa liberté suppose de commencer par prendre conscience que l'on est prisonnier. Et c'est vrai quelle que soit l'intelligence de la personne concernée, si excellente que soit la gestion de l'entreprise en question – nous finissons tous, au fil du temps, par être enfermés dans notre cadre de pensée.

En vous posant des questions sur tel ou tel cadre, vous vous en posez aussi sur vous-même et sur vos pouvoirs mentaux : la question *De quel genre de cadre s'agit-il ?* suppose de se demander aussi *Et moi, quel genre de prisonnier est-ce que je suis ? Dans quel type de prison suis-je enfermé ? Comment puis-je m'en évader ? Et, une fois que j'aurai conquis ma liberté, quel genre de monde est-ce que j'essaierai de créer ?*

En d'autres termes, vous ne pourrez échapper à vos modèles existants avant d'en avoir pris conscience, d'avoir commencé à les mettre en doute et à les examiner de près. Cela suppose également d'en créer de nouveaux, dont vous vous affranchirez aussi le jour venu pour en inventer d'autres.

Sachant que le cerveau a besoin de modèles mentaux ou de cadres pour penser, le secret, pour être à la fois créatif et pragmatique, pour gérer le changement dans une époque lourde de tant d'incertitudes, est de commencer par tenter de mieux comprendre vos cadres existants, puis d'aborder toutes les situations ou problèmes auxquels vous pouvez être confronté en développant toute une *série* de cadres neufs. Vous pourrez alors choisir soigneusement lesquels ou lequel utiliser, tout en étant conscient de l'ambiguïté inhérente à cette démarche. Ce sont ces nouveaux modèles mentaux, ces nouveaux cadres, ces nouvelles façons de penser, qui vous libéreront afin que vous voyiez non seulement ce qui est possible, mais aussi ce que vous devez faire pour survivre et pour réussir.

Vous redoutez peut-être d'avoir du mal à trouver l'inspiration nécessaire pour créer de nouveaux cadres, mais si vous y travaillez à la lumière des recommandations que vous trouverez dans ces pages, la tâche deviendra alors plus intuitive et plus facile.

CHAPITRE 2

Les cadres mentaux : fabrication et mode d'emploi

Complétez la phrase suivante :

Un exemple d'oiseau est le...

Et maintenant, celle-ci :

L'oiseau est un exemple de....

Lequel des deux exercices vous a paru le plus facile ? Si vous êtes comme la plupart des gens, vous n'avez eu aucun mal à donner rapidement des exemples d'oiseaux : pigeon, corbeau, moineau, merle...

La seconde phrase vous a sans doute paru légèrement plus difficile à compléter. Vous avez réfléchi un peu avant de dire : ... d'animal. Si telle est votre réponse, il n'y a pas de honte à avoir. Mais vous ne méritez pas non plus les félicitations du jury : cette réponse relève de ce que l'on appelle communément la « zone de confort », vous n'avez pas tiré le meilleur parti de votre liberté créative !

Pour compléter la première phrase, vous n'aviez pas le choix : il fallait chercher des exemples d'oiseaux, vous n'aviez pas la liberté de prendre le moindre risque. Vous étiez cantonné à un mode de pensée plus automatique, enfermé dans la case « oiseaux ». Terminer la seconde phrase, en revanche, offrait de multiples possibilités. Vous auriez pu dire que c'était un exemple de chose qui vole, ou encore que l'on aime observer. Vous auriez pu dire que c'était un exemple de chose couverte de plumes, un symbole de liberté... Vous auriez même pu faire une réponse plus provocante : « L'oiseau est un exemple de quelque chose que j'aime rôtir avant de le manger » ou : « est idéal à mettre en cage ». Autrement dit, vous étiez libre de défier votre premier sens logique et de prendre un risque ; vous aviez la possibilité de fabriquer beaucoup de « cadres ».

Ces deux phrases vous ont obligé à penser de deux façons différentes : en répondant à la première question, vous avez eu recours à la pensée *déductive*, tandis que dans le second cas, il s'agissait de pensée *inductive*. Ce genre d'exercice aide les gens à mettre le doigt sur la différence entre ces deux types de pensée – et les encourage à tirer tout le parti possible de la liberté créative qui va de pair avec la pensée inductive, au lieu de se contenter de répondre qu'un oiseau est un animal.

Avec la pensée déductive, votre cerveau utilise un processus logique – un algorithme élémentaire, par exemple – pour résoudre un problème ne comportant qu'une seule solution (ou un ensemble limité de solutions exactes, comme dans notre exemple de l'oiseau). Lorsque vous utilisez le raisonnement déductif, vous proposerez toujours, au fil du temps, la ou les même(s) solution(s).

Cinq cents moins quatre cents est égal à ? La seule réponse est cent. Quelle est la vitesse de la lumière ? Là encore, il n'y a qu'une seule réponse (même si l'on peut y ajouter un plus ou moins grand nombre de décimales) : 299 792 458 m/s. Pouvez-vous donner un exemple d'oiseau ? Là, de nombreuses possibilités existent, mais toutes proviennent du même sous-ensemble d'objets, que vous trouverez dans votre case « oiseaux » – chacune des réponses pouvant être juste ou fausse.

La pensée inductive, au contraire, permet à l'esprit de partir dans de nombreuses directions. Il est libre de faire de nouvelles associations, de prendre des risques, d'inventer ou d'imaginer. Rien ne s'oppose à ce que le résultat final soit logique, mais il peut relever d'une logique beaucoup plus inattendue. Rien n'est aussi simple qu'il y paraît. En fait, l'œil (et le cerveau) vous trompe constamment en simplifiant le monde qui vous entoure – c'est parfois totalement anodin, mais pas toujours.

Quand vous êtes confronté à un élément du monde réel, « devant vous », comment vous y prenez-vous pour l'interpréter ? Avez-vous recours à la logique ou à l'imagination ? À des critères objectifs ou subjectifs ? Autrement dit, la déduction et l'induction sont deux méthodes de pensée différentes qui peuvent toutes deux vous aider à résoudre des problèmes[1].

L'induction consiste par exemple à observer quelque chose et à utiliser cette information pour créer de nouveaux modèles mentaux ou pour mettre à jour ceux dont vous disposez déjà. En voici deux exemples : passionné par un article sur le Pérou, vous prenez la décision d'y faire un voyage quelques mois plus tard ; vous avez organisé une enquête de satisfaction auprès de vos clients et les résultats vous ont conduit à développer une nouvelle segmentation du marché.

La déduction, elle, consiste à prendre les modèles mentaux que l'on a en tête et à les utiliser pour agir. Vous avez une idée et vous l'appliquez pour affronter le monde, voire même pour le changer. Demain, par exemple, vous pourriez passer un certain temps à chercher le vol le moins cher possible pour le Pérou, ou appeler une agence pour élaborer des plans marketing adaptés à chacun de vos nouveaux segments de marché.

Pour parler simplement, la déduction utilise des cadres existants, l'induction en crée de nouveaux. Ces deux méthodes de pensée jouent un rôle essentiel en matière de créativité pratique, mais, comme nous allons bientôt le voir, elles ne sont pas simultanées. Il faut bien les comprendre toutes les deux, car elles sont essentielles à quiconque souhaite mener sa réflexion dans de nouveaux cadres mentaux.

Regardons comment l'induction et la déduction peuvent se conjuguer dans la vie professionnelle. Si vous êtes concerné, si peu que ce soit, par la finance, si vous avez quelques notions de comptabilité élémentaire, vous connaissez forcément la comptabilité à double entrée. C'est la méthode généralement acceptée pour passer des écritures, chaque événement étant inscrit au crédit d'un compte et au débit d'un autre (par exemple, si vous vendez un article 10 euros, votre trésorerie augmente de 10 euros, mais vos stocks diminuent de la même somme).

Le concept de la comptabilité à double entrée a été codifié au XVe siècle par frère Luca Pacioli, collaborateur de Léonard de Vinci, mais d'autres l'avaient déjà expérimenté avant lui. Pacioli l'a présenté en affirmant qu'un marchand florissant avait besoin de trois choses : de la trésorerie ou du crédit en quantité suffisante, de comptables compétents, et d'un système comptable lui permettant d'évaluer d'un coup d'œil sa situation financière. C'est le cas de la comptabilité à double entrée puisque vous voyez très vite, à tout moment, le solde de chaque compte.

À certains égards, le nouveau système était plus compliqué que le système à entrée simple pratiqué jusque-là (on se contentait, par exemple, de compter les sommes en caisse en fin de journée, on ne distinguait donc pas les créances et les dettes). Mais la comptabilité à double entrée permettait de comprendre infiniment mieux les profits, la valeur et la distinction entre le capital et le revenu ; en outre, elle établissait un système intégré permettant de repérer les erreurs.

Depuis ce bond inductif, depuis la création de ce nouveau cadre mental, le monde a immensément changé. La comptabilité est devenue infiniment plus complexe à mesure que la fiscalité, les échanges de devises et de titres ainsi que les fusions-acquisitions se complexifiaient eux-mêmes, pour ne donner que quelques exemples. Mais le cœur du système n'a pas changé. Depuis plusieurs siècles, nous construisons déductivement sur le cadre mental créé par induction il y a plus de cinq siècles[2].

Il existe une situation similaire en mathématiques pour les nombres complexes. Avant leur conception, au XVIe siècle, il n'existait pas de racine carrée pour les nombres négatifs. Cela voulait dire que l'on ne pouvait tout simplement pas résoudre certaines équations polynomiales. En créant, par induction, une nouvelle case, celle des nombres complexes ou « imaginaires », le « *i* » étant défini comme la racine carrée de – 1, on a ouvert la voie à des siècles d'applications très réelles en ingénierie, en électromagnétisme et en physique quantique, tout cela découlant par déduction de cette avancée.

Revenons à la figure proposée ci-après : vous verrez ainsi comment vos pensées jouent dans ces deux espaces en se déplaçant d'un côté à l'autre :

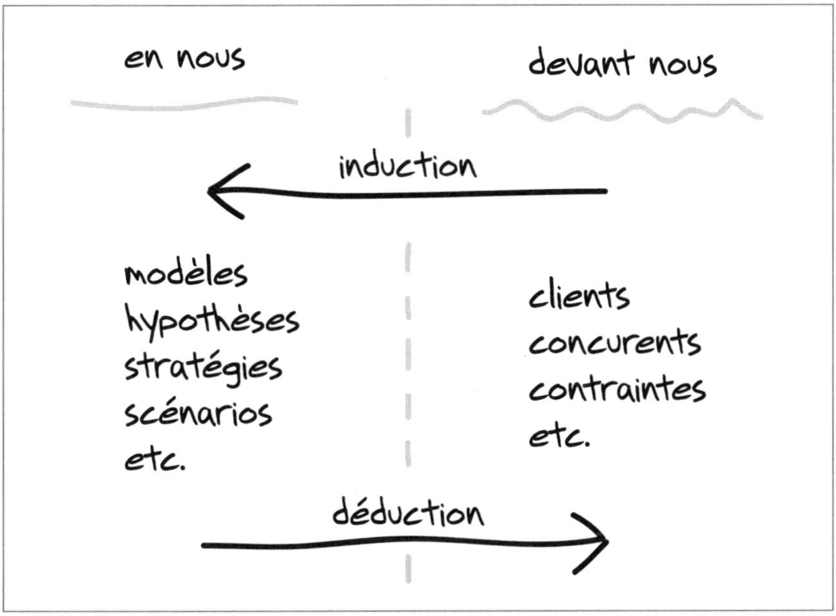

Penser consiste pour l'essentiel à utiliser et à élaborer des modèles mentaux

Même si la société occidentale est extrêmement attachée au raisonnement déductif, l'induction est une forme de pensée plus riche. Elle pousse à se poser des questions, à remettre en cause des règles rigides et des schémas usés jusqu'à la corde pour prendre des risques absolument impossibles à envisager quand on raisonne par déduction. L'induction apporte toujours quelque chose de plus et c'est elle qui offre le plus de chances de faire de nouvelles découvertes créatives. Elle n'est pas purement et objectivement logique, en partie parce qu'elle est liée au subconscient, à des expériences subjectives, à des paramètres qui n'appartiennent qu'à l'individu et à lui seul. Deux personnes ne voient ni n'interprètent jamais identiquement ce qu'elles ont devant elles, pas plus qu'elles n'utilisent de façon identique ces interprétations pour construire de nouveaux modèles. La quasi-totalité d'entre nous sous-évaluent et sous-utilisent le raisonnement par induction. Le comprendre et l'adopter peut conférer un avantage immense dans tous les aspects de la vie.

Livrons-nous à un nouvel exercice. Regardez la liste de mots ci-dessous, puis rangez-les par catégories.

Chiffre	Ligne droite	Diagonale	Addition
Division	Infini	Courbe	Millimètre
Égalité	Équation	Côté	Point
Cercle	Périmètre	Diamètre	Aire
Pyramide	Soustraction	Limite	Dérivée
Vingt-trois	Rectangle	Angle	Décimale
Théorème	Pi	Dénominateur	Pourcentage
Fraction	Forme	Cône	Zéro
Volume	Surface	Nombre	Bord

Un rapide coup d'œil permet de dégager un certain nombre de catégories logiques : opérations arithmétiques, synonymes, nombres, formes géométriques. Par exemple, la division et la soustraction sont toutes deux des opérations arithmétiques, la surface et l'aire peuvent être considérées comme synonymes ; vingt-trois et zéro sont des nombres ; le cône et la pyramide des formes géométriques.

Nous ressentons tous un besoin pressant de catégoriser et, si nous ne trouvons pas le moyen de trier tous ces mots en les faisant entrer dans des catégories existantes, nous essayons d'en établir de nouvelles ou de placer tout ce que nous ne parvenons pas à classer dans une catégorie fourre-tout comme « autres » ou « divers ».

Mais il suffit d'un petit effort pour créer des catégories légèrement plus raffinées (et moins évidentes) comme les contraires (addition et soustraction), les mots de quatre lettres, voire les mots identiques en français et en anglais. La plupart des gens diraient que ces catégories sont plus créatives – cependant, rien n'empêche d'utiliser la déduction pour y placer des éléments ; elles sont logiques et objectives, même si elles relèvent d'une « logique inattendue ».

Mais avez-vous envisagé de classer ces mots selon leur beauté relative ? De regrouper vos préférés ? Ceux dont vous pensez que tous les enfants devraient être capables de les écrire à l'âge de huit ans ? De telles catégories, plus subjectives, sont le fruit d'une créativité différente, inductive.

Quoi qu'il en soit, il est très difficile de regarder cette liste de mots et de ne pas se mettre immédiatement à les classer, en fonction de critères logiques ou subjectifs. La classification est l'un des premiers mouvements de la pensée – et l'esprit humain ne peut pas fonctionner sans avoir recours à ce genre de cases, de tiroirs, de cadres et autres modèles mentaux. La société récompense constamment ceux qui catégorisent bien l'information, l'organisent dans des lieux de stockage appropriés, la mémorisent, puis la dégurgitent à la demande. À l'école, nombre de méthodes pédagogiques traditionnelles – dont l'apprentissage par cœur de faits mathématiques et les questionnaires à choix multiples – font la part belle à l'aptitude à ce type de tâche déductive. Face à la liste de la page précédente, nous sommes toujours insatisfaits de notre catégorisation car les cases ne s'imposent pas comme des évidences. Ce n'est pas aussi facile que si nous avions sous les yeux quelques termes mathématiques, couleurs ou noms de villes – il faut donc faire des compromis. Il en va aussi de même, le plus souvent, dans la vraie vie.

Mais la créativité se cache dans d'autres questions. Quelles cases choisir ? Et quel nom leur donner, en fonction de quels critères ?

Impossible, pour répondre à ce genre de question, de se contenter d'information prête à l'emploi. Autrement dit, force est d'aller plus loin, de réfléchir vraiment. Et ce processus, à son tour, mène à l'éclosion d'une idée qui se transformera peut-être en hypothèse de travail. C'est en l'appliquant aux faits auxquels vous êtes confronté que vous testerez votre idée, en la confirmant, en la réfutant ou en la modifiant.

Eurêka ! et Caramba !

Penser dans des cadres mentaux neufs est une discipline qui fait appel à la fois à l'approche inductive et à l'approche déductive. Avec un triple objectif : 1) acquérir une meilleure maîtrise de vos cadres actuels parce que vous saurez exactement ce qu'ils sont, à savoir des représentations mentales de la réalité ; 2) créer de nombreux cadres nouveaux afin de pouvoir tester vos hypothèses, envisager de nouvelles opportunités et renforcer votre aptitude à l'innovation ; 3) le moment venu, choisir le meilleur. Cela vous aidera à utiliser votre cerveau comme l'ont fait avant vous les plus brillants découvreurs, créateurs* et inventeurs de l'histoire, entre autres Franklin, Einstein et Pasteur ; Bach, Beethoven et Debussy ; Edison, Jobs ou Bich.

Bich ?

Marcel Bich, aujourd'hui décédé, avait acquis le brevet du stylo à bille après la Seconde Guerre mondiale et fondé la célèbre société BIC. Initialement, il pensait la spécialiser dans la vente de ces stylos bon marché. De la fin des années 1940 au début des années 1970, la direction de BIC a passé le plus clair de son temps à développer des innovations à l'intérieur du cadre « matériel d'écriture en plastique, jetable et peu coûteux », variant le nombre de couleurs de chaque modèle, ajoutant un décor doré, leur appliquant divers logos publicitaires. La société était florissante, mais BIC souhaitait dynamiser sa croissance.

---

* Nous définissons « créer » comme proposer quelque chose de nouveau qui n'existerait pas autrement, comme une symphonie de Mozart, une chanson des Beatles, ou l'architecture d'un nouveau gratte-ciel. « Découvrir », dans notre lexique, consiste à dévoiler pour la première fois quelque chose qui existait déjà, comme le font un physicien étudiant la radioactivité ou un astronome une étoile nouvelle. Et « inventer », c'est révéler pour la première fois quelque chose de nouveau (mais, contrairement à la création, sans doute inévitable), comme le télescope, la boussole ou une nouvelle méthode de calcul. Cela prête souvent à discussion (par exemple, un théorème mathématique est-il une invention, une découverte ou une création ? Le Post-it est-il une invention ou une création ?). Quoi qu'il en soit, l'essentiel du monde des affaires, et le livre que vous avez entre les mains, se concentre sur ce que nous avons défini comme des inventions. Vous trouverez davantage de détails dans *The Forgotten Half of Change*, de Luc de Brabandere (Kaplan Business, 2005).

Il est facile d'imaginer les premières sessions de brainstorming au cours desquelles les dirigeants avaient suggéré que BIC crée des stylos de diverses tailles, à plusieurs couleurs, utilisant une encre effaçable ou invisible. Mais imaginez la réaction quand un directeur a timidement proposé que l'on envisage de fabriquer des briquets ! Cette idée ne pouvait passer que pour ridicule – jusqu'à ce que les autres directeurs *modifient leur perception* de BIC pour le voir non plus comme un fabricant de stylos à bille, mais comme l'inventeur et le producteur de toutes sortes d'articles de plastique jetables et bon marché. Le mot clé avait changé, ce n'était plus « stylo » mais « jetable ». Rien n'avait changé dans le monde qu'ils avaient devant eux ; ce n'était pas une nouvelle idée, puisque les rasoirs et les briquets en plastique existaient déjà. Mais dès l'instant où les dirigeants de BIC faisaient ce bond en avant mental, l'expansion de leur entreprise dans d'autres domaines apparaissait à la fois logique et évidente. Porté par une publicité agressive et aguichante, BIC lançait ses premiers briquets jetables en 1973 et ses premiers rasoirs jetables en 1975. Il allait s'octroyer la première place mondiale pour les briquets jetables de marque et la deuxième pour les rasoirs. Cette création d'un nouveau cadre mental est aujourd'hui légendaire. BIC a continué par la suite à expérimenter toutes sortes de produits, dont des parfums, des planches à voile et, plus récemment, des téléphones portables préchargés à bas coût (vendus chez les buralistes, maisons de la presse, dans les gares et dans les aéroports). Certaines de ces intrusions dans de nouveaux domaines ont réussi, d'autres moins, mais tous ces efforts de créativité font désormais partie de la culture d'entreprise et de la stratégie qui ont aidé BIC à conserver son leadership plusieurs décennies durant.

La création par BIC d'un précieux nouveau cadre mental – *tout ce que l'on peut imaginer* de jetable et bon marché – est un remarquable exemple de ce que nous appelons, dans notre jargon, un moment *Eurêka !* Quand vous avez la chance d'en vivre un, vous maîtrisez la situation : vous chevauchez en tête la vague du changement et vous en profitez pleinement. Vous modifiez vos perceptions et votre stratégie au moment propice et, au passage, vous créez de toutes pièces le nouveau cadre.

Les moments *Eurêka !* peuvent se traduire par des innovations de produits ou de processus, comme l'invention de l'iPhone par Apple ou le développement, par Toyota, de ses formidables stratégies de production « lean », qui ont posé un défi à l'ensemble des constructeurs automobiles. Ou par des paradigmes de service brillamment imaginés, qui montent rapidement en puissance avant de dominer leur marché, comme les Kumon Math et Reader Centers, dont le siège est au Japon, qui ont essaimé grâce à de nombreuses franchises et fournissent un soutien scolaire à plus de quatre millions d'élèves, dans quarante-cinq pays différents[3].

On peut également parler de moments *Eurêka !* s'agissant de la création de nouveaux marchés ou business models. C'est ainsi, par exemple, qu'Ikea avait remarqué que le prix de l'immobilier et le développement local s'envolaient systématiquement partout où il ouvrait un nouveau magasin, en général dans une zone défavorisée en banlieue d'un grand centre urbain. Et c'est pour récupérer une partie de cette valeur qu'Ikea a créé en Russie une filiale ayant vocation à développer des complexes commerciaux entiers et de louer lui-même les espaces commerciaux. Cette filiale réalise aujourd'hui davantage de profits que les magasins Ikea à proprement parler et le géant suédois est en train d'exporter ce nouveau business model à des marchés plus matures. Quand sir Fazle Abed a créé le BRAC, qui compte aujourd'hui plus de sept millions de titulaires de microcrédits rien qu'au Bangladesh, c'était aussi un moment *Eurêka !* Le BRAC utilise une approche novatrice du développement personnel, comprenant de multiples facettes : scolarisation des petits enfants, services de santé et de microcrédit, aide aux agriculteurs, ainsi que des services juridiques et d'aide au développement des petites entreprises. Le BRAC a ainsi aidé plus de 110 millions de personnes dans de nombreux pays comme l'Ouganda, la Tanzanie, le Soudan du Sud, la Sierra Leone, le Liberia, le Sri Lanka et l'Afghanistan, dévasté par la guerre. Il leur a montré comment rassembler les ressources, les compétences et la confiance en soi nécessaires pour échapper à la pauvreté[4].

Il y a aussi, hélas, ce que nous appelons dans notre jargon les moments *Caramba !* : vous êtes totalement dépassé, il ne vous reste qu'à regarder une fusée s'élever dans le ciel, sans vous. Vous êtes du mauvais côté du progrès social, technologique ou économique, du côté des perdants. *Caramba !* D'autres sont en train de développer avant vous de puissants nouveaux modèles et stratégies. Ils sont aux commandes ; vous, votre entreprise, votre industrie ou votre environnement êtes les victimes du changement et non ses agents. Il ne vous reste plus qu'à espérer rattraper le terrain perdu, tout cela parce que vos perceptions n'ont pas changé assez vite.

Pour donner quelques exemples d'entreprises qui, selon nous, ont eu des réactions, face à des situations difficiles, ne pouvant que les précipiter dans le *Caramba !*, citons Blockbuster, se lançant dans la vidéo par correspondance pour faire concurrence à Netflix et dans le kiosque pour faire concurrence à Redbox ; et CNN qui, après avoir été leader des informations en continu (qu'il avait inventées, dans un moment *Eurêka !*, de nombreuses années auparavant), se bagarrant pour récupérer sa place de leader dans un secteur que Fox News domine désormais, avec son style subjectif de « talk radio ».

Si les émotions qu'ils déclenchent sont très différentes, *Eurêka !* et *Caramba !* sont très similaires d'un point de vue cognitif – on s'accroche longtemps à une idée qui se trouve subitement remplacée par une autre. Ce sont des moments de prise de conscience soudaine – des moments de choc – face à un changement révolutionnaire (*Caramba !*) ou à une nouvelle possibilité prometteuse (*Eurêka !*)*. Tous deux peuvent conduire à la réussite (*Eurêka !* à une brillante idée nouvelle ; *Caramba !* à une géniale réinvention de vos cadres mentaux) ou à l'échec (faute d'avoir capitalisé sur un moment *Eurêka !* ou de s'être remis d'un *Caramba !* dévastateur). De sorte qu'éviter les *Carambas !* et réussir les *Eurêkas !* ne tient pas uniquement au fait d'avoir des

* L'humour joue sur le même effet : quand vous « pigez » une blague, il se produit un changement de modèle mental très rapide. Par exemple, lorsque Peter Sellers, dans le rôle de l'inspecteur Clouseau dans *Quand la panthère rose s'emmêle* (1976), demande au réceptionniste de l'hôtel (Graham Stark) si son chien mord, et qu'il obtient une réponse négative, il se met à caresser le chien qui est à ses pieds... et se fait mordre. « Je croyais que vous aviez dit que votre chien ne mordait pas ? » se plaint Clouseau, et le réceptionniste répond : « Ce chien-là ? Mais ce n'est pas le mien. » À ce moment précis, votre modèle mental change en un instant !

idées plus nombreuses, ni même meilleures. La plupart des moments *Caramba !* ne résultent pas d'un manque d'idées mais de la façon dont on les traite. Ils surviennent quand on ne passe pas à temps d'un ancien à un nouveau cadre mental.

En 1999, un bébé nommé Noah s'est trouvé en détresse respiratoire peu après sa naissance. Situation cauchemardesque pour tout parent ou futur parent – ce bébé « bleu » fut transporté d'urgence en réanimation afin de rétablir un niveau suffisant d'oxygène dans son système sanguin. Son père, Jonathan Rothberg, biologiste et entrepreneur, était fou de rage : « J'étais bouleversé, se souvient-il, parce que nous ne savions pas pourquoi il allait si mal. J'étais furieux... Pourquoi ne pouvais-je pas disposer d'une information complète concernant mon propre fils ? Pourquoi ne pouvais-je pas avoir le génome de Noah ? Si j'avais pu l'avoir, nous saurions, les médecins et nous, ce qui était inquiétant et ce qui ne l'était pas[5]. »

Le monde présentait à Rothberg une information complexe (et insuffisante) sur le séquençage du génome humain. Il lui présentait aussi la souffrance de voir son enfant lutter contre une maladie que l'on aurait pu vaincre, pensait-il, si le séquençage du génome humain avait été une composante habituelle de la pratique médicale.

Rothberg allait vivre un moment *Eurêka !* qui l'entraînerait dans de nouvelles recherches approfondies sur le séquençage du génome humain. L'inspiration lui vint dans une salle d'attente de l'hôpital où Noah était soigné, en regardant le microprocesseur Pentium d'Intel ornant la couverture d'un magazine*. Cette image sous les yeux, Rothberg eut soudain l'idée – à la manière classique de l'ampoule électrique qui s'allume – de tenter pour le séquençage de l'ADN ce que Jack Kilby et Robert Noyce avaient fait pour l'industrie informatique en inventant le circuit intégré dans les années 1950[6]. Rothberg vit l'opportunité de développer une façon beaucoup plus rapide, compacte, efficace et

* Un microprocesseur est un circuit intégré capable de contenir des millions de transistors. Au cours des années ayant précédé son développement, les ordinateurs, fort encombrants, étaient équipés d'unités centrales beaucoup moins performantes, ne contenant que des milliers de transistors (http//en.wikipedia.org/wiki/Microprocessor).

infiniment moins coûteuse de séquencer les génomes individuels. « Si nous pouvions faire ce que l'industrie informatique avait fait avec les PC, dit Rothberg, nous pourrions séquencer les génomes individuels. Ce soir-là, ma vision a été de créer un composant pour séquencer les génomes individuels et personnels. »

Confronté au monde chaotique qu'il avait autour de lui – et à l'injustice de la souffrance de Noah –, Rothberg imagina un paradigme totalement nouveau pour le séquençage de l'ADN. L'idée qui sous-tendait les techniques antérieures – le cadre mental traditionnellement utilisé par les chercheurs et les laboratoires de biotechnologie – passait par *l'imagerie* ; autrement dit, on utilisait la photographie pour détecter les colorants fluorescents attachés aux bases A, C, G et T* dans un gène ou chromosome[7]. Inspiré par la célèbre technologie d'Intel, Rothberg eut l'idée d'utiliser plutôt un microprocesseur en silicone afin de détecter les ions hydrogène produits lorsqu'on insère une nouvelle base dans une chaîne ADN[8]. Cette nouvelle approche – *décoder l'ADN en utilisant des semi-conducteurs* – c'était un cadre mental entièrement nouveau. *Eurêka !*

Les pensées inductive et déductive ont toutes deux joué un rôle essentiel dans le processus créatif de Rothberg. Lorsqu'il avait remarqué l'image d'un semi-conducteur Pentium en face de lui, il avait utilisé la pensée inductive pour l'appliquer à sa propre situation, ce qui lui avait donné l'idée de créer un semi-conducteur similaire qui pourrait séquencer un génome individuel. C'était un bond inductif face à l'ambiguïté. Il était ensuite passé au raisonnement *déductif*, en faisant appel à tous ses modèles existants relatifs à la biotechnologie – les années qu'il avait passées à étudier l'ingénierie chimique et biomédicale, sa connaissance approfondie de la biologie et de la génétique, les expériences qu'il avait réalisées par la suite en recherche et développement d'innovations dans le domaine spécifique du génome individuel – pour développer une hypothèse sur la façon dont il pourrait concevoir ce composant et le mettre sur le marché.

---

* D'une manière générale, le séquençage de l'ADN suppose d'identifier l'ordre des « bases » (A, C, G et T) dans un gène ou chromosome.

Selon nous, Rothberg n'aurait pas pu accomplir un changement modifiant à ce point les règles du jeu (de l'utilisation de l'imagerie à celle d'un composant à semi-conducteurs) s'il n'avait pas commencé par identifier et explorer soigneusement les cadres mentaux que lui et d'autres utilisaient dans leur réflexion. C'est parce qu'il connaissait déjà très bien les paradigmes existants qu'il a pu déceler le potentiel des semi-conducteurs (technologie établie depuis longtemps) pour séquencer les génomes humains. Des dizaines d'autres scientifiques hautement qualifiés auraient pu faire le même bond en avant créatif – alors, pourquoi ne l'avaient-ils pas fait ? Cela supposait de commencer par modifier leur perception – ils ne pouvaient pas imaginer de décoder l'ADN grâce à des semi-conducteurs tant qu'ils restaient enfermés dans le cadre mental de l'imagerie.

Peu après avoir eu ces idées novatrices, Rothberg fonda une entreprise qu'il baptisa « 454 Life Sciences ». Quelques années plus tard, elle publiait le génome complet de James Watson, spécialiste légendaire de l'ADN, ainsi que celui d'un homme de Neandertal[9]. Il créa également une seconde entreprise, Ion Torrent, qui devait mettre sur le marché, dès 2011, un séquenceur d'ADN, la « Personal Genome Machine ». Cet appareil, de la taille d'une imprimante, se trouve maintenant dans les cabinets médicaux, les cliniques, les hôpitaux et autres centres médicaux. Il permet de réaliser le rêve de Rothberg : faire du décodage de l'ADN une partie intégrante (relativement efficace et peu coûteuse) de la pratique médicale quotidienne[10].

D'autres innovations ont permis à Ion Torrent de développer un appareil qui permet de séquencer un échantillon d'ADN en une heure, alors qu'il fallait plusieurs jours, voire plus, aux machines antérieures pour le faire*. Ion Torrent a été racheté par la société Life Technologies en 2010

* Rothberg et ses collègues firent un coup d'éclat spectaculaire en annonçant dans le magazine *Nature* le développement d'un « appareil à semi-conducteurs permettant le séquençage non optique du génome ». Cet article expliquait comment l'appareil avait décodé le génome de Gordon Moore, le célèbre cofondateur d'Intel, dont le célèbre microprocesseur avait inspiré l'idée visionnaire de Rothberg. Jonathan Rothberg *et al.*, « An Integrated Semiconductor Device Enabling Non-optical Genome Sequencing », *Nature*, 474, 21 juillet 2011, p. 474. Voir aussi Nicholas Wade, « Decoding DNA with Semiconductors », *New York Times*, 20 juillet 2011.

(pour un prix initialement annoncé de 375 millions de dollars, mais qui devait en atteindre près du double)[II]. Cet appareil remarquable améliore radicalement l'aptitude des professionnels de santé à diagnostiquer et à traiter des dizaines de maladies et de symptômes. Il optimise la qualité et la durée de millions de vies humaines, partout dans le monde.

Comme le rappelle éloquemment l'histoire de Rothberg, s'accrocher au *statu quo* n'est pas une option viable dans un monde qui change. Si vous ne développez pas vous-même des idées novatrices (*Eurêka !*), d'autres le feront à votre place (*Caramba !*).

Ceux qui veulent réagir efficacement à la fragilité croissante de tout leadership, à l'ubiquité des sources de données et des *stimuli* qui sapent les avantages dont jouissaient traditionnellement les détenteurs d'information et à la disparition accélérée des frontières dans d'innombrables domaines ne peuvent en aucun cas se réfugier dans leurs bonnes vieilles habitudes. Il leur faut accepter le monde dans toute sa complexité, avec toutes ses contradictions. Cela suppose de mener leur réflexion dans de nouveaux cadres mentaux.

Cinq étapes pour construire de nouveaux cadres mentaux

Pour y parvenir, nous vous proposons un parcours méthodique en cinq étapes découlant toutes directement de la « théorie» explorée au chapitre 1 et reposant, plus largement, sur une bonne connaissance de la façon dont l'esprit humain pense et raisonne. À chaque étape, un certain nombre d'outils et de techniques vous rapprocheront du moment où, radicalement affranchi de vos convictions antérieures, vous porterez un regard nouveau sur le monde, ce qui vous permettra de modifier vos modèles mentaux, de libérer votre potentiel créatif et de développer des idées novatrices – ainsi que des perspectives nouvelles sur vos idées existantes.

Dans ce parcours en cinq étapes, nous avons accompagné les dirigeants de certaines des plus grandes entreprises du monde pour les aider à affiner leur vision, imaginer d'autres avenirs potentiels et renforcer la capacité de leur firme à l'innovation, tant en termes de nouveaux produits et services que de business models. Chacun peut employer cette méthode pour remettre en cause son répertoire actuel d'idées et en avoir de nouvelles avant de décider lesquelles méritent le plus d'être mises en œuvre.

Voici, très brièvement, l'essentiel :

Première étape : douter

Nous commencerons par analyser la façon de *douter* de tout ce que vous croyez savoir. N'oubliez jamais que toutes vos idées, même les plus fructueuses, sont des hypothèses qui ont germé dans votre tête – elles ne sont donc pas gravées dans le marbre. Vous apprendrez à remettre en cause les cadres mentaux qui orientent votre perception du monde et à définir, en faisant preuve de créativité, les problèmes que vous espérez résoudre. Cette première étape propose diverses approches pour vous aider à comprendre comment la façon dont vous avez été préconfiguré peut, le cas échéant, brider votre aptitude à développer de nouvelles perceptions. Elle vous encourage à redécouvrir la pensée inductive et à comprendre la nécessité de sortir de votre étroite zone de confort cognitif et de prendre des risques. La première étape vous pousse à envisager des façons provocatrices de poser la question ou le problème primaire que vous aimeriez explorer.

Deuxième étape : explorer

Maintenant, vous allez réexaminer le monde que vous avez en face de vous avec vigueur, diligence et une conscience de soi toute neuve. Vous méditerez les questions ou problèmes que vous avez commencé à formuler et à affiner pendant la première étape. Vous identifierez les principaux changements que vous et votre entreprise considérez comme devant le plus probablement marquer non seulement votre entreprise, mais aussi le secteur entier – et au-delà, à la manière de BIC – au cours des quelques années à venir. Vos investigations porteront par exemple sur vos futurs clients, leurs besoins et leurs désirs les plus pressants, ce que vos concurrents feront pour les attirer et les fidéliser, et enfin sur les vagues mondiales de transformation, ou « *megatrends* » (mégatendances, tendances majeures), qui risquent de balayer tel ou tel secteur industriel, commercial, culturel ou technologique et la société dans son ensemble. À la fin de cette deuxième étape, vous aurez acquis un sens très clair des problèmes auxquels vous voulez vous attaquer et des objectifs que vous espérez atteindre. En résumé, la deuxième étape vous aidera à analyser le monde non pour pouvoir déterminer les bonnes réponses, mais plutôt pour pouvoir poser les bonnes questions.

Troisième étape : diverger

La meilleure façon d'avoir une bonne idée, c'est d'en avoir beaucoup. Pour favoriser cette divergence, il vous faudra créer beaucoup de nouveaux modèles, concepts, idées et façons de penser. Cela suppose de libérer le cerveau et l'esprit de façon à ce que même les nouveaux cadres qui peuvent paraître idiots ou mal inspirés ne soient pas rejetés – du moins pas encore. Nous vous proposons pléthore d'exercices de divergence amusants, faciles à mettre en place, afin de vous aider, vous et votre équipe, à générer beaucoup d'idées nouvelles et passionnantes.

Quatrième étape : converger

Nous passons ici des joies de l'ouverture d'esprit, de la divergence, au processus plus analytique (et familier) consistant à tester vos idées pour voir lesquelles vous souhaitez utiliser pour aller de l'avant. La convergence, c'est quand vos idées se transforment d'une longue liste en un groupe plus restreint puis, le cas échéant, en un nombre encore plus réduit d'idées (voire en une seule) qui pourront être réalisées pour obtenir des résultats remarquables.

Cinquième étape : réévaluer

Dans un monde qui change perpétuellement, aucune idée ne reste éternellement bonne. Nous vous demanderons ici de conserver soigneusement la maîtrise de vos cadres afin de déterminer le moment où il convient d'en éliminer d'anciens et d'en développer de nouveaux. Les compétences les plus utiles, à ce stade, sont l'agilité, une tendance à prendre des risques mûrement réfléchis et une capacité à étudier ses échecs pour en tirer les enseignements. Nous vous aiderons à reconnaître toute une gamme de « signaux faibles » indiquant que votre façon de penser approche dangereusement de l'obsolescence. Nous vous montrerons aussi que les penseurs les plus inventifs s'attachent parfois exagérément à leurs cadres mentaux familiers. Il leur faut alors mettre en place l'ensemble du processus de « mise en doute », et repartir de la première étape. L'objectif principal de cette cinquième étape, et en vérité de l'ensemble du cycle, est de vous aider à concevoir un nouveau type de processus créatif non seulement pratique mais aussi *pérenne*, susceptible de vous permettre, à vous et à votre entreprise, de conserver votre créativité dans la durée.

Un état d'esprit résolument différent

Non seulement les manières de bâtir de nouveaux cadres mentaux sont diverses, mais il en existe un nombre infini. Vous pouvez le faire avec un petit groupe de partenaires, vos collègues au sein d'une très grande entreprise, ou simplement avec quelques amis sûrs.

Le processus en cinq étapes que nous vous proposons peut vous aider à construire de vastes cadres mentaux, comme une nouvelle vision stratégique ou un nouveau concept, à l'instar des « objets bon marché, en plastique, jetables » de BIC, puis à les « remplir » de diverses possibilités (comme BIC, avec ses « petits » cadres, contenant les briquets et les rasoirs). Cette méthode peut également vous permettre de renforcer les cadres au sein desquels vous travaillez actuellement et, grâce à un arsenal de scénarios adaptés à votre situation, de mieux vous préparer à un avenir incertain. Après en avoir présenté les cinq phases, nous aborderons certaines des applications sur lesquelles nos clients nous interrogent souvent (chapitres 8-9).

N'oubliez pas, cependant, que notre approche n'est jamais qu'un cadre de plus ! Si nous vous suggérons d'en parcourir les étapes de façon séquentielle, vous trouverez peut-être utile, à l'occasion, de modifier l'ordre proposé (par exemple, les deux premières peuvent souvent se conjuguer) ; en outre, il est parfois utile de répéter une ou plusieurs étapes. Il est même peut-être bénéfique de répéter *plusieurs fois* une étape avant de passer à la suivante. Quelle que soit la façon dont vous appliquez la méthode, nous avons la certitude que vous en apprécierez le caractère libérateur. Cela dit, nous comptons aussi sur vous pour la mettre en doute, la réviser, l'affiner et l'adapter à votre propre cas afin d'en tirer la quintessence. Nous vous encourageons même à la remplacer par une autre si vous déterminez (après y avoir longuement réfléchi) qu'elle n'est plus pertinente ou utile. S'il y a une seule chose à retenir, c'est que *tout* cadre mental, quelque utile et brillant qu'il puisse être, finit par devoir être remplacé.

Quoi que vous fassiez, nous vous demandons instamment de cultiver l'habitude d'alterner constamment déduction et induction, le monde que vous avez devant vous et les cadres mentaux que vous avez en vous, les analyses les plus logiques et objectives et les façons les plus subjectives, les plus extravagantes et les plus risquées de voir les choses. Avant d'élaborer une stratégie ou de passer à l'action, vous devrez douter de tous vos modèles mentaux actuels, assumer l'ambiguïté, la laisser vous pousser à poser les bonnes questions. Toutes les bonnes questions. Nous vous invitons à ne pas vous contenter de « sortir du cadre », mais à apprendre à situer votre réflexion dans une multitude de cadres mentaux nouveaux (ceux-là mêmes qui vont vous ouvrir l'esprit, vous changer la vie, ou simplement vous faire du bien). Le tableau de la page suivante permet de visualiser les principales différences entre l'ancien paradigme de la créativité et celui que nous vous proposons.

Penser en dehors du cadre	Penser dans de nouveaux cadres mentaux
Initialement proposé dans les années 1960 – dans un monde plus prévisible, moins complexe, etc.	Produit du XXIe siècle – d'un monde plus volatil, plus chargé d'incertitudes mais plus riche de possibilités.
Hypothèse maîtresse : l'idée que nous cherchons n'existe pas encore. Réponse : nous avons besoin d'idées nouvelles !	Hypothèse maîtresse : beaucoup d'idées existent déjà. Réponse : Comment changer le regard que l'on porte sur elles ? Poser les bonnes questions, formulées avec soin, peut faire émerger des idées nouvelles – et/ou donner un sens nouveau à des idées anciennes.
Comment faire ce que nous faisons ? Par exemple, comment pourrions-nous vendre davantage de stylos-bille ?	Commencez par vous demander ce qu'il faut faire. Il sera toujours temps de se demander « comment » ! Sommes-nous un fabricant de stylos-bille ou autre chose ?
La production de nouvelles idées passe par deux grandes étapes préalables : la divergence et la convergence (cf. de Bono, Osborn, etc.).	Elle passe par cinq étapes : commencez par douter, puis explorez avant de diverger et enfin de converger – en évaluant constamment le déroulement du processus.
Le processus, linéaire, se déroule sur une base *ad hoc*.	Il s'agit d'un processus en boucle, surtout le suivi et la mise en doute – c'est ce qui permet d'ancrer le résultat dans la durée.
En général, il débouche sur un nouveau produit ou service.	Au terme du processus, on débouche sur un nouveau cadre, un nouveau modèle mental – d'où émergent de nouveaux produits et services, visions et stratégies, qu'une série d'autres cadres, dits scénarios, rendront plus robustes.

La créativité : vers un nouveau paradigme

Les concepts clés de ce livre

Cette liste de concepts n'est pas une liste alphabétique exhaustive de l'ensemble de la terminologie utilisée dans ce livre. Elle se propose d'en définir les concepts clés, repris thématiquement. Elle peut donc servir de « boîte à outils » à tous ceux qui voudront utiliser notre méthode pour parvenir à *la* bonne idée.

La théorie : comprendre les modèles mentaux que vous avez en vous et leur interaction avec le monde que vous avez devant vous

Modèle mental (ou cadre mental) : construction qui existe purement « en vous », c'est-à-dire dans votre cerveau, dans laquelle la réalité est simplifiée afin d'être appréhendée de façon utile, en fonction d'un objectif donné. Permet de penser et, par la suite, d'agir. C'est une abstraction du présent et une base pour construire l'avenir. Exemples : les concepts, les stéréotypes, les catégories, les idées, les cadres et les paradigmes.

Pensée : elle consiste à organiser les faits, les données et les observations du monde que vous avez devant vous en introduisant entre eux des liens – puis à utiliser cette information. Ce premier type de pensée (l'induction) crée une forme, un schéma porteur de sens, un modèle mental que le cerveau utilise ensuite pour revenir au monde que vous avez devant vous, où il est confirmé, réfuté ou modifié (déduction).

Induction : forme de pensée où l'on passe de détails fragmentaires observés (les données) à une vision connectée de la situation, un principe fédérateur, qui finit par former une théorie, une hypothèse de travail, un modèle mental. Les analogies sont l'une des façons les plus classiques d'induire.

Déduction : forme de pensée consistant à appliquer un modèle mental existant, par exemple un cadre, à des détails observés dans le monde que l'on a devant soi, testant ainsi la capacité de ce modèle à les interpréter. La logique est la science de la déduction.

Concept : modèle mental formé par l'intégration de plusieurs éléments. Cette abstraction doublée d'une généralisation repose sur des caractéristiques communes observées et néglige les différences et les mesures quantitatives (par exemple, le concept de « carré » correspond à une forme bidimensionnelle comportant quatre segments de la même longueur dont l'intersection forme un angle droit).

Jugement : modèle mental qui simplifie un élément de la réalité en le réduisant à quelques mots, généralement « A est B ». Il y a des jugements factuels (la température est inférieure à 0 °C) et des jugements de valeur, teintés par les perceptions de la réalité (par exemple : « il fait très froid », « les Canadiens sont gentils »). Un stéréotype est un type de jugement de valeur.

Paradigme : l'une des plus robustes et des plus complexes des diverses formes de modèle mental. Le paradigme est une théorie relativement ouverte et largement partagée pouvant contenir plusieurs autres théories et cadres mentaux (exemples : la relativité, la démocratie).

Eurêka ! : vivre un moment *Eurêka !*, c'est réaliser tout à coup que telle ou telle idée serait une façon possible d'aller de l'avant au bon moment. C'est le résultat d'un changement de perception et l'origine d'un nouveau modèle mental prometteur.

Caramba ! : vivre un moment *Caramba !*, c'est réaliser tout à coup que l'un de vos modèles mentaux, voire plusieurs, est dépassé – l'heure est grave. Vous êtes contraint de reconnaître que le monde a changé autour de vous : un changement que vous subissez, dont vous n'êtes pas l'instrument – il ne reste plus qu'à rattraper le temps perdu.

Les cinq étapes : notre méthode pour identifier *la* bonne idée parmi toutes celles que le processus vous permettra de générer

Perception : tentative de faire coïncider certains éléments de la réalité observée avec l'un, ou plusieurs, de vos modèles mentaux existants.

Biais cognitif : schéma de pensée provoquant une déviation systématique du jugement (que ce soit en mode inductif ou déductif). Peut se comparer à une lentille ou à un prisme compliquant le parcours entre le monde que vous avez devant vous et les cadres mentaux que vous avez en vous (induction), ou l'emploi de ces cadres mentaux pour affronter le monde que vous avez devant vous (déduction).

Doute : douter, c'est se souvenir que tous vos modèles mentaux ne sont jamais que des hypothèses de travail, qu'ils représentent le monde que vous avez devant vous mais ne sont ni « vrais » ni « réels ».

Ambiguïté : ce que vous ressentez quand vous êtes dans l'impossibilité de choisir entre une série de cadres mentaux envisageables et susceptibles de vous aider à comprendre ou à gérer certains éléments du monde que vous avez devant vous. L'ambiguïté n'est pas l'exception, c'est la règle. Contrairement à ce que vous entendrez souvent, une situation n'est jamais ambiguë. Une situation est ce qu'elle est – et l'interprétation inductive que nous en faisons est toujours sujette à l'ambiguïté.

Paradoxes : apparaissent quand aucun modèle mental disponible n'explique une situation donnée dans le monde que vous avez devant vous. Pour traiter cette situation, vous devrez soit modifier un ou plusieurs de vos modèles mentaux existants, soit en créer un nouveau. À l'instar de l'ambiguïté, une situation n'est jamais paradoxale – elle est ce qu'elle est, le paradoxe est en vous.

Divergence : étape du processus créatif consistant à générer une vaste gamme de concepts, d'idées et de possibilités nouvelles afin de découvrir d'éventuels nouveaux modèles mentaux susceptibles de permettre à votre entreprise de réaliser ses buts/sa vision/ses objectifs spécifiques. Il est bon d'en rassembler une grande quantité, d'où la nécessité de ne porter aucun jugement – la sélection des « bonnes » idées pouvant se faire plus tard.

Convergence : exercer ses compétences en matière de raisonnement et de jugement afin de resserrer la recherche, d'éliminer les idées les moins pertinentes et, finalement, de décider quel nouveau cadre mental retenir en fonction des contraintes et critères définis auparavant d'un commun accord.

Contrainte : limite ou restriction ferme et spécifique concernant les nouveaux cadres mentaux potentiels. Dans le contexte de la divergence et encore plus de la convergence, c'est un moyen de délimiter vos résultats (par exemple, nous ne pouvons pas dépenser plus de 1 000 dollars).

Critères : ensemble de directives visant à faciliter la décision ou principes à l'aune desquels on évaluera les nouveaux cadres mentaux. Peuvent être quantitatifs (par exemple, utiliser le coût comme critère pour déterminer les tissus utilisés dans une usine de confection) ; peuvent aussi constituer un moyen qualitatif d'ajouter de la rigueur sans avoir recours aux chiffres (par exemple, prendre la préférence personnelle comme critère pour décider si l'on enchérit ou non pour une toile lors d'une vente aux enchères).

Applications

Megatrend (mégatendance, ou tendance majeure) : changement de grande ampleur, mais relativement prévisible, susceptible d'affecter le monde que vous avez devant vous (en général vos clients, vos concurrents, le marché, etc.). Se produit indépendamment de votre entreprise et des problèmes auxquels vous êtes confronté. Ces tendances majeures peuvent être source d'idées dans la recherche de nouveaux modèles mentaux.

Scénario : histoire d'un avenir possible ; c'est un cadre mental consistant en la description d'un état final, en lien avec une interprétation de la réalité du moment, expliquant en outre comment le monde passera d'un état à un autre. L'emploi d'un ensemble de scénarios permet d'élargir les perceptions qu'ont les dirigeants des divers environnements au sein desquels leurs décisions pourraient prendre effet pour mieux se préparer à l'imprévisible.

Vision stratégique : image ambitieuse d'un état futur radicalement préférable à l'état actuel, à en croire ceux qui la conçoivent. Ce modèle mental devient une référence pour l'entreprise et sert ainsi de guide permettant à chaque salarié de faire plus efficacement son travail.

Valeur : idée que nous nous faisons de ce qui devrait être.

Incertitude : il y a deux types d'incertitude : 1) les inconnus connus sont des choses dont vous connaissez l'existence mais que vous ne pouvez pas prévoir avec certitude (par exemple, le résultat d'un match sportif, la possibilité d'un accident si vous grillez un feu rouge) ; 2) les inconnus inconnus sont des événements que vous ignorez totalement jusqu'au moment où ils se produisent, comme un tremblement de terre (exemple même de *l'impensable*) ou une annonce surprise d'un de vos concurrents (qui pourrait bien déboucher sur un moment *Caramba !*).

Impensable (cygne noir ou coup du sort) : événement doté de trois caractéristiques : il est imprévisible, a un impact important et, après coup, une explication le fait rapidement apparaître comme moins aléatoire et plus prévisible qu'il ne l'était réellement.

Créativité : aptitude de certaines personnes à modifier leur perception de la réalité ; ce faisant, elles peuvent créer de nouveaux cadres mentaux de divers types et de différentes tailles. On peut avoir de la créativité sans innovation (par exemple, une idée qui ne mène nulle part).

Innovation : aptitude au changement de la réalité. Autrement dit, prendre un nouveau cadre mental (comme un nouveau produit, service, ou idée de business model) et le transformer en réalité (par exemple, chiffre d'affaires, profits, parts de marché). Il est possible d'avoir de l'innovation sans créativité (par exemple, en copiant les idées des autres).

BE CREATIVE

Chapitre 3

Douter

Remettez en cause ce que vous croyez savoir

« Douter est le début de la sagesse. Douter nous amène à nous interroger et éventuellement à découvrir la vérité[1]. »

Pierre Abélard

La première étape, pour qui souhaite situer sa réflexion dans de nouveaux cadres mentaux, est de douter de tout, absolument tout : vos convictions les mieux ancrées, vos perceptions de la réalité et vos hypothèses concernant l'avenir. Doutez des règles qui régissent votre vie et de celles qui gouvernent votre entreprise. Doutez que vos tactiques, modèles et stratégies existants soient véritablement les meilleurs. Et surtout, doutez que la manière dont vous avez toujours abordé vos tâches reste longtemps la plus adaptée.

Cette étape s'inspire du scepticisme méthodologique de Descartes et vous encourage à adopter une mentalité radicalement nouvelle, fondée sur l'humilité personnelle (et parfois institutionnelle) : la créativité n'est en effet possible que si vous n'êtes pas certain, en votre for intérieur, de détenir la vérité.

Revenons un instant à la page précédente. Que dit le texte encadré ? Au premier coup d'œil, vous diriez sans doute que c'est une exhortation à la créativité : *BE CREATIVE*. Mais si vous aviez appris à douter de vos premières perceptions, vous envisageriez aussi une autre possibilité – si le bandeau noir était enlevé, on y lirait peut-être en effet :

RF GPFATJVF

Si imaginatif et réfléchi que vous soyez, vous n'avez sans doute pas douté un seul instant que ces quelques lettres, révélées en entier, auraient un autre sens que « *be creative* ». Et vous avez peut-être été vexé de devoir reconnaître humblement que vous n'auriez jamais trouvé la « bonne » réponse. Voici donc un conseil pour franchir une étape essentielle sur la voie de la créativité durable : essayez de ne pas vous fier à vos premières impressions et avouez que, bien souvent, vous n'êtes pas capable de savoir quelle est la « bonne » ou la « meilleure » réponse. Certainement pas, en tout cas, avant d'avoir généré et examiné un grand nombre de possibilités.

Le changement est la seule constante, c'est pourquoi il est si important de douter. Vos grands-parents auraient-ils jamais imaginé que de nombreuses personnes – gay ou non – militeraient un jour en faveur du mariage pour tous ? Qui aurait cru que les émissions de téléréalité connaîtraient un tel succès ? Et, au lendemain des attaques du 11 Septembre, qui aurait pu penser que le Festival de cinéma de Tribeca transformerait en foyer culturel la zone de guerre qu'était devenu le quartier, dans la réalité comme dans les perceptions ?

Ardents défenseurs du doute et de l'humilité, nous vous encourageons à prendre la pleine mesure de la difficulté de « savoir ».

Les innovateurs les plus célèbres de tous les temps ont fait preuve de ce doute, montré cette humilité. Même Steve Jobs, qui ne passait pas pour le plus modeste des hommes*, confiait en 1996 à un journaliste du magazine *Wired* : « La créativité, cela consiste simplement à connecter une chose à une autre. Quand vous demandez à des créatifs comment

* N'ayant jamais rencontré Steve Jobs, nous n'avons aucune opinion sur la réalité de son humilité personnelle.

ils ont fait ceci ou cela, ils se sentent vaguement coupables parce qu'ils ne l'ont pas vraiment fait, ils ont juste *vu* quelque chose, qui leur a semblé évident. Ils ont réussi à connecter des choses qu'ils avaient vécues et à en synthétiser de nouvelles. Et s'ils en ont été capables, c'est parce qu'ils avaient vécu davantage d'expériences ou y avaient réfléchi plus que les autres[2]. »

Quand vos propres mécanismes intellectuels vous inspireront une humilité aussi sincère que celle dont parle Steve Jobs, de sorte que vous fermerez aussi peu de portes que possible et vérifierez inlassablement le bien-fondé de tout ce que vous *pensez* ou *croyez*, alors vous gagnerez beaucoup en créativité. Et vous serez nettement mieux armé pour vous préparer aux changements inévitables, peut-être même pourrez-vous en profiter au lieu d'en pâtir. Il vous arrivera parfois, comme le disait Steve Jobs, de *voir* des choses qui vous avaient échappé jusque-là – des choses que vous « saviez » mais n'arriviez pas tout à fait à appréhender.

L'attrait du familier

Il est en général beaucoup plus difficile de changer des idées existantes que d'en avoir de nouvelles. C'est la raison pour laquelle, par exemple, les moments *Eurêka !* sont souvent réservés aux outsiders d'un secteur d'activité ou d'une entreprise – témoins Facebook, créant ce qui est devenu le plus grand réseau social du monde, ce que n'avait pas fait AOL, ou Groupon, développant une façon entièrement nouvelle de promouvoir les fournisseurs locaux (au moins pendant un certain temps), ce que n'avaient pas fait les traditionnelles Pages jaunes.

Pour dire les choses autrement, la première étape de notre processus consiste à reconnaître que vos modèles mentaux actuels vous enferment dans votre zone de confort. Si intelligents et rationnels que puissent être les gens, ils se rendent rarement compte du caractère automatique de leurs perceptions, de leurs réactions et de leurs hypothèses (pourtant parfois erronées ou carrément fausses). Quand vous entendez « chef d'orchestre », l'image qui se forme dans votre cerveau est celle d'un Européen aux cheveux blancs. Quand vous achetez du shampooing dans un flacon dont l'étiquette proclame « 50 % de produit en plus, gratuit ! », vous ne pensez pas immédiatement que le prix a été recalculé pour couvrir le coût du supplément « gratuit ».

Le *Fosbury Flop*

Aux jeux Olympiques de 1968, à Mexico, un Américain de vingt et un ans, Richard Fosbury, époustoufla les juges et les vingt mille spectateurs d'une session d'athlétisme en gagnant une médaille d'or, doublée d'un record olympique, grâce à une nouvelle technique de saut en hauteur. Cette technique, aujourd'hui connue largement sous le nom de *Fosbury Flop*, consiste à faire passer le dos en premier ; elle a révolutionné le saut en hauteur.

Jusque-là, les sauteurs franchissaient généralement la barre « en roulé ventral ». La révolution de Fosbury consistait à prendre son impulsion avec le pied le plus éloigné de la barre tout en élevant la jambe libre. La rotation avait lieu naturellement et l'athlète se retrouvait dos à la barre. Il l'enroulait ensuite et retombait dans l'aire de réception sur les épaules. Au premier abord, cela semblait complètement ridicule. C'est effectivement ce qu'ont commencé par penser les concurrents, les journalistes et les spectateurs.

Comment Fosbury a-t-il changé radicalement le cadre mental « saut en hauteur » ? N'étant pas assez bon pour gagner autrement, il s'est forcé à tenter des expériences, à s'éloigner de ce qui passait pour l'évidence même – la seule autre chose qu'il aurait pu faire étant d'abandonner ce sport. « Je sentais qu'il fallait que je m'y prenne différemment pour passer la barre, alors j'ai essayé de soulever les hanches, ce qui m'obligeait à reculer les épaules, et j'ai réussi. J'ai franchi une hauteur que je n'avais jamais atteinte. J'ai essayé à nouveau et j'ai réussi à passer dix centimètres plus haut que mon meilleur saut antérieur ; ça m'a donné envie de gagner, je suis resté dans le circuit ; mais au lieu de m'asseoir sur la barre, je la passais à plat dos. »

Au niveau le plus élevé, quel que soit le sport, les progrès se mesurent en général en fractions de seconde ou de centimètre, de sorte qu'une nouvelle méthode se traduisant par un progrès de 15 centimètres méritait clairement que l'on s'y intéresse de près. Avant les JO, première compétition en dehors du territoire américain pour Fosbury, ce dernier s'était attaché à perfectionner sa méthode. « Ça paraissait plutôt bizarre, au début, mais le mouvement était si naturel que, comme toutes les bonnes idées, on se demande pourquoi personne d'autre n'y avait pensé avant*. »

Un journaliste du *Guardian*, qui couvrait les éliminatoires au cours desquels Fosbury s'était qualifié de justesse, n'avait pas été convaincu de son potentiel. À ses yeux, c'était « la curiosité de l'équipe ». Quant au *Los Angeles Times*, on put lire dans ses colonnes : « Il passe la barre comme si on l'avait poussé dans le vide, d'une fenêtre du trentième étage. » Et voici la description de *Sports Illustrated* : « Il prend son appel en partant légèrement à gauche du centre, sa course évoquant celle d'un chameau à deux pattes » et, s'étant jeté sur la barre en présentant le dos en premier, « il s'étire comme le ferait un homme un peu inquiet d'être allongé sur un transat trop court pour lui ».

À Mexico, la foule finit par remarquer la technique inhabituelle de Fosbury, qu'elle saluait avec autant de rires que d'applaudissements, ce qui ne l'empêchait pas de franchir une barre de plus en plus haute, sans le moindre échec. Quand il ne resta plus en lice que deux sauteurs, le public était tellement passionné qu'il en ignora pratiquement l'arrivée sur le stade du gagnant du marathon. « Psychologiquement, j'ai été porté par l'attitude des spectateurs, raconta plus tard Fosbury. Je suis parvenu à canaliser leur attention, à la muer en une intense concentration ; j'étais de plus en plus excité, mais j'essayais de me maîtriser. » Il allait sauter 2,24 mètres et décrocher l'or.

---

* Comme ce fut le cas pour nombre de découvertes, d'autres ont affirmé y avoir pensé avant Fosbury, en particulier une future championne du monde, la Canadienne Debbie Brill, qui perfectionnait simultanément le « *Brill Bend* » et, à en croire le *Guardian*, avait été filmée dès 1966. « J'ai été abasourdie la première fois que j'ai vu Fosbury sauter sur le dos, je croyais être la seule à le faire », dit-elle.

Son innovation n'a pas pris immédiatement – et, à part une tentative manquée de se qualifier pour les JO de Munich en 1972, on peut dire que la carrière athlétique de Fosbury fut pratiquement terminée après Mexico. Mais, à l'exception du gagnant de la médaille d'or de 1972, plus personne, jusqu'à aujourd'hui, n'a gagné l'épreuve de saut en hauteur aux JO avec une autre technique que le *Fosbury Flop*.

Si, aux yeux des spectateurs de la finale de 1968, le *Fosbury Flop* était certainement très bizarre – ce n'était tout simplement pas « comme ça que l'on faisait », aujourd'hui, c'est du sportif usant d'une autre technique que l'on se moquerait à coup sûr – Dick Fosbury a changé le saut en hauteur pour plusieurs décennies (au moins)[3].

Même quand les gens se croient prêts à abandonner leurs idées préconçues, ils restent tacitement très attachés aux cadres mentaux qui leur permettent de comprendre le monde. Cette affection est presque toujours inconsciente : on a le sentiment de « bien faire » en pensant et en se comportant conformément à des méthodes éprouvées, même lorsqu'on s'efforce d'être radicalement novateur. Ce phénomène est gravé profondément dans le cerveau humain : les gens sont naturellement attirés vers des idées et concepts qui confirment, et non contredisent, les idées auxquelles ils croient déjà*. Prendre davantage conscience de la force de cette tendance, puis mettre en doute les cadres mentaux qui régissent vos raisonnements actuels, tel est l'objectif de la phase 1, la première étape de notre processus créatif.

L'ambition initiale de Google était de construire le meilleur moteur de recherche jamais conçu, et l'objectif a été atteint. Mais pour entrer dans une nouvelle ère de croissance, les dirigeants ont dû percevoir différemment leur entreprise. La mission officielle restait d'« organiser l'information du monde et la rendre universellement accessible et utile », mais un regard différent, au-delà du moteur de recherche, les a conduits à se forger un nouveau modèle mental. Il s'agissait désormais de « tout savoir » – et cette nouvelle optique a donné naissance à des

* Il y a des implications en politique : il est sans doute meilleur pour le cerveau, et certainement pour le processus créatif, de lire des journaux et de regarder des informations télévisées qui ne correspondent pas à vos propres idées.

projets comme Google Earth, Google Book Search et Google Labs, tout en continuant à améliorer le moteur de recherche.

Certaines de vos idées et concepts préexistants sont peut-être si profondément enracinés que vous ne vous rendez même pas compte de l'emprise qu'ils ont sur vous – voire de leur existence ! Une autre composante importante de cette première étape consiste donc à reconnaître certains de vos propres modèles mentaux, qu'ils s'agisse de postulats profondément ancrés qui gouvernent votre vision du monde (comme des stéréotypes) ou d'habitudes auxquelles vous avez tendance à revenir indéfiniment, sans même y réfléchir. Cela peut concerner la façon dont vous préparez votre planning stratégique annuel, fêtez l'anniversaire de vos collègues ou organisez vos réunions hebdomadaires. Ou celle dont vous réglez les conflits professionnels ou familiaux, l'itinéraire que vous prenez pour aller au bureau, la chaussette que vous enfilez en premier, ou encore votre politique d'incitation et de récompense des bonnes performances. À l'instar du chien Sartre sautant une clôture inexistante, c'est peut-être souvent en position « pilotage automatique » que vous et votre entreprise exécutez des fonctions critiques et tentez d'atteindre des objectifs fondamentaux, même lorsque cela implique des actes non seulement inefficaces, mais aussi dommageables.

Douter de ce que vous croyez voir – et savoir – est un ingrédient indispensable de notre approche de la créativité. Cela suppose de remettre en cause à la fois l'information que vous recevez et la façon dont vous la traitez. Quand nous travaillons avec des personnes et des institutions pour les aider à renouveler leurs cadres mentaux, nous leur demandons de recenser certaines des convictions et hypothèses auxquelles elles croient le plus profondément. Ensuite, nous leur proposons plusieurs exercices conçus pour affranchir leur esprit des périls de la fausse certitude et les empêcher de s'accrocher trop à une pensée routinière. Nous aimons tout particulièrement les aider à réaliser que ce qu'elles considèrent comme la « bonne » réponse à telle ou telle question peut bel et bien être une erreur ou simplement une réponse parmi beaucoup d'autres réponses possibles.

Comment commencer à faire la part belle au doute, à s'ouvrir l'esprit ? Voici trois pistes :

1. *Créez un climat de doute systématique.* Êtes-vous (et qui que vous ayez entraîné avec vous dans le processus créatif) pleinement conscient des multiples façons dont les biais cognitifs normaux influencent vos principaux modèles mentaux et vos hypothèses ? Que certaines perceptions (exactes ou erronées) relativement automatiques pourraient vous induire en erreur ? Certaines d'entre elles vous empêchent-elles de penser de façon plus ouverte et plus créative ?

2. *Dressez la liste (dans toute la mesure du possible) des cadres mentaux que vous utilisez actuellement.* Puis, passez à la contestation : sur quels principaux modèles et hypothèses reposent-ils ? De quelle utilité vous sont-ils, à vous et à votre entreprise ? Comment pourriez-vous les remettre en cause, les réviser, les améliorer ou les remplacer ?

3. *Choisissez un ensemble de schémas mentaux, de problèmes ou de questions que vous aimeriez regarder de plus près, réfléchissez aux résultats que vous espérez obtenir de cette investigation scrupuleuse et sans concession.* Passez au peigne fin vos stratégies, attitudes, contraintes et approches actuelles afin d'en identifier les faiblesses éventuelles, tout ce qui peut vous rendre vulnérable. Quels sont les questions ou les problèmes les plus cruciaux, ceux que vous et/ou votre entreprise devriez, d'urgence, tenter de résoudre ? Que pourriez-vous apprendre en les regardant sous une série d'angles totalement différents ? Comment pourriez-vous les formuler, ou les reformuler, de façon à stimuler l'éclosion d'une myriade d'idées nouvelles, à élargir votre champ de vision et à améliorer l'ensemble du processus créatif ? Comment explorer le monde que vous avez devant vous de façon pertinente, efficace et productive ? Quels résultats voulez-vous atteindre, que souhaitez-vous accomplir ? Qu'est-ce qui, à vos yeux, constituerait une réussite ?

En répondant à ces trois séries de questions, vous verrez qu'il vous faut réévaluer – voire remettre à plat – certaines de vos idées actuelles. Vous comprendrez plus clairement le ou les problèmes fondamentaux que vous espérez résoudre. Vous aurez également une notion plus claire des principaux domaines que vous souhaiterez examiner de près en phase 2, deuxième étape de notre processus créatif*.

Premièrement, créez un climat de doute systématique

Ceci suppose de reconnaître que les gens intelligents commettent sans cesse des erreurs – et de comprendre comment celles-ci surviennent. Une large gamme de tendances humaines et de biais cognitifs inévitables nous poussent à créer des modèles mentaux fallacieux, puis à nous y accrocher. Quand nous attaquons la phase 1 avec un groupe, nous commençons souvent par quelques exercices d'échauffement afin d'aider les participants à prendre conscience des écarts énormes qui existent souvent entre la réalité qu'ils ont devant eux et la perception qu'ils en ont.

Voici l'un de nos préférés :

> Imaginez qu'une corde soit disposée sur la circonférence de la terre et qu'elle touche partout le sol. Supposons maintenant qu'on la rallonge de trois mètres (pour éviter que la terre ne se sente « gênée aux entournures »), puis qu'on la soulève de façon régulière, sur toute sa longueur. À quelle distance du sol serait-elle alors, selon vous ?

* Mise au point importante : nous vous recommandons de douter de tout, mais pas au point d'en arriver à la paralysie et à l'inaction. La remise en cause de vos modèles mentaux existants consiste à vous préparer à expérimenter et à prendre des risques. En poussant les choses à l'extrême, le danger serait de ne plus faire confiance à personne et de ne plus croire aucune information. Loin de conduire à la réussite, ce serait une caricature. Cette première étape ne devrait pas vous conduire uniquement à ne pas croire vos sources d'information, devenir profondément sceptique sur tout, ou même paranoïaque, convaincu que tout ce que vous avez fait est profondément défectueux. Il s'agit de mieux connaître le fonctionnement du cerveau humain et de tenter de créer, dans votre entreprise et dans votre vie, des conditions susceptibles de vous permettre d'imaginer de nouveaux modèles et d'ouvrir de nouvelles perspectives. Autrement dit, nous vous conseillons de douter toujours... mais de ne jamais hésiter.

La plupart des gens estiment que si l'on n'ajoute que trois mètres à la longueur initiale de la corde, elle ne sera qu'à quelques millimètres du sol. La réponse, surprenante, est pourtant la suivante : en n'allongeant la corde que de ces trois petits mètres, vous la hisseriez à près de cinquante centimètres du sol*.

Les choses sont rarement, voire jamais, conformes aux apparences et les premières impressions sont souvent faussées, incomplètes ou peu judicieuses. Si vous réfléchissez à la décision d'acheter tel ou tel produit, recruter tel ou tel candidat, nouer un nouveau partenariat ou lancer un nouveau produit, votre impulsion première est rarement judicieuse. Nous avons tous tendance à formuler nos idées initiales en partant de nos expériences antérieures. Tendance naturelle, certes, mais aussi souvent restrictive ou trompeuse, parfois même dangereuse !

Pour prendre un exemple, considérez la valeur que vous attachez à un objet quelconque, par exemple une bicyclette. Un vélo, qu'est-ce que ça vaut, pour vous ?

Il existe une réponse universelle liée à son utilité de base : un vélo, c'est pratique pour se rendre d'un point A à un point B. Mais une bonne partie du prix que vous lui attachez personnellement dépend de vos modèles mentaux subjectifs, de critères qui vous sont propres. Par exemple, vous y trouvez peut-être un grand mérite parce que vous êtes très sensible à la préservation de l'environnement. Peut-être, aussi, détestez-vous les transports en commun, d'où le plaisir et l'efficacité de vous déplacer à vélo. Peut-être encore êtes-vous contraint à des trajets quotidiens et résidez-vous dans une zone où le trafic local est intense, de sorte que la bicyclette vous évite de subir, jour après jour, enfermé dans

* En voici la preuve : considérez C, la circonférence de la corde. C = 2 × pi × r. Donc r = C/(2 × pi) ou, disons, C/6,3. Si C augmente de 3 mètres, alors le nouveau rayon moins l'ancien rayon est : C + 3/6,3 moins C/6,3, ce qui fait 3/6,3, 47 cm. Le truc, c'est de reconnaître que notre réponse instinctive d'un changement très faible est correcte – mais c'est en comparaison du rayon de la terre, par rapport auquel 50 cm est une distance insignifiante, pas en référence à la hauteur de la corde par rapport à la surface de la terre. Ce jeu mathématique fonctionne très différemment suivant les lieux, ce que nous attribuons à des différences touchant l'enseignement des mathématiques et des sciences durant l'enfance. Par exemple, nous avons travaillé avec plusieurs groupes en Corée et au Japon, et la réponse correcte paraissait immédiatement évidente à tout le monde.

votre voiture, des heures d'embouteillage. En dernière analyse, la valeur perçue d'un objet dépend énormément de la personne qui en juge, des contraintes uniques auxquelles elle est soumise et des facteurs spécifiques les plus importants à ses yeux. Il est très complexe de déterminer la valeur d'une entreprise, d'un de ses produits ou d'un autre aspect de son activité, car cette appréciation dépend automatiquement de la personne à qui vous demandez de la faire. De la même manière, chacun de vos interlocuteurs a sa propre perception de votre stratégie, de ce qu'il convient de faire si l'on veut rester dans la course, des décisions concernant les nouveaux produits ou services et la façon de les développer ; en outre, chacun réagit différemment en fonction des mots précis que vous employez, de la façon dont vous posez la question, du moment où vous le faites, de son état d'esprit, et du regard unique qu'il porte sur la vie.

Certains événements récents offrent des exemples spectaculaires de ces différences de perception. Début 2012, en Afghanistan, l'incinération dans une caserne américaine de plusieurs exemplaires du Coran a provoqué une réaction beaucoup plus vive que la mort de seize personnes, dont neuf enfants, sur lesquelles un soldat américain « sorti de sa base » avait ouvert le feu. « Comment peut-on comparer le fait de déshonorer le saint Coran au martyre de civils innocents ? » demandait, incrédule, Mullah Khaliq Dad. Un Occidental aurait sans doute posé la question différemment : « Comment peut-on comparer le fait de brûler un livre avec le meurtre d'enfants innocents[4] ? »

Ce qu'il faut comprendre, c'est que lorsque notre cerveau fonctionne en mode automatique – ce que les spécialistes du comportement appellent souvent une « heuristique » –, il nous incite souvent à nous accrocher trop farouchement à telle ou telle façon de voir ou de faire.

En phase 1, nous montrons souvent à nos clients des illusions d'optique qui peuvent devenir d'excellentes opportunités de réflexion sur les tours que nous joue parfois notre cerveau[5].

Regardez bien l'image ci-après :

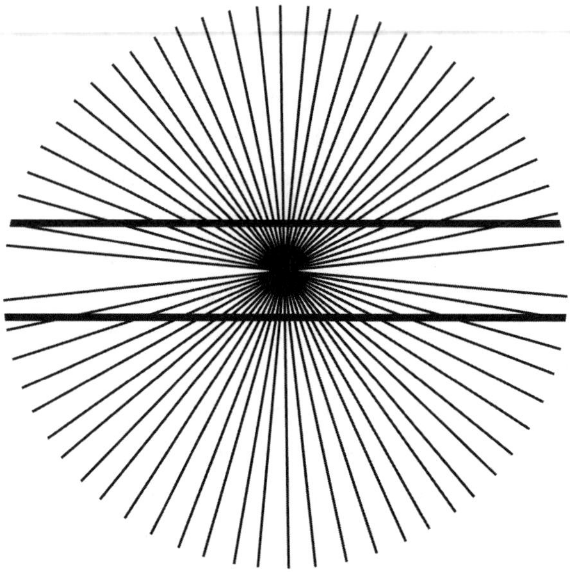

Que voyez-vous ? De nombreuses personnes perçoivent les deux lignes horizontales comme tordues ou « gauchies », alors qu'elles sont parfaitement plates et parallèles. Nos yeux et notre cerveau nous jouent souvent des tours ; il est important de ne pas toujours se fier aux premières réactions que nous avons presque par réflexe. On voit parfois des choses qui ne sont pas là (mais on n'en voit pas d'autres que nous avons pourtant bel et bien sous les yeux). Il arrive également que l'on ne pense qu'à une seule explication ou solution possible, alors qu'il en existe de nombreuses. Il y a même des cas où vous *connaissez* la vérité (par exemple, vous pouvez parfaitement comprendre que les deux lignes soient parallèles parce que vous croyez ce que nous vous affirmons ou que vous les avez comparées, règle en main), mais il vous est néanmoins impossible d'obliger votre cerveau à les voir parallèles. Explication : la partie de votre cerveau qui vous dit que ces lignes sont droites ne parvient pas à l'emporter sur celle qui les perçoit comme courbes.

Si vous n'êtes pas attentif à vous prémunir des nombreuses manières dont votre cerveau peut vous entraîner à mal interpréter une information, vous continuerez à voir et à faire les choses comme vous l'avez toujours fait, même si ce n'est pas forcément la bonne ou la meilleure façon de faire. Cette rigidité peut réellement s'avérer gênante, surtout si nous exerçons des responsabilités dans les affaires, au gouvernement, dans la société ou dans d'autres contextes.

Le cerveau humain a beaucoup d'attributs remarquables – il est complexe et évolutif. Mais il est également paresseux ! Il se met régulièrement en position « pilotage automatique » afin de traiter l'information de la façon la plus facile ou la plus pratique. Regardez, par exemple, cette photo[*] :

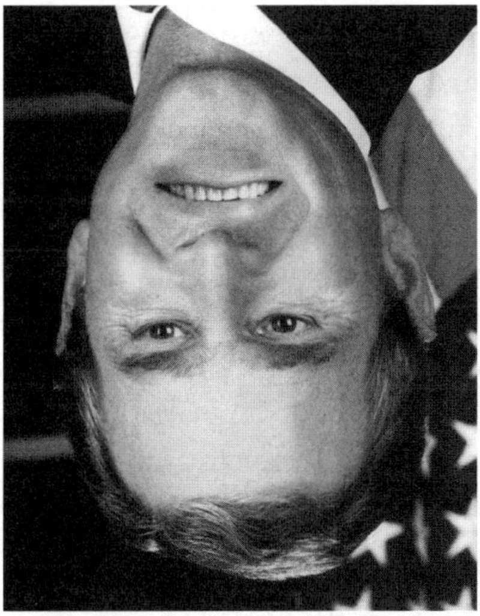

Source : Peter Reid (peter.reid@ed.ac.uk), publié avec l'autorisation de l'auteur.

Quand nous demandons à nos interlocuteurs ce qu'ils voient dans cette image, la plupart répondent immédiatement : « George Bush, la tête en bas, avec un grand sourire », avant de passer à autre chose. Mais si vous retournez l'image, vous en ferez sans doute une interprétation différente[**]. Certaines personnes ne se laissent pas « tromper » par cette

* On trouvera toute une série d'autres images sur ce thème provenant de la même source à : www.scifun.ed.ac.uk/pages/about_us/shows_senses-vision.html.

** Notez bien que ceci n'a rien à voir avec la politique – nous avons fait la même chose avec Barack Obama et Margaret Thatcher.

image – elles comprennent que, si on la retourne, elle a un impact différent. Sans parvenir pour autant à éliminer leur impression initiale : chaque fois qu'elles la regardent, elles voient un George Bush souriant de toutes ses dents.

La recherche confirme que la plupart des gens ont tendance à opter pour l'interprétation la plus simple, à faire appel au cadre mental le plus rudimentaire possible. Cette tendance coïncide avec le principe du rasoir d'Occam, du nom d'un célèbre logicien anglais du XIVe siècle, principe selon lequel la solution la plus simple doit généralement être considérée comme la plus plausible (jusqu'à preuve du contraire). Dans de nombreux contextes, cette propension à simplifier est un don du ciel ; c'est la raison pour laquelle les gens travaillent mieux que des machines. Cela fait plusieurs générations, depuis Deep Blue et Steve Watson, qu'IBM tente de simuler l'aptitude du cerveau humain à simplifier et à agir en se fondant sur ce type de cognition, mais nous doutons qu'une machine soit jamais capable d'induire réellement, c'est-à-dire de créer un nouveau cadre mental*.

On peut toutefois se blesser par inadvertance avec le rasoir d'Occam ! Pour penser dans de nouveaux cadres mentaux, il faut savoir comment, quand et pourquoi nous nous appuyons trop sur de simples déductions, ce qui nous conduit à voir une « bonne » manière de faire les choses, ignorant du même coup les nombreuses autres façons de procéder également possibles. Dans le monde des affaires, voyez la façon dont on a souvent tendance à se précipiter pour conclure en se fondant sur une information insuffisante, à juger les gens sans bien les connaître et à prendre des décisions impulsives à partir d'un nombre relativement restreint d'expériences vécues. Notre première étape vous entraînera à plonger en eau beaucoup plus profonde, à ne pas oublier que votre cerveau peut vous trahir et à quel point il est difficile de lutter contre cette tendance naturelle. Vous apprendrez à solliciter beaucoup d'idées

* Voici le raisonnement qui nous conduit à cette conclusion : une induction réellement parfaite demanderait un temps infini – même la machine ne peut pas prendre en compte tous les éléments du monde. La déduction parfaite, au contraire, est parfaitement faisable ; les machines nous y aident déjà de bien des manières.

et de perspectives afin de prendre en compte la complexité du monde qui vous entoure et à réfléchir à plusieurs approches potentielles.

Puisque vous essayez de libérer votre esprit de ses bonnes vieilles habitudes, voici un nouveau problème. Supposons que l'équation suivante soit écrite à l'aide d'allumettes :

$$XI + I = X$$

Quel est le plus petit nombre d'allumettes qu'il faudra déplacer pour que l'équation soit juste ?

La plupart des gens disent « une » et sont très fiers de parvenir à un chiffre si petit. Et, c'est vrai, il suffit de déplacer le premier I à la gauche du premier X ou de le placer de façon à transformer le signe = en ≠. Mais il y a une réponse encore meilleure puisqu'elle consiste à n'en déplacer aucune – comme dans le cas du portrait de George Bush, il suffit de retourner l'image et l'équation devient exacte. Confronté à ce type de problème, vous pourriez suspecter ou « savoir » qu'il y a un truc, surtout dans le contexte de ce chapitre. Et, que vous vous soyez arrêté à « une seule allumette » ou que vous ayez trouvé « aucune », cette pratique – *douter* que ce qui *semble* être le cas le soit bel et bien – est le premier pas à franchir pour penser dans de nouveaux cadres mentaux. Reconnaître la complexité, détecter les paradoxes et prendre la ferme habitude de mettre en cause une « réalité » largement acceptée – tout cela est crucial au déroulement du processus.

Vous connaissez sans doute le célèbre tableau où le surréaliste belge Magritte a représenté une pipe et écrit en dessous : « Ceci n'est pas une pipe. » Nous ne sommes pas surréalistes, mais Magritte semble nous dire : « Eh bien oui, je sais que vous croyez voir une pipe, ici. Mais en fait, vous ne regardez que *l'image* d'une pipe. Ce n'en est pas vraiment une. » On peut presque voir les gens, devant cette œuvre, faire la navette entre l'ambiguïté de ce qu'ils ont *devant eux* (un tableau célèbre) et ce qu'ils ont *en eux* (des modèles mentaux, comme toutes les pipes qu'ils ont vues jusque-là, leur culture artistique, etc.) afin de pouvoir le traduire, l'interpréter.

Pour créer un climat de doute, il vous faut comprendre comment le cerveau crée des cadres mentaux et connaître certains des biais qui vous menacent

Il est normal de vous fier à votre bon sens, à vos perceptions, à votre capacité à distinguer ce qui est possible de ce qui ne l'est pas. Que vous soyez créateur d'entreprise, cadre moyen ou PDG, scientifique ou artiste, vous êtes un être humain avec ses propres valeurs, préférences, expériences et hypothèses de travail, sur tout. Confronté à des situations comportant nombre d'éléments fluctuants, vous faites appel à l'heuristique – littéralement « manière de trouver » – pour prendre vos décisions, grandes ou petites. Pour en donner quelques exemples simples, citons l'analyse empirique de telle ou telle situation, le recours au simple « bon sens » ou encore les petits croquis*. À l'évidence, si vous ne disposiez pas de ce type d'heuristique, vous ne pourriez pas prendre de décisions découlant d'une réflexion inductive, comme choisir un restaurant ou même une voiture, car il est impossible de prendre ce genre de décisions à l'aide d'un ensemble de règles absolument claires, prédéfinies et objectives. Et même si vous parveniez à identifier celles qui vous seraient le plus utiles, elles ne seraient vraisemblablement pas d'un grand secours à qui que ce soit d'autre, dans la mesure où elles seraient subjectives et donc distinctes de celles qui refléteraient les valeurs, les préférences et les exigences d'autres individus**.

Certes, pour résoudre certains problèmes – calculer la distance d'un lieu à un autre, déterminer la population d'une ville, mesurer les diverses composantes nécessaires pour créer un élixir pharmaceutique –, il faut faire appel à un ou plusieurs algorithmes rigoureux. Contrairement à l'heuristique, l'algorithme est lié à la déduction : c'est une formule. On peut penser à une expérience scientifique, une recette de cuisine, des règles comptables... Du moment que les ingrédients sont les mêmes et que chaque étape des instructions est claire, un algorithme produit par déduction, à partir de modèles existants, chaque fois le même résultat.

* Vous pouvez aussi penser à la manière avec laquelle vous cherchez vos clés de voiture – nous avons tous notre propre « façon de faire ».

** De fait, on pourrait dire qu'il ne serait pas rationnel d'être rationnel à 100 %.

Il arrive souvent aussi qu'une décision suppose d'intégrer de nombreux facteurs subjectifs, vagues et lourds d'incertitude – il n'existe alors aucun moyen logique et rationnel de trancher comme le ferait un ordinateur. La décision s'articulera donc sur les faits dont on dispose, mais aussi sur toutes sortes d'heuristiques : intuitions ; convictions, valeurs et postulats ancrés de longue date ; estimations subjectives du risque ; voire biais personnels, conscients (comme le sens de ce qui est juste ou non), mais aussi parfois largement inconscients[6]. L'induction et la déduction sont intimement liées : vous construisez, par induction, un nouveau modèle mental pour chacune de vos décisions, mais vous utilisez également, déductivement, plusieurs modèles existants. En notre qualité de consultant, nous tenons à aider nos clients à détecter de mieux en mieux les biais cognitifs subconscients, presque aussi inexorables que l'attraction gravitationnelle, qui influencent constamment la pensée. Comme le montre maintenant un vaste corpus de recherches conduites dans le domaine de l'économie du comportement, de la psychologie sociale et d'autres disciplines, nous commettons sans cesse des erreurs à cause de facteurs cognitifs profondément enracinés et non après avoir mûrement réfléchi à tous les éléments dont nous avions connaissance avant de pendre une décision délibérée, rationnelle. La bonne nouvelle, c'est que ces biais cognitifs sont maîtrisables et, dans une certaine mesure, évitables, du moins si vous les repérez avant qu'ils ne vous démolissent. C'est l'une des meilleures manières de créer un climat de doute.

Il faut s'efforcer de repérer les biais cognitifs qui découlent à la fois de la pensée déductive (par exemple, lorsque vous cherchez à appliquer des directives précises, des règles ou des algorithmes) et de la pensée inductive (lorsque vous avez recours à l'heuristique). Voici quelques pistes :

Les biais en mode déduction : commettre des erreurs même s'il existe une solution valable

On se trompe parfois même lorsque l'on pense déductivement et qu'il existe une réponse correcte. Par exemple, il arrive constamment que les gens appliquent mal des règles logiques comme le *modus ponens*, postulant à tort, par exemple, que « si A, alors B » veut toujours dire également « si B, alors A »[7]. Nul ne contesterait, par exemple, que « quand il pleut, la route est mouillée ». Mais il n'en découle pas automatiquement que si la route est mouillée, c'est qu'il a plu (un riverain a peut-être arrosé son jardin). Dans les affaires, cela arrive tout le temps. Il n'est pas difficile d'imaginer une entreprise qui décroche un gros contrat et dont le PDG ou le directeur commercial déclare triomphalement à son équipe : « Cela prouve que nous sommes meilleurs que nos concurrents » ou « cela prouve que notre politique marketing était la meilleure ». D'ailleurs, même si la déclaration simpliste suivante : « si nous sommes les meilleurs, nous décrocherons le contrat » était absolument véridique, le fait de décrocher le contrat n'impliquerait pas automatiquement que « nous sommes les meilleurs ». Nous étions peut-être les moins chers, il y avait peut-être des raisons politiques, à moins encore que personne d'autre n'ait été intéressé...

Les gens commettent constamment des erreurs de logique et, souvent, soit ils ignorent, soient ils comprennent mal des concepts mathématiques ou des lois de probabilité relativement simples. Mais au-delà des erreurs purement logiques, dans le domaine des biais et des idées fausses, le sociologue James Henslin a montré que les joueurs, victimes de ce que l'on appelle l'illusion de la maîtrise, jettent les dés avec une vigueur accrue lorsqu'on leur demande de produire un six, et plus doucement s'ils cherchent à tirer un petit nombre. Tout se passe comme s'ils croyaient qu'en exerçant davantage d'énergie, ils pouvaient modifier le résultat de leur lancer de dés[8]. D'autres chercheurs ont établi que la croyance au réchauffement climatique d'un individu varie en fonction de la météo de la région où il habite[9] *.

Les gens font également des erreurs en raison du biais d'appariement, autrement dit, ils déterminent à tort que plusieurs conditions spécifiques sont plus probables qu'une seule condition, plus générale.

* Jane Risen et Clayton Cutcher ont même montré dans *Journal of Personality and Social Psychology* (20 janvier 2011) que lorsqu'on demande aux gens ce qu'ils pensent du réchauffement climatique dans une pièce surchauffée et non dans une pièce normale, ou dehors, en plein soleil, et non à l'intérieur, leurs réponses sont modifiées.

Considérons la situation suivante :

> Ma fille est étudiante en philosophie ; elle fait également du bénévolat pour Greenpeace et dans un foyer d'accueil pour les femmes en difficulté. Pensez-vous qu'il y a plus de chances que, dans vingt ans, elle travaille dans une banque, ou qu'elle travaille dans une banque et s'occupe d'une association féministe ?

La recherche conduite par Amos Tversky et Daniel Kahneman (dont le travail a inspiré cet exemple)[10], montre que la plupart des gens optent pour la seconde réponse (elle travaillera dans une banque et s'occupera d'une association féministe) alors que la première (elle travaillera dans une banque), fondée sur les simples règles de la probabilité, est évidemment plus vraisemblable.

Comment fonctionnent vos perceptions quand vous rencontrez dans le cadre de votre vie professionnelle quelqu'un que vous ne connaissez pas et que vous apprenez qu'il est polytechnicien ? Ou quand vous rencontrez quelqu'un qui a fait ses études de lettres classiques dans une université prestigieuse ? Ou un PDG qui n'a pas fait d'études supérieures ? Cela affecte-t-il le jugement que vous portez sur leur travail ?

Les erreurs qui découlent du biais d'appariement sont également liées à « l'heuristique de représentativité », qui incite à évaluer les probabilités à partir du degré de représentativité d'un facteur (« mouillé ») par rapport à autre facteur (« la pluie »), autrement dit à juger sur la ressemblance entre le premier et le second. Cette heuristique conduit parfois à de fausses inférences.

Considérons les trois phrases suivantes : « Toutes les voitures ont quatre roues. La Toyota Corolla a quatre roues. La Toyota Corolla est donc une voiture. » La plupart des gens seraient d'accord pour dire que le raisonnement est valable, puisque la troisième phrase est manifestement vraie. La logique sur laquelle repose cette conclusion est cependant défectueuse. Les trois phrases suivantes appliquent cette même logique : « Toutes les fleurs ont besoin d'eau. Mon chien a besoin d'eau. Mon chien est donc une fleur. » Les gens acceptent cependant ce type de logique quand la conclusion coïncide avec leur base de connaissances.

Considérons l'exemple suivant :

> Jacques regarde Hélène. Hélène regarde Charles. Jacques est marié, Charles ne l'est pas. Y a-t-il une personne mariée qui regarde une personne non mariée ? Que répondriez-vous ? 1) oui 2) non ou 3) je ne dispose pas d'informations suffisantes.

La plupart des gens opteraient pour la troisième réponse, car ils ne savent pas si Hélène est mariée. Pourtant, qu'elle le soit ou non, la réponse est oui : soit Hélène est mariée (auquel cas elle, mariée, regarde Charles, célibataire), soit elle ne l'est pas (auquel cas, Jacques, qui est marié, la regarde).

Le problème Monty Hall, qui tient son nom d'un ancien présentateur de jeu télévisé, est un autre exemple célèbre d'un phénomène similaire. En voici une paraphrase :

> Imaginez que vous participiez à un jeu télévisé et que l'on vous demande de choisir entre trois portes. Derrière l'une d'entre elles, il y a une voiture, derrière les deux autres, des chèvres. Supposons que vous choisissiez la porte numéro 1. Maintenant, l'animateur, qui sait parfaitement où sont les chèvres et la voiture, ouvre une autre porte, par exemple la porte numéro 3, qui révèle une chèvre. Il se tourne ensuite vers vous et vous demande : « Voulez-vous choisir la porte numéro 2 ? » Auriez-vous intérêt à modifier votre choix initial ou à vous y tenir[11] ?

En réalité, les participants ont toujours intérêt à changer d'avis – autrement dit, à douter – et à choisir l'autre porte. Même si la voiture, initialement, a autant de chances d'être derrière chacune des trois portes, le participant qui choisit la porte 1 et se tient à ce premier choix a une chance sur trois de gagner la voiture, tandis que s'il choisit d'abord la porte 1, puis change d'avis, il a deux chances sur trois de gagner. Autrement dit, les participants qui changent d'avis doublent leurs chances de gagner la voiture.

Autre distorsion intéressante : la perception de l'aléatoire. Les études montrent que si vous demandez à un certain nombre de personnes de dessiner au hasard trente *x* sur une feuille de papier, elles les organiseront de façon plus systématique (par exemple, en mettant le même nombre d'*x* dans chaque quart de page) que ne le dicterait réellement le hasard. De notre point de vue, les implications sont profondes : quels que soient les efforts déployés pour anticiper l'incertitude et le caractère aléatoire d'événements, opportunités et risques futurs, vous en *sous-estimerez* probablement l'aspect chaotique et imprévisible. Il faut douter activement de ce que vous pensez qui pourrait arriver demain, car le chaos et l'incertitude seront (en moyenne) supérieurs à vos prévisions.

Tous ces exemples démontrent l'importance du doute. Même lorsque vous vous efforcez de raisonner de la façon la plus rationnelle, la plus déductive possible, vous n'échappez pas nécessairement aux biais cognitifs et aux erreurs.

Les biais en mode induction : commettre des erreurs quand il n'y a pas de réponse exacte, ou quand il y en a trop

Les biais cognitifs peuvent aussi conduire à des erreurs quand nous sommes en mode induction, c'est-à-dire quand nous essayons de résoudre un problème ou d'aborder une question auxquels il est possible d'apporter de multiples réponses ou solutions (ou aucune réponse correcte). Si d'innombrables biais peuvent toujours fausser le raisonnement, les deux les plus fréquents sont liés à « la disponibilité » et à l'ancrage mental.

Exemple : pourquoi la réussite de Google conduit-elle tant de gens à investir dans des entreprises de technologies de pointe ? Pourquoi les listes de « meilleures chansons de tous les temps » font-elles la part belle à celles des trente dernières années ? Ce sont deux exemples classiques de la force d'attraction du biais de disponibilité – vous vous trompez parce que vous fondez vos décisions sur les données faciles à obtenir ou à mémoriser.

Dans le même ordre d'idées, considérez la tendance des gens à *ancrer* leurs décisions en se fondant sur ce qui leur vient le plus vite à l'esprit. Pour en prendre un exemple simple : si vous demandez à quelqu'un quelle est la population du Venezuela, vous obtiendrez des réponses très variables. Mais si vous avez commencé par demander si le Venezuela a plus ou moins de vingt millions d'habitants, la réponse à la seconde question sera proche de vingt millions, que la personne ait répondu « plus » ou « moins »[12].

Regardez la liste d'entreprises ci-dessous et demandez-vous laquelle ne devrait pas y figurer :

Goldman Sachs/Deutsche Bank/American Express/Pfizer

Regardez maintenant la liste suivante :

American Express/Pfizer/Goldman Sachs/Deutsche Bank

Dans ce nouveau cas, quelle société faut-il éliminer?

Certes, les deux listes comportent les mêmes sociétés. Mais quand on voit la première, où Pfizer figure en dernier, on a tendance à considérer qu'il s'agit de la catégorie « établissements de services financiers », ou bien de sociétés dont le nom est en deux mots. Quand on voit la seconde, on pense plutôt qu'il s'agit de sociétés américaines. L'esprit humain érige un cadre mental dès qu'il a connaissance des trois premiers éléments de la liste, arrêtant ainsi sa décision plus tôt qu'il ne le devrait. Nous sommes tous remarquablement susceptibles de commettre ce type d'erreur. Comme il nous arrive souvent d'élaborer des estimations actuelles ou futures à partir de données antérieures, par exemple le chiffre d'affaires ou les résultats du dernier exercice ! Ou de tirer nos conclusions dès les premières minutes – ou secondes – d'une présentation ! Voire avant même que celle-ci n'ait commencé... La familiarité de certains chiffres, les conclusions hâtives, formulées avant de disposer des toutes les informations, peuvent empêcher, parfois dans des proportions tragiques, d'apprécier l'impact crucial de nouveaux événements ou situations ou l'ampleur d'une variation étalée dans le temps.

Supposons par exemple que l'on vous donne une règle pour produire des séries de trois chiffres, et que l'on vous dise que la série 2-4-6 y est conforme. Comment déterminer la règle et fournir d'autres séries conformes ?

Presque tout le monde vous dira immédiatement que la règle consiste à donner des chiffres pairs croissants successifs. D'autres séries acceptables seraient donc : 8-10-12 ou 20-22-24. Si ce jugement précipité est normal – se dire « je continue en appliquant ma première hypothèse : une suite de chiffres pairs basée sur le facteur 2 » –, il conduit à ne pas envisager la totalité des réponses possibles. La règle pourrait être de n'avoir que des chiffres *croissants* (on pourrait alors avoir 3-5-7) ou seulement des chiffres *pairs* (6-4-2 serait alors aussi une bonne réponse). Elle pourrait être de citer tout groupe de trois chiffres dont le troisième soit la somme des deux premiers. La consigne pourrait même être aussi étroite et arbitraire que « trois chiffres autres que 43 »[13].

Ce que nous voulons montrer par là, c'est que la meilleure façon de trouver la réponse (et d'apporter des solutions à beaucoup d'autres problèmes) est de *générer toute une série de possibilités* et de les tester, au lieu de se contenter d'essayer de confirmer la première hypothèse qui vient à l'esprit. Dans le cas du problème actuel, cela veut dire qu'il est moins efficace d'essayer immédiatement de proposer des règles ou des séries de chiffres que de commencer par envisager, puis tester, diverses hypothèses ; par exemple, confirmer que les chiffres doivent nécessairement être croissants (en demandant, par exemple, si 6-4-2 serait une bonne réponse) ; s'il faut qu'ils soient pairs (en essayant, disons, 11-13-15) et en continuant de tester diverses approches jusqu'à ce que l'on ait la réponse, ou les réponses, que l'on considère comme la, ou les, meilleure(s). Le biais le plus fréquent consiste cependant à confirmer et non à réfuter ; les gens veulent se prouver qu'ils ont raison.

Dans le même ordre d'idées, des chercheurs ont analysé les rapports annuels publiés par les entreprises et la façon dont elles communiquent leurs performances respectives, qu'elles soient brillantes ou décevantes. Ces études ont montré que, lorsque l'entreprise en question avait de bonnes nouvelles à transmettre, l'introduction du PDG s'en attribuait souvent le mérite, affirmant par exemple : « Nous avons accompli ceci ou cela, obtenu telle ou telle réussite. » Dans le cas contraire, le PDG imputait souvent la responsabilité des mauvaises nouvelles à des facteurs externes comme la hausse des cours du pétrole, le changement climatique, un tremblement de terre ou une révolution politique[14]. (Un PDG expliquant dans son introduction que son entreprise a vraiment eu beaucoup de chance ou, au contraire, que les nouvelles sont mauvaises parce que « nous nous y sommes vraiment mal pris » surprendrait tout le monde.) On peut souvent interpréter ce phénomène comportemental comme reflétant simplement la maîtrise du PDG en matière de communication. Mais dans de nombreux cas, il semble que les PDG et les entreprises qu'ils dirigent faussent peut-être involontairement la façon dont ils interprètent des faits positifs ou négatifs, considérant les premiers comme liés à leurs propres qualités ou à leur réussite personnelle (c'est ce que certains experts appellent le biais de l'auto-attribution) et les seconds comme aberrants ou résultant de facteurs extérieurs[15]. Les dirigeants ne sont pas les seuls à se comporter ainsi : non seulement nous sommes tous enclins à juger de l'intérêt d'une présentation dès les premiers instants, mais nous passons ensuite notre temps, pendant qu'elle se poursuit, à essayer de nous prouver à nous-mêmes que nous avions raison !

L'aversion au risque est une autre forme puissante de biais cognitif qui nous empêche souvent de repérer et de poursuivre de nouvelles opportunités.

Imaginons que ce soit l'hiver, que vous soyez en train de vous promener en forêt, et que vous voyiez un étang gelé sur lequel évoluent une centaine de patineurs. Imaginons maintenant que vous passiez à côté de ce même étang gelé, mais que vous n'en voyiez qu'un seul, voire aucun. Serez-vous plus tenté d'aller patiner vous-même dans le premier ou dans le second cas ?

Si vous êtes comme le commun des mortels, vous hésiterez certainement beaucoup plus à vous lancer dans le second cas, même si la glace est plus épaisse que dans le premier. La présence de nombreuses autres personnes tend à vous rassurer, même si le risque n'est pas nécessairement moindre (en fait, le danger est certainement plus grand, car le poids des patineurs augmente le risque que la glace se brise). Les mêmes erreurs de jugement sont souvent commises dans un contexte professionnel. Les gens calculent mal les risques, gaspillent un temps fou à les comparer à ceux que prennent leurs concurrents, ou, tout simplement, se dérobent devant ceux qui auraient pu les conduire à la réussite. De même qu'il est finalement préférable de décider d'aller patiner tout seul, *avant* de « savoir » qu'il n'y a pas de danger parce que beaucoup d'autres évoluent déjà sur la glace, il est souvent plus rentable d'être le premier à se lancer à partir d'une idée très novatrice que d'attendre que le risque semble moindre en se contentant de rejoindre le gros du troupeau.

Les biais peuvent aussi modifier la façon dont vous percevez la valeur d'un objet ou l'impact d'un événement. Par exemple, la recherche sur ce que l'on appelle la « comptabilité mentale » (dont l'essentiel a été conduite par Richard Thaler, économiste de l'université de Chicago) montre que l'on estime en général plus élevée la valeur de ce que l'on possède – par exemple un diamant – que celle d'un article identique ne nous appartenant pas[16]. La recherche montre également qu'il existe au contraire une forte aversion à la perte – par exemple, les investisseurs préfèrent souvent s'accrocher aux actions d'une entreprise même si elles tombent à un niveau très inférieur à leur prix d'acquisition, plutôt que de les vendre et d'être obligés de reconnaître et d'encaisser leur perte[17].

Nombre d'études explorent la myriade de biais cognitifs qui nous induisent en erreur quand nous prenons des décisions financières, stratégiques ou autres. Quand nous tentons de sortir de notre train-train intellectuel à la recherche d'idées réellement novatrices, nous ne les passons pourtant pas tous en revue de façon exhaustive. Aucun expert et aucun ouvrage ne pourrait d'ailleurs le faire – cette science est encore en pleine évolution, et les biais déjà identifiés sont trop nombreux pour qu'un seul document puisse les traiter tous. Nous nous contenterons donc, dans ces pages, de tenter de sensibiliser nos lecteurs aux nombreuses manières dont ces biais peuvent influencer leur jugement, afin qu'ils puissent les détecter et les transcender intelligemment et à temps.

Nous espérons que vous ne tarderez pas à vous demander quels postulats, qu'il s'agisse des vôtres ou de ceux de votre entreprise, sont les plus douteux, quelles règles actuellement appliquées méritent le plus d'être remises à plat. Les valeurs et objectifs que vous avez l'habitude de considérer comme « éprouvés » sont-ils réellement pertinents, serait-il possible que vous vous berciez d'illusions ? Regardez les erreurs accomplies par le passé et les enseignements que l'on peut en tirer. Quand vous avez rejeté des possibilités, étaient-ce vraiment de mauvaises idées ou les avez-vous rejetées à cause de biais ? Demandez-vous comment vous pourriez modifier vos méthodes et votre façon de voir les choses – de quels blocages vous êtes peut-être victimes, vous et vos collègues.

Deuxièmement, énumérez vos réglementations, postulats, paradigmes et autres modèles mentaux et remettez-les en question

Une fois que vous avez créé un climat de doute, l'heure est venue de commencer à identifier certains des principaux modèles mentaux actuellement utilisés dans votre entreprise. En effet, vous ne pouvez pas changer facilement la façon dont vous traitez tel ou tel dossier ou problème que vous avez devant vous si vous n'avez pas commencé par identifier les idées et convictions que vous avez en vous. Il est absolument vital de se souvenir que ces cadres ou modèles mentaux existants ne sont, en fait, que cela – des modèles. Comme le disait le statisticien George Box : « Tous les modèles sont faux, mais certains sont utiles[18]. » Dans la pratique, vos cadres mentaux ne sont pas « bons » ou « mauvais » ; ils sont juste plus ou moins utiles. Ce sont des « hypothèses de travail », des sauts inductifs qui peuvent être source de valeur un certain temps, jusqu'à ce que vous les remplaciez par une nouvelle hypothèse de travail plus pertinente et plus productive.

Quand nous tentons d'identifier les modèles mentaux individuels ou partagés par l'ensemble de l'entreprise, nous mettons en place un « audit des convictions ». Interroger les autres membres de la direction et vos collègues permet d'explorer leurs pensées et leurs opinions concernant la situation actuelle de votre entreprise. Vous pouvez leur demander ce qu'ils considèrent comme ses sources d'avantage concurrentiel, les interroger sur ses valeurs et principaux objectifs, ainsi que sur les changements et défis auxquels elle sera sans doute bientôt confrontée. Vous pouvez essayer de voir s'ils sont réellement prêts au changement, à adopter des idées novatrices ; quels cadres mentaux sont largement partagés, ou plus individuels. Si possible, confiez l'essentiel de ces investigations à une personne extérieure – un ami ou collègue travaillant dans un secteur d'activité totalement différent du vôtre. Vos collègues hésiteront alors moins à dire ce qu'ils pensent et à faire part de leurs observations, révélant ainsi non seulement les croyances et les postulats les plus évidents et superficiels, mais aussi ceux qui sont peut-être plus inconscients ou refoulés.

Nous avons récemment conduit ce type d'audit pour une grande entreprise européenne dans le secteur de l'énergie. Avant d'aider ses dirigeants à développer une nouvelle vision d'avenir ambitieuse, nous souhaitions travailler avec eux pour clarifier l'identité et les objectifs essentiels de l'organisation. Dans cette perspective, nous avons rencontré la plupart des membres de l'équipe de direction, auxquels nous avons demandé ce qu'ils pensaient des sources actuelles d'avantage concurrentiel de leur entreprise, des principaux risques liés au contexte industriel, de la philosophie et des engagements essentiels de la firme, ce à quoi les gens consacraient (ou auraient dû consacrer) le plus clair de leur temps, et leurs idées concernant l'avenir. L'information rassemblée au cours de cet audit s'est avérée précieuse lorsque l'entreprise est passée à la deuxième étape du processus, la phase d'exploration des besoins et désirs de ses clients, puis aux phases de divergence et de convergence afin de faire émerger des idées pour la nouvelle orientation stratégique.

Nous avons fait circuler en interne un résumé des conclusions de l'audit intitulé : « Voici ce que vous nous avez appris », et les dirigeants n'ont pas tardé à réaliser qu'ils consacraient beaucoup trop de temps et d'argent à des problèmes liés à des sources déclinantes de pétrole brut, mais pas du tout assez à informer leurs clients de certaines innovations remarquables que la compagnie avait récemment développées dans le domaines des sources alternatives d'énergie. Ils ont également pris conscience que plusieurs membres de la direction générale s'étaient efforcés si longtemps de maintenir la rentabilité à court terme qu'ils n'avaient pas affecté des ressources financières suffisantes au plan quinquennal de recherche et de développement, créant ainsi un risque concurrentiel énorme. Il a été également utile de comprendre autour de quoi il existait un consensus ou, au contraire, un désaccord parmi les dirigeants. Par exemple, ils étaient tous d'accord sur la nécessité d'aller plus loin dans la recherche sur les énergies renouvelables, mais pas sur la raison pour laquelle cela s'imposait, certains croyant qu'elles seraient à l'origine de profits importants, d'autres que cela ne permettrait jamais de gagner beaucoup d'argent. Tout au long de ce processus, nous avons pu développer une vision beaucoup plus détaillée des forces et des vulnérabilités qu'il faudrait prendre en compte et des valeurs – dont l'innovation, le développement durable, l'intégrité et la nécessité d'articuler les solutions autour des clients – que la vision nouvelle de l'entreprise devrait, selon les dirigeants, honorer.

Au cours de l'audit, vous serez peut-être amené à poser toutes sortes de questions conçues pour révéler les idées, postulats et valeurs qui tiennent à cœur à l'entreprise ; les peurs, les espoirs et les rêves que suscite l'avenir ; les stratégies et visions actuelles (autrement dit les cadres mentaux des personnes impliquées, collectivement et individuellement, dans votre entreprise ou dans votre situation). Cette démarche peut se révéler particulièrement utile car les entreprises ont souvent du mal à trouver un ou plusieurs *nouveaux* modèles mentaux quand elles ne sont pas capables de décrire avec cohérence ceux qu'elles utilisent actuellement. Officiellement ou de manière informelle, vous pouvez vous asseoir autour d'une table afin d'essayer de répondre à certaines des questions ci-dessous, toutes conçues pour faire parler de vos modèles mentaux actuels :

- Quelles sont les principales hypothèses inhérentes à vos activités quotidiennes ? les « règles » établies qui régissent généralement votre fonctionnement et celui de votre entreprise ? les valeurs considérées comme « non négociables » ?
- Quelles sont vos convictions personnelles concernant votre entreprise ? Qu'est-ce qui en fait l'efficacité à l'heure actuelle ? À quels secteurs estimez-vous qu'elle ne consacre pas assez, ou trop, de temps et d'argent ?
- Qu'est-ce que votre entreprise n'a *jamais* redouté, mais qui pourrait selon vous la détruire dans les cinq prochaines années ? Qu'est-ce qu'elle a *toujours* redouté et qui pourrait se révéler son meilleur atout au cours de la même période ?
- Comment pourriez-vous convaincre quelqu'un de travailler dans votre entreprise ?
- Quels modèles mentaux utilisez-vous quand vous réfléchissez au marché de vos produits et services ? Quel est votre espace concurrentiel, comment pourrait-on le redéfinir ?
- Quels modèles utilisez-vous quand vous pensez à vos clients ? Les considérez-vous comme de précieux partenaires, des gêneurs qu'il faut gérer, ou autrement ?
- Si votre entreprise n'existait pas, la face du monde en serait-elle changée ? Manquerait-il quelque chose ?

Ces questions ne sont que des exemples – il faut en imaginer d'autres à partir de l'identité unique de votre entreprise, de ses besoins et de sa situation.

Un audit des convictions devrait produire une collection des idées directrices et des hypothèses de travail évidentes de l'entreprise, mais aussi révéler ses principaux modèles mentaux. Encore faut-il creuser en profondeur. Par exemple, au sein d'un cabinet de consultants comme le Boston Consulting Group, les consultants doivent respecter aussi bien des règles de conduite officielles (par exemple, ne pas divulguer des informations confidentielles sur les clients, ne pas s'adonner au délit d'initié) que des règles plus tacites (par exemple, nous traitons nos assistantes et nos autres collègues avec un respect sans faille et nous réfléchissons à deux fois avant d'envoyer des courriels destinés à l'ensemble du personnel). Mais, en creusant davantage, on trouve aussi des modèles mentaux très clairs sur ce à quoi les collaborateurs de notre firme sont particulièrement attachés et la façon dont cela peut se concrétiser. Nous tenons beaucoup aux missions *pro bono* susceptibles de faire une différence dans le monde, mais nous n'avons les moyens de les exécuter que dans la mesure où nous sommes une entreprise rentable. Nous réfléchissons donc encore plus attentivement au choix des projets *pro bono* qu'à celui des missions facturées que nous acceptons. Dans une perspective identique, nous ne regardons pas de la même manière, c'est inévitable, les projets susceptibles de déboucher sur des relations à long terme, mutuellement bénéfiques, et les projets ponctuels, quel que soit l'intérêt qu'ils présentent. En outre, il y a d'autres niveaux, d'autres catégories de règles – certaines sont visibles pour nos clients, d'autres non, certaines sont conscientes, d'autres non, certaines sont codifiées, d'autres émergent d'elles-mêmes. Dans tous ces cas de figure, si nous et nos collègues tentions de mettre en place un nouveau cadre mental pour notre cabinet – par exemple un nouveau paradigme marketing ou une nouvelle approche pour mesurer la performance professionnelle de nos consultants –, il serait intéressant d'explorer sérieusement les diverses règles existantes avant de les modifier.

Une fois que vous aurez mené à bien votre audit des convictions, vous pourrez analyser les modèles mentaux qui vous semblent le plus importants et vous demander s'ils contribuent efficacement à la réussite de votre entreprise. Vous profiterez du climat de doute créé antérieurement pour les passer au crible sous divers angles, sans hésiter à poser des questions existentielles remettant en cause vos hypothèses de travail.

Il est bien sûr impossible de dresser l'inventaire exhaustif de tous vos modèles mentaux (vous et vos collègues en avez un nombre infini). Mais, si vous prenez le temps de discuter ensemble des plus influents d'entre eux – et des questions qu'ils soulèvent ou éclairent –, vous serez bien placé pour en *douter* de façon nouvelle, utile et rentable.

Troisièmement, préparez une liste de questions ou de problèmes à regarder de plus près et notez les résultats que vous espérez obtenir

Nous vous encourageons, dans cette partie finale de la phase de doute, à vous demander par quoi commencer. Quelles habitudes bénéficieraient le plus d'une remise à plat et/ou d'une réinvention ? Quelles questions ou problèmes essentiels vous et/ou votre entreprise souhaitez-vous creuser davantage ? Quels résultats spécifiques espérez-vous obtenir ? Quel genre de nouvelle(s) « boîte(s) à penser » voulez-vous créer ?

Vous êtes parfois dans une situation, ou dans une entreprise, où il est clair que de grands changements se préparent, que l'heure est venue de se poser de grandes questions concernant les convictions et les perceptions fondamentales. Imaginez que vous exerciez de hautes responsabilités dans les services postaux d'un pays occidental durant la première décennie du XXIe siècle. La Poste, en France, remonte aux courriers royaux du XVIe siècle. Mais à l'instar du service postal américain et de beaucoup d'autres, son chiffre d'affaires a connu un sérieux déclin après l'arrivée du courrier électronique, des réseaux sociaux et des paiements en ligne, sans parler de la concurrence de FedEx, DHL et UPS. Quand, en 2006, nous avons travaillé avec des dirigeants de La Poste, la première étape – douter de tout – s'est avérée cruciale, car l'entreprise n'était pas certaine de savoir dans quelle direction se lancer ni comment fédérer et motiver des dizaines de milliers de salariés. Nous avons exploré ensemble des modèles mentaux profondément enracinés concernant l'identité profonde de l'entreprise, ses principaux concurrents, les priorités de ces derniers et des autres parties prenantes. La Poste était bel et bien unique par sa présence sur l'ensemble du territoire français et par la fréquence à laquelle ses agents, en particulier les facteurs, « touchaient » chacun de ses clients. Mais nous avons commencé à mettre en cause la nature réelle de ces derniers (refusant de nous contenter de la réponse « tout le monde, dans le pays »), à nous demander si les guichets et la distribution du courrier comblaient vraiment les attentes des clients et quelle serait l'incidence sur eux de tendances comme la mondialisation, le vieillissement de la population, le développement fulgurant des communautés virtuelles et la mobilité individuelle croissante.

Quand vous commencerez à avoir une idée plus précise des problèmes ou questions qui semblent le plus importants et des nouveaux cadres mentaux que vous souhaitez créer, continuez à douter ! Doutez que la question que vous aviez considérée initialement comme la plus critique le soit effectivement. Doutez que vous l'ayez bien cernée. Doutez que votre façon d'envisager ou d'exprimer le problème soit réellement la meilleure.

Surtout, que pouvez-vous apprendre en regardant cette question ou ce problème sous des angles très différents ? Comment pourriez-vous les présenter d'une façon susceptible de vous permettre de générer un grand nombre d'idées et d'approches nouvelles, d'ouvrir votre champ de vision et d'optimiser l'ensemble du processus créatif ? Comment intégrer la pensée inductive au sein du processus (« un oiseau est un exemple de... »), au lieu de vous contenter uniquement du raisonnement par déduction (« un exemple d'oiseau est le... ») ? Quel type de résultats créatifs espérez-vous obtenir ? De quel genre de cadre mental nouveau cherchez-vous à vous doter ?

Avant de répondre à ces questions, objectif de cette troisième et dernière partie de la première étape, nous vous proposons un certain nombre d'exercices qui vous entraîneront à penser de façon plus inductive et à ouvrir grand la porte de la prison où, autrement, vous resteriez enfermé dans la cellule grisâtre de la non-pertinence. La première série de ces exercices consiste à voir les choses du point de vue d'autres personnes ou institutions.

Nous avons récemment conseillé aux leaders d'une grande compagnie aérienne de se mettre à la place de Michael O'Leary, le PDG de Ryanair, célèbre pour sa réussite fabuleuse et la façon dont il a rejeté les business models classiques, évacuant les approches traditionnelles au profit de tactiques destinées à faciliter la vie des consommateurs. Pour United Airlines, Air France et d'autres grandes compagnies aériennes traditionnelles, la règle du jeu, des décennies durant, consistait à offrir des dessertes couvrant le monde entier grâce à une flotte diversifiée, à vendre leurs billets par l'intermédiaire d'agences de voyages et à utiliser les grands aéroports situés non loin des grandes villes. Mais ce sont ces règles mêmes qui leur ont compliqué la tâche quand elles ont voulu relever le défi de compagnies comme Ryanair.

Ryanair se passe des agences de voyages grâce à une approche novatrice de vente en ligne, sans billets, de sorte que les passagers n'ont qu'à présenter leur passeport et un numéro de réservation avant d'embarquer. Il n'utilise qu'un seul type d'avion, obtenant ainsi de Boeing des rabais considérables et simplifiant du même coup l'entretien et l'organisation, puisque les mécaniciens sont tous formés pour le même avion et que le stockage des pièces est également beaucoup plus simple. Ryanair n'exploite que les courtes et moyennes dessertes, choix révélateur d'une conception totalement nouvelle de la concurrence – « les entreprises de transport ferroviaire ou par autocar et non plus uniquement les autres compagnies aériennes » – utilise des aéroports secondaires, moins pratiques, mais moins coûteux, et laisse les passagers choisir leur siège à mesure qu'ils embarquent. Les compagnies traditionnelles ont désormais adopté certaines de ses stratégies – par exemple en faisant payer les bagages et les repas*.

En fait, « l'invention » de Ryanair en tant qu'entreprise – et du nouveau cadre mental correspondant – a nécessité la modification radicale de plusieurs des « règles » les plus établies du transport aérien. (O'Leary a dit un jour qu'il aimerait bien supprimer les dix derniers rangs de sièges, ce qui libérerait de l'espace pour accueillir un plus grand nombre de passagers, debout, qui se tiendraient à une barre durant le vol[19].)

Une seconde série d'exercices inductifs consiste à envisager les hypothèses extrêmes. Par exemple :

- Que se passerait-il si une crise mondiale survenait après que la Chine, suite à un scandale comptable retentissant, était contrainte de recalculer son PIB des cinq dernières années ?

* On dit souvent que Ryanair est une compagnie « low cost ». Mais c'est une conséquence de tous ces autres changements plus spécifiques.

- Si un grand nombre de personnes abandonnaient leur téléphone portable et revenaient au fixe, la recherche ayant démontré que le risque de tumeur du cerveau était supérieur de 12 % pour les gros utilisateurs de téléphone portable ?
- Si votre concurrent, décidé à conquérir des parts de marché, se mettait soudain à offrir en promotion trois de ses meilleurs produits pour une durée de six mois ?
- S'il se mettait à travailler en partenariat avec des fabricants de téléphones portables afin de développer un logiciel propriétaire ?
- Si le prix du carburant doublait ?
- Si le changement climatique se traduisait par plusieurs ouragans par an aux États-Unis, en Afrique, en Europe et en Asie ?

Dans ce genre de situation, certaines hypothèses, contraintes, valeurs et autres cadres mentaux peuvent fort bien se trouver soudain vidés de tout sens.

Un troisième exercice utile serait de reprendre l'audit des convictions et d'orienter la conversation vers l'un des modèles mentaux actuels qui, apparemment, semble presque secondaire par rapport aux décisions futures. Nous avons demandé à La Poste de réfléchir à une question difficile : que se passerait-il si l'organisation cessait totalement d'exister en 2020 ? Cela pourrait-il se produire ? Comment ? Certains participants ont imaginé une nouvelle extension de la tendance à la communication électronique, d'autres qu'un unique service EuroMail ou GlobalMail ait entre-temps repris toutes les activités de courrier traditionnel. Pour tordre le cou aux idées préconçues, nous avons demandé au groupe d'imaginer ce qui se passerait si, au lieu de promettre de ne jamais ouvrir le courrier, La Poste proposait le service contraire : « Laissez-nous ouvrir votre courrier à votre place. » Cela pourrait être utile aux personnes qui voyagent beaucoup. Cette première phase de notre travail commun a suscité le commentaire suivant de Georges Lefebvre, numéro deux de La Poste : « Nous ne savions plus où nous en étions – nous passions notre temps à nous poser des questions existentielles. »

Un quatrième exercice inductif consiste à imaginer ce qui pourrait se passer si votre entreprise développait des liens étroits, voire fusionnait carrément avec une autre ou si elle s'immergeait dans un monde radicalement différent.

Tous ces exercices renforcent la réflexion, incitent à se poser des questions et à envisager l'avenir de façon totalement ouverte. Ils ont des points communs avec certains de ceux que nous vous proposerons en phase de divergence en vue de générer des idées nouvelles. Mais, pour l'heure, ils sont censés vous aider à préciser les problèmes que vous souhaitez résoudre au cours du processus créatif entrepris. Vous serez ainsi mieux placé pour savoir où chercher les informations pertinentes au moment où, en abordant la deuxième étape du processus, vous allez porter un regard inquisiteur sur le monde que vous avez devant vous.

Chapitre 4

Explorer

Explorer le monde que vous avez devant vous

La deuxième étape du processus vous invite à devenir le Magellan des mers inconnues que vous avez devant vous. Si la première consistait à douter de tout, à identifier vos modèles mentaux actuels et à prendre conscience des biais cognitifs susceptibles de fausser vos perceptions, ce deuxième temps fort tient en deux mots : recherche et exploration. Ayant jeté par-dessus bord les sextants approximatifs et faussés hérités du passé, vous pouvez maintenant naviguer plus audacieusement sur les eaux rugissantes de l'inconnu et y remarquer de nombreux détails qui vous avaient sans doute échappé jusque-là.

Et comme vous vous êtes efforcé, en phase de doute, de formuler et de préciser l'objectif de votre recherche centrale, vous pourrez désormais chercher des informations et des idées de façon beaucoup plus consciente et constructive. Vous ne savez peut-être pas exactement ce que vous trouverez, mais vous savez du moins par où commencer.

Cette phase 2, ou phase d'exploration, consacrée à une observation intense, peut être ressentie comme une perte de temps sur le chemin de la créativité. Les plus grands génies du passé ne laissaient-ils pas leur esprit divaguer librement avant de sortir de leur chapeau une moisson d'idées géniales, dont il ne leur restait plus qu'à sélectionner les meilleures ?

Vous l'avez compris, cette séduisante vision de la créativité est fausse – ou plutôt incomplète. Bien sûr, il y a des moments (inoubliables) où une idée géniale jaillit, comme par enchantement, du subconscient, mais les penseurs les plus créatifs méditent le problème qu'ils cherchent à résoudre en faisant appel à toutes leurs facultés intellectuelles, puis le laissent mûrir dans leur inconscient avant que cela se produise. La recherche approfondie à laquelle vous invite la phase 2 est une manière de s'assurer, en s'y préparant, que cette maturation sera productive.

Les créatifs qui omettent de s'appuyer sur des faits connus ont trop souvent tendance à proposer des « plans sur la comète » difficiles à mettre en œuvre et ne recelant pas de véritable valeur. Il est rare qu'un inventeur crée un appareil novateur et brevetable avant d'avoir passé très rigoureusement au crible toutes les solutions existantes (et vraisemblablement d'avoir essuyé moult échecs). De même, un investisseur prend rarement une position allant à l'encontre du consensus s'il ne connaît pas la position consensuelle concernant la valeur en question.

Même dans l'histoire des affaires, les grands moments *Eurêka !* sont rarement survenus avant que ces innovateurs n'aient rassemblé autant d'informations que possible concernant les grandes choses qui se produisaient déjà, ou étaient imminentes, dans leur domaine. Steve Jobs et ses collègues n'ont inventé ni la souris, ni le MP3, ni le téléphone portable, ni la tablette. Mais grâce aux améliorations spectaculaires qu'ils y ont apportées parce qu'ils avaient mieux compris que les autres le monde qu'ils avaient devant eux, connecté des possibilités déjà existantes dans divers domaines et fait en sorte que l'utilisateur ait plaisir à s'en servir, ils ont changé la face du monde.

Soyons clairs : il est impossible de comprendre *complètement* le monde dans toute sa complexité. Si la phase d'exploration suppose de rassembler et d'évaluer énormément d'informations pertinentes, il reste essentiel de maintenir le doute mis en place en phase 1. Cette deuxième étape ne consiste pas à comprendre, mais à *chercher à comprendre.* Il s'agit moins de se demander : « Qu'est-ce que je peux apprendre sur le sujet qui m'intéresse ? » que : « Est-ce que je me pose vraiment les bonnes questions ? » et : « Est-ce que je réfléchis aux réponses que j'ai déjà en gardant à l'esprit suffisamment de doute ? »

Les trois sphères d'investigation

La première chose à faire, en phase 2, est de se concentrer sur les problèmes formulés en phase 1 afin de déterminer les domaines où la recherche serait vraisemblablement la plus instructive. Par souci de simplicité, nous envisageons généralement trois sphères d'investigation : l'environnement mondial au sens large ; votre secteur d'activité ou le domaine correspondant à votre situation ; votre entreprise, équipe, organisation, ou autre contexte personnel.

Nous nous concentrerons sur trois axes de recherche transversaux :

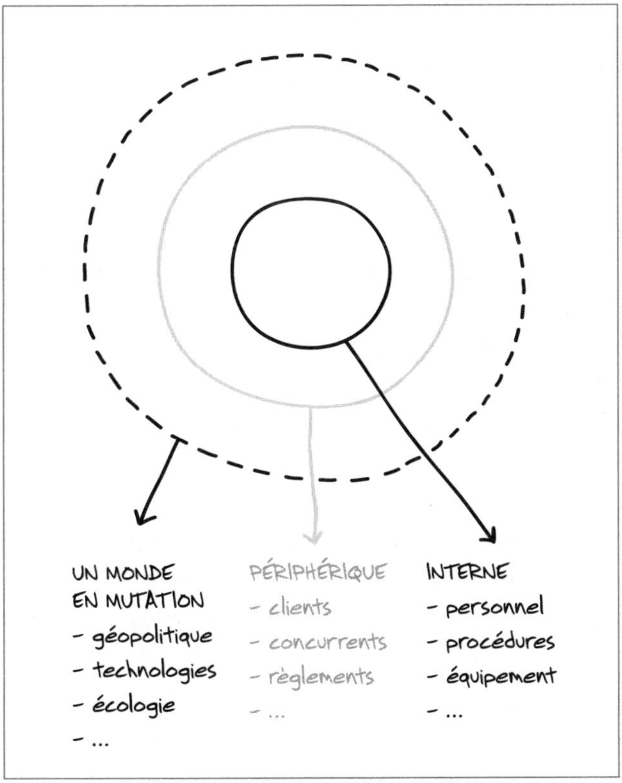

Trois ensembles doivent être pris en considération

Premièrement, l'étude approfondie du consommateur. C'est ce que nous appelons la connaissance du client. Il s'agit de plonger en profondeur dans l'esprit de vos clients ou utilisateurs finaux – ou de votre public, de vos adeptes – afin de comprendre aussi bien que possible pourquoi, quand, où et comment ils ont choisi d'acheter vos biens, services ou autres offres (et pourquoi d'autres clients potentiels ne l'ont pas fait).

Deuxièmement, la *veille concurrentielle*. Il s'agit de faire l'impossible (dans les limites du légal et de l'éthique) pour comprendre vos concurrents actuels et potentiels, en se demandant s'ils perçoivent le monde, votre secteur d'activité et votre entreprise autrement que vous.

Troisièmement, il faut étudier les *megatrends* (mégatendances, ou tendances majeures). Autrement dit, identifier et examiner les tendances sociétales, économiques, politiques et technologiques clés qui pourraient bientôt influencer votre lieu de travail ou votre organisation, vous-même et le monde – à long terme et de façon significative.

Ces trois axes de recherche sont de loin les plus fréquents, mais il peut y en avoir d'autres. Si, par exemple, vous êtes impliqué dans le développement international et le microcrédit, vous pourriez aussi, au cours de cette deuxième étape, étudier la réglementation et la politique gouvernementales. Si vous cherchiez à vendre des produits pharmaceutiques destinés à un sous-groupe bien précis de patients atteints d'un cancer, il pourrait être utile de repérer des réseaux de médecins et de scientifiques, de regarder qui a travaillé, étudié ou publié avec qui, afin d'identifier les médecins les plus influents dans la communauté au sens large – ceux qu'il vous faudra convaincre. Le directeur artistique d'une troupe de danse moderne pourrait, dans le cadre de la préparation du prochain festival d'été, observer le travail de dizaines de chorégraphes en se rendant à leur spectacle, dans le monde entier.

Si la phase 2 peut donc conduire à des investigations portant sur toutes sortes de sujets et sous-sujets, il n'en demeure pas moins que les trois grands axes retenus ici (consommateurs, concurrence et megatrends) vous aideront à comprendre de façon plus approfondie toutes sortes de situations différentes.

Mais il ne faut jamais l'oublier : la priorité, en phase 2, n'est pas de conduire une recherche exhaustive. C'est de réexaminer sans relâche la façon dont vos *perceptions* changent à la lumière de ce que vous apprenez. En quoi vos analyses et découvertes modifient-elles ce que vous avez toujours tenu pour parole d'Évangile ?

La connaissance du client

Une façon essentielle de scruter l'avenir de votre entreprise est de développer une connaissance approfondie des individus qui achètent ou utilisent vos biens, services et autres offres. Vous pourriez, pour commencer, vous demander qui sont réellement vos clients*. Vous avez forcément intérêt à mieux connaître ceux qui le sont déjà, ceux qui le seront peut-être à l'avenir, ainsi que les groupes ou entités qui ne le sont *pas* (et ne le seront sans doute jamais).

Comment pourriez-vous catégoriser vos clients, les diviser en différents segments de marché et en sous-catégories encore plus petites au sein de ces segments ? Quel rapport unique chacun de ces groupes entretient-il avec votre produit ou votre offre ? Quand ils les achètent, les clients de ces divers segments satisfont-ils des besoins distincts ? Quels facteurs spécifiques entraînent leur décision d'utiliser vos produits ou services ? Pourriez-vous regarder ces différents groupes sous un angle inattendu ou inhabituel ? Par exemple, vos clients fidèles achètent-ils vos produits pour des raisons très différentes (peut-être même contraires) de celles qui dictent les achats d'impulsion des autres ? De quels produits ou services la plupart de vos clients n'ont-ils, pour l'instant, pas conscience d'avoir vraiment besoin ?

Une investigation approfondie peut vous aider à redéfinir votre mission et même vous sauver la vie. L'objectif est de mieux comprendre ce que vos clients ont dans la tête. Ils ne disent pas toujours ce qu'ils pensent ; ils ne savent parfois même pas ce qu'ils font véritablement quand

* Selon que vos utilisateurs finaux soient des magasins, qui achètent les tables de cuisine que vous fabriquez, les soins dentaires que vous prodiguez ou les spectacles lumineux que vous produisez dans le monde entier, nous les désignerons ici comme vos « clients » ou comme des « consommateurs ».

ils prennent leur décision d'achat. Si vous parvenez à faire tomber leurs défenses et à pénétrer leur raisonnement le plus rationnel, vous serez au cœur du processus d'achat, vous saurez comment et pourquoi ils se décident.

Vous pouvez les observer en les suivant comme leur ombre, *in situ* (voire à leur insu, à travers un « miroir sans tain »), organiser des interactions directes et personnelles ou même ouvrir leurs placards pour voir, article par article, ce qu'ils ont acheté*. Quelle que soit la méthode, il faut essayer de déterminer avec certitude les facteurs psychologiques spécifiques qui interviennent dans chacune de leurs décisions d'acheter l'un de vos produits ou services et s'efforcer de recenser *tous* les divers bénéfices qu'ils leur apportent – qu'ils soient d'ordre technique (performances et caractéristiques), expérientiel, fonctionnel ou affectif.

Il est également très utile de comprendre comment vos clients actuels ou potentiels perçoivent vos produits. Telle ou telle de vos marques est-elle perçue comme « de grand prestige », « fiable », « enthousiasmante », d'un « bon rapport qualité/prix » ? Vos clients se font-ils une idée différente de la marque selon le moment ou le lieu ? Achètent-ils vos produits tantôt pour telle ou telle raison, tantôt pour telle ou telle autre ? Quelles sont leurs habitudes de consommation, dans quelles circonstances sont-ils le plus contents de leur décision d'achat ? Tous ces points doivent être examinés par le truchement du dialogue, mais aussi par l'observation. La raison pour laquelle ils vous disent avoir acheté votre produit n'est peut-être pas la vraie. L'acte d'achat leur est peut-être dicté par des forces cachées, intentionnelles ou non.

Plusieurs méthodes peuvent permettre d'analyser le cheminement intellectuel, conscient ou non, de vos clients. Vous pouvez leur demander de tenir un journal qui vous aiderait à comprendre leurs décisions d'achat, mais, pour creuser davantage, vous pouvez les rencontrer et leur demander de dessiner ou de représenter au moyen d'un collage les produits ou services qu'ils aimeraient que vous leur fournissiez (ou les

* Il existe de très nombreuses possibilités, en fonction des besoins et du budget de l'entreprise – cela va de quelques entretiens avec certains clients à une série d'enquêtes auprès d'un échantillon statistiquement représentatif de multiples segments de marché.

améliorations de vos produits ou services existants). Vous pouvez leur demander de vous raconter dans le détail comment ils utilisent votre produit, ou de réagir à d'hypothétiques nouveaux produits ou combinaisons de services. Il s'agit, en fait, de faire tomber certaines défenses afin de révéler les forces qui dictent leurs décisions d'achat.

Vous pouvez aussi apprendre énormément de choses en interrogeant des tierces personnes qui connaissent bien vos clients. Bavardez avec le personnel de nettoyage de votre restaurant, hôtel ou bureau. Interrogez les caissières de votre magasin de chaussures, de prêt-à-porter ou de produits électroniques.

Et, comme vous l'avez fait en phase 1, il faut continuer à se poser beaucoup de questions dérangeantes, par exemple :

- Que feraient vos clients si vous ou votre entreprise disparaissiez ?
- Si vous doubliez vos honoraires ou vos prix ?
- Comment pourriez-vous inciter vos clients à utiliser vos produits ou services aussi souvent et aussi régulièrement qu'une brosse à dents ou du papier toilette ?

Vous imaginez une entreprise qui installe un confortable canapé jaune réservé uniquement aux clients dans tous les bureaux de vente ? C'est ce qu'a fait l'un de nos clients, le Jungheinrich Group, un exercice de connaissance du client l'ayant conduit à modifier non seulement l'idée qu'il se faisait de ses produits ou de ses relations clients, mais l'ensemble de sa mission.

Basée à Hambourg, l'entreprise fabrique des engins de levage et de manutention – secteur dans lequel on aurait pu s'attendre à ce que la motivation des clients soit relativement simple. Des années durant, elle avait cru devoir leur fidélité à la puissance et à la robustesse de ses engins. Elle investissait peu dans le service clients, consacrant l'essentiel de ses ressources au bureau d'études, à la publicité et au maintien de prix compétitifs. Sa stratégie : fabriquer d'excellents chariots élévateurs, puis se battre sur les prix. Cette politique reposait sur l'hypothèse suivant laquelle les gens qui achètent des chariots élévateurs fondent leur décision uniquement sur deux critères : la qualité et le prix.

Néanmoins, après avoir passé au crible ses modèles mentaux en phase I, Jungheinrich avait décidé de repenser l'ensemble de sa stratégie commerciale et marketing. L'entreprise organisa donc des panels au cours desquels les dirigeants se livrèrent à une investigation méticuleuse de ce que les clients voulaient véritablement (et potentiellement). Ils furent sidérés par ce qu'ils apprirent à cette occasion : les clients dirent attacher beaucoup d'importance à ce qu'on les mette à l'aise, qu'on les traite vraiment bien. Par ailleurs, au cours d'un exercice, un directeur de la fabrication particulièrement intuitif s'était représenté lui-même, sur un dessin, confortablement allongé sur un canapé, zen, pour montrer que tout était parfaitement sous contrôle. À regarder cette image, on comprenait que si le chariot élévateur d'un client faisait l'objet d'un incident (événement rare), le problème pouvait être diagnostiqué à distance et résolu rapidement, sans qu'il ait à déployer des efforts surhumains.

Comprenant immédiatement l'intérêt de ce dessin, l'équipe décida unanimement de placer le service clients en priorité numéro un (il figurait auparavant en quatrième position sur la liste des priorités). On se mit à consacrer du temps et de l'argent à prodiguer mille attentions aux clients, transformant du même coup en expérience très agréable la procédure sèche et très industrielle d'acheter des chariots élévateurs. Au lieu de passer la quasi-totalité du temps et de la réflexion technique à se demander comment augmenter la puissance des machines, on se concentrait désormais sur la meilleure façon d'accueillir le client plus chaleureusement, d'une façon plus personnelle et plus attentive. C'est dans cette perspective que l'on installa des canapés à la couleur de l'entreprise, c'est-à-dire jaune vif, dans chaque bureau de vente, afin de rappeler la promesse de la marque. Aucun salarié de Jungheinrich ne serait autorisé à s'y asseoir, mais les clients y seraient encouragés. Quant au bureau d'études, il porta son attention sur la question du diagnostic à distance. Et la force de vente se mit à expliquer aux clients que « leur réussite était celle de Jungheinrich », ce qui devint également le thème d'une nouvelle campagne publicitaire. Cette nouvelle vision d'un service clients infiniment supérieur se traduisit au cours des années suivantes par une augmentation spectaculaire des résultats.

Répétons-le, si l'on veut découvrir des choses intéressantes concernant le client en phase 2, il est essentiel de continuer à s'imposer le doute instauré en phase 1. Les entreprises s'accrochent souvent aux raisons qui, croient-elles, motivent les décisions du consommateur. Il est difficile d'admettre – comme ont fini par le faire les dirigeants de Jungheinrich – que l'on se trompe complètement sur ce qui compte réellement à ses yeux ou sur les problèmes qu'il rencontre peut-être avec notre produit. Des années durant, on peut manquer des opportunités à cause d'hypothèses de travail erronées – une heuristique entraînant les décideurs de l'entreprise sur une voie relativement inutile ou inadéquate. Sachant que l'affaire relève du cognitif, vous trouverez parfois plus facile d'éviter – voire de saboter inconsciemment – le processus de connaissance du client si cela peut vous aider, vous et votre équipe, à échapper à des conclusions inconfortables. Mais il faut être parfaitement conscient de ces biais et de ces pièges affectifs cachés, poursuivre cet effort en se donnant à fond, être prêt à en accepter les conclusions – faute de quoi vous n'aurez jamais l'esprit assez libre pour commencer à créer toutes sortes de stratégies, paradigmes et approches novatrices.

Ces dix dernières années, par exemple, McDonald's a apporté des changements significatifs à son menu pour tenir compte des désirs exprimés par les clients de se voir proposer des aliments plus diététiques. C'est ainsi que la firme a introduit des salades (2003), supprimé les acides gras trans (2008) et inclus des tranches de pomme dans les Happy Meals (2011). Cela lui a permis de faire passer sa part de marché de 42 % à 50 %, tandis que, durant la même période, Burger King, qui s'en était tenu à ses menus traditionnels malgré les changements du marché, dégringolait de 17 % à 12 % et perdait sa deuxième place au profit de Wendy's, pour finir, en 2012, par inscrire des salades à ses menus[1]. McDonald's et les autres leaders de la restauration rapide organisent des enquêtes et des entretiens avec les consommateurs dans de très nombreux pays pour mieux connaître leurs goûts et y adapter leur offre.

Les supermarchés fournissent également de nombreux exemples de cette politique. Esselunga, née à Milan en 1957, fut la première chaîne italienne de supermarchés. Elle a fondé sa réussite sur la perception des changements des besoins des consommateurs – par exemple, elle a été parmi les premiers à comprendre les contraintes d'horaires auxquelles les femmes étaient soumises depuis leur entrée dans le monde du travail. Pour y répondre, elle décida de réduire de 70 % le nombre de produits référencés, d'élargir les allées entre les rayons et d'augmenter le nombre de caisses. En définitive, la durée d'une séance de courses était réduite de 40 % ; les clientes trouvaient cela plus agréable, et la chaîne a connu une croissance double de celle de ses principaux concurrents entre 2000 et 2010, avec des profits parfois supérieurs de 50 %.

Non seulement il faut connaître les besoins du consommateur, mais il faut s'adapter à leur évolution. C'est ainsi que la chaîne américaine Whole Foods a traversé une période difficile au début de la récession de 2008, car ses clients la considéraient comme spécialisée dans le haut de gamme. Elle décida alors d'être perçue également comme une chaîne où l'on peut faire des économies et se mit donc à offrir des coupons, à promouvoir des recettes peu coûteuses et des produits vendus sous sa propre marque, tout en proposant des ristournes sur les achats importants.

Trader Joe en est un autre exemple : la chaîne a créé un concept unique, avec 10 à 15 % seulement du nombre habituel d'articles dans les supermarchés américains et le tiers de la surface de vente moyenne par magasin. 85 % des articles vendus le sont sous sa propre marque – trois ou quatre fois la proportion habituelle. Cette stratégie a été couronnée par une croissance à deux chiffres depuis plus de quinze ans et une rentabilité commerciale très supérieure à celle de ses concurrents. La clé de cette réussite ? Comprendre l'importance du segment de marché des intellectuels contraints de compter leurs sous qui apprécient cependant l'accès facile à des produits diététiques et à des spécialités.

La veille concurrentielle

La phase 2 doit également vous aider à modifier l'idée que vous vous faites de vos concurrents. Savez-vous si les personnes ou les entreprises que vous considérez comme tels se voient elles-mêmes comme exerçant le même métier que vous ? Avez-vous la moindre idée des facteurs non dits, qu'ils soient secrets ou inconscients, qui guident leur stratégie ? Y a-t-il des individus ou des entités que vous ne considérez pas comme des concurrents, à l'heure actuelle, mais qui pourraient bien vous chiper bientôt vos clients ?

Le risque d'erreur est grand quand on se demande qui sont ses vrais concurrents et ce qui les distingue de sa propre entreprise (et réciproquement). Considérons un instant PepsiCo et Coca-Cola. Sont-ils, à vos yeux, concurrents ? Combien de fois vous êtes-vous entendu dire par un serveur que le café ou le restaurant où vous êtes sert l'un ou l'autre, mais pas les deux ? Pourtant, si vous les considérez comme concurrents, vous n'avez que partiellement raison. Il est vrai que, dans de nombreux pays, ils vendent des boissons concurrentes, gazeuses ou non. En réalité, si Pepsi est peut-être le premier concurrent de Coca-Cola, la réciproque n'est pas vraie. En effet, Pepsi ne fait pas que des boissons, il possède et exploite les marques mondiales Frito-Lay et Quaker, ainsi qu'un certain nombre d'autres produits alimentaires. Les recettes générées par ce secteur représentent près de la moitié de son chiffre d'affaires annuel de plus de 65 milliards de dollars, tandis que les 47 milliards de dollars de chiffre d'affaires de Coca-Cola reposent uniquement sur les boissons. Résultat, PepsiCo travaille, avec ses nombreuses marques, sur une palette plus ouverte de secteurs stratégiques. Si vous interrogez ses dirigeants, ils vous diront qu'ils considèrent que leur mission est de séduire les papilles des consommateurs, dans le monde entier, avec des boissons *et* avec des aliments solides[2].

À l'instar de la connaissance du client, l'étude approfondie de la concurrence suppose de transcender les idées préconçues. Vous croyez peut-être un certain nombre de choses concernant vos concurrents les plus directs – leurs produits sont infects (ou imbattables) ; ils sont mal (ou remarquablement) gérés ; ils sont féroces (ou vulnérables) ; ils seront toujours plus gros que vous ou, étant plus petits, plus agiles – et tout cela affecte sans doute l'idée que vous vous en faites. Au lieu de vous enfermer dans ce genre de perspectives, nous sommes convaincus qu'il est certainement beaucoup plus intéressant – et fructueux – de voir la concurrence avec la curiosité et l'ouverture d'esprit d'une personne totalement étrangère à votre secteur d'activité – ou d'un enfant.

Posez-vous des questions comme : « Existe-t-il des manières inattendues ou originales de définir mes concurrents et d'en identifier d'autres ? » (Ou, pour dire les choses autrement : « Par quoi mes clients pourraient-ils remplacer ce qu'ils m'achètent actuellement ? »)

Si vous changiez le cadre mental que vous utilisez pour identifier votre organisation, sa mission et sa vision – et ce que vous considérez comme vos produits et services clés –, cela modifierait-il l'identité de vos concurrents ? Pourriez-vous définir un espace concurrentiel qui réduirait votre part de marché au cinquième de ce qu'elle est aujourd'hui ? En imaginez-vous un autre qui, au contraire, la quintuplerait ? Imaginez que, dans sept ans, votre principal concurrent soit une entreprise totalement différente, dans un secteur d'activité totalement différent – par exemple, vous êtes une SSII et vous vous apercevez un beau jour que votre principal concurrent, c'est Hertz ; vous produisez et vous distribuez des aliments pour animaux domestiques et vous vous heurtez tout à coup à Shell – comment cela peut-il arriver et quel serait l'impact de ces nouvelles circonstances sur votre entreprise ?

Quand vous commencerez à réfléchir à ce genre de questions (et cela vous oblige à penser de façon plus inductive), vous commencerez sans doute aussi à voir que vos futurs concurrents pourraient très bien venir d'horizons inattendus.

Imaginons plutôt, maintenant, que vous soyez à la tête d'un gros fabricant d'appareils photo et que vous tentiez de déterminer le paysage concurrentiel de votre entreprise. Qui aura sans doute la prochaine idée géniale, inventera le prochain appareil miracle, mettra sur le marché les produits et services leaders de demain ? Soyons plus précis encore : qui, selon vous, formulera la nouvelle théorie sur la façon dont un appareil photo capte la lumière ? Et qui, à partir de cette théorie, pourrait créer un appareil capable de prendre une photo dont on pourrait modifier la mise au point (sur l'appareil ou, plus tard, sur un ordinateur) autant de fois que l'on veut, en focalisant la partie de l'image que l'on souhaite privilégier ? Imaginez aussi que ces même images (photographiez maintenant, vous réglerez la mise au point plus tard) puissent ensuite être vues et imprimées en 2D et en 3D. Qui, selon vous, a non seulement développé la théorie de cette nouvelle approche, mais commercialise d'ores et déjà ces appareils révolutionnaires ? Sony, Canon, Nikon, Kodak ? La réponse est Lytro, une petite entreprise familiale basée en Californie. Son concept révolutionnaire est fondé sur le travail de pionnier réalisé par des chercheurs de Stanford et l'entreprise a déjà mis sur le marché le Light Field, qui bouleverse sa catégorie et a enthousiasmé la presse[3]*.

Bref, un aspect important de la phase d'exploration consiste à réaliser que vos concurrents ne sont peut-être pas ceux que vous croyez, en grande partie parce que les personnes et les organisations les plus susceptibles d'avoir des idées novatrices ne sont souvent pas celles qui ont le plus d'expérience ou les réalisations les plus évidentes à leur actif.

Pourquoi en est-il ainsi ? Comme nous vous le rappellerons tout au long du voyage que nous allons faire ensemble, vous aurez toutes les peines du monde à inventer des idées révolutionnaires (et même à remarquer les « bonnes » idées que vous avez sous le nez) si vous restez enfermé dans vos modèles mentaux existants. Au bout du compte, ce sont souvent des outsiders comme Lytro – que n'encombre aucun héritage de ce genre – qui réfléchissent à des idées novatrices intéressantes qui, le moment venu, les conduiront peut-être à des innovations triomphales. Par comparaison avec des entreprises en général plus grandes ou plus anciennes, ces outsiders sont souvent mieux placés pour remettre en cause des notions largement partagées et porter un regard différent sur les choses.

* Quand ce livre sera entre vos mains, Lytro sera peut-être célèbre. Il n'est pas facile de suivre le flux constant du changement.

L'exemple d'Amazon est éloquent. Au début, les librairies étaient les seules à le considérer comme une énorme menace. Mais quand la firme s'est diversifiée dans la vente de musique, il n'était pas difficile de prédire qu'elle finirait un jour par vendre pratiquement toutes les catégories de produits. Et il n'aurait pas été très difficile non plus d'imaginer qu'Amazon allait bientôt éditer, produire et distribuer ses propres titres et vendre ses livres moins cher que les grandes maisons d'édition (qui partent sans doute encore d'un paradigme relativement étroit quand elles cherchent à identifier leurs véritables concurrents). Beaucoup d'entreprises importantes ont commencé par prendre Amazon à la légère, car elles croyaient à tort qu'il n'était pas dans leur secteur d'activité.

Pour que la veille concurrentielle donne des résultats intéressants, il faut commencer par bien regarder comment vos concurrents se décrivent eux-mêmes, puis creuser, essayer de comprendre leur stratégie et leur mission véritables (par contraste avec ce qu'ils décrivent sur leur site Web ou dans leur rapport annuel). Que considérez-vous comme leurs *vrais* points forts, leur identité *réelle* ? Demandez-vous ce qu'ils font particulièrement bien, vers quels secteurs ils pourraient migrer. Posez-vous les questions suivantes :

- Quelles améliorations pourraient doper leurs performances ?
- Pourraient-ils vous concurrencer dans des domaines que vous n'avez pas encore identifiés ou explorés suffisamment ?
- En dehors de la simple différence de prix, quelles innovations majeures en matière de service, de distribution, de produit ou de design pourraient-ils proposer au marché ? Comment y réagiriez-vous ?
- Qui sont leurs principaux partenaires ? Qui pourraient-ils acheter ? Par qui pourraient-ils se faire acheter eux-mêmes ? En quoi ces changements pourraient-ils vous toucher ?

Surtout, comment pouvez-vous aborder ces questions vitales en y portant un regard nouveau, libéré (autant que possible) de vos propres modèles mentaux – par exemple les considérations liées à l'histoire de votre entreprise, ses limitations en matière de ressources ou de compétences, voire d'autres contraintes supposées du même type ?

Vous pourriez même reprendre le processus de connaissance du client – en braquant cette fois le projecteur sur ce que les clients (les vôtres et les leurs) pensent des produits *de vos concurrents*. Cette nouvelle recherche révèle-t-elle quelque chose sur leur avantage concurrentiel et sur la mission et la stratégie qu'ils exécutent sans le clamer sur les toits ?

Introduction aux megatrends : la réflexion prospective

Au moment où vous vous préparez à étudier à la loupe vos clients et vos concurrents, au moment, surtout, où vous commencez à réfléchir aux megatrends qui affecteront vraisemblablement votre entreprise, votre secteur d'activité et la planète, nous croyons utile de vous armer d'un autre outil vital. Il existe une immense différence entre l'analyse prédictive, qui consiste à déterminer ce qui se passera *exactement*, et la réflexion prospective, qui suppose : 1) de faire appel à l'imagination pour se poser toutes sortes de questions sur ce qui *pourrait* arriver et 2) de tenter constamment de se représenter *de nombreux* avenirs possibles, puis d'agir en conséquence. La réflexion prospective consiste à avoir une vision plus ouverte, à plus long terme, d'envisager toutes sortes de possibilités et de faire l'impossible pour se tenir au courant de ce qui se passe, tant au sein de l'entreprise qu'au-delà de son environnement immédiat. Ces deux formes de réflexion sont utiles, mais dans le présent ouvrage, nous ferons la part belle à la réflexion prospective, surtout pour identifier les megatrends et les utiliser pour développer des « scénarios » (nous y reviendrons au chapitre 9).

Gaston Berger*, industriel né au Sénégal et pionnier de la prospective, a dit un jour : « Si vous conduisez par une nuit noire sur une route que vous connaissez par cœur, les codes sont amplement suffisants. Mais si vous ne connaissez pas du tout la route, il faut des phares puissants. » La prospective consiste à utiliser des phares extraordinairement performants pour naviguer et *préparer* de nombreux avenirs possibles

* Wikipédia décrit Gaston Berger comme un « futuriste », un « philosophe » et un « industriel ». La combinaison est intéressante.

– souvent en terrain inconnu – plutôt que de se contenter des feux de croisement afin de prédire un seul avenir possible. Elle tente d'anticiper les changements à long terme, y compris ceux qui provoquent de véritables bouleversements (certains étant déjà connus, d'autres entièrement inconnus) et d'y réagir dès que possible. La réflexion prospective – qui repose largement sur l'induction – est au cœur de la créativité pratique. Elle consiste à agir au lieu d'attendre.

Quand, par contraste, vous utilisez la réflexion prédictive, vous anticipez des événements considérés comme hautement probables. Cela peut donner de bons résultats : 1) si vous connaissez très bien les paramètres d'événements attendus dans un avenir relativement proche ; 2) si ces paramètres sont plutôt constants, stables et facilement mesurables et 3) si vous pouvez fonder vos décisions à court terme sur des algorithmes établis. La pensée prédictive fait essentiellement appel au raisonnement par déduction. C'est ce qui permet, par exemple, aux contrôleurs aériens de savoir quand imposer aux avions de rester sur le tarmac ou les autoriser à décoller. En effet, si les schémas météorologiques à long terme sont difficiles à prédire, à court terme les météorologues peuvent formuler des prévisions relativement exactes, heure par heure – les contrôleurs s'appuient sur leur pensée prédictive pour s'assurer qu'au cours des prochaines heures les avions pourront décoller et atterrir en toute sécurité.

Le tableau ci-après fait ressortir les différences entre la pensée prédictive et la réflexion prospective :

	Pensée prédictive	**Réflexion prospective**
État d'esprit	Prédire : « On s'attend à ce que... »	Se préparer : « Mais que se passerait-il si... »
Objectif	Réduire, voire éliminer l'incertitude, éviter l'ambiguïté	Composer avec l'incertitude, accepter l'ambiguïté, élaborer des plans de contingence
Niveau d'incertitude	Moyen	Élevé
Méthode	Extrapolation à partir du présent et du passé	Ouverture, imagination

Approche	Catégorique, tablant sur la continuité	Globale, systémique, anticipant les événements disruptifs
Informations utilisées	Quantitatives, objectives, connues	Qualitatives (quantifiables ou non), subjectives, connues ou inconnues
Relations	Structures statiques, stables	Structures dynamiques, évolutives
Technique	Modèles quantitatifs établis (économie, mathématiques, données)	Élaboration de scénarios *via* approches qualitatives (souvent à partir de megatrends)
Méthode d'évaluation	Chiffres	Critères
Attitude envers l'avenir	Passive ou réactive (si cela doit arriver, cela arrivera)	Proactive et créative (volonté de créer ou d'influencer l'avenir)
Mode de raisonnement	Généralement, déduction	Recours à l'induction plus fréquent

La réflexion prospective peut aider les décideurs à répondre à des questions clés comme : « Que pourrait-il bien se passer ? » et « Que pouvons-nous y faire ? »

Dans le contexte de la phase d'exploration, ce genre de réflexion peut vous aider à mieux comprendre les événements qui rendraient inopérants vos modèles mentaux existants et à voir ce que vous pouvez faire pour mieux vous y préparer. Vous pourrez ensuite explorer ces événements potentiels pour informer les idées, approches et stratégies, ainsi que les nouveaux cadres mentaux que vous commencerez à générer durant l'étape de divergence, en phase 3.

Gérer intelligemment les megatrends

Dans la perspective de la « prospective » introduite par Gaston Berger et d'autres il y a près d'un demi-siècle, une troisième excellente manière d'explorer le monde que vous avez devant vous consiste à identifier et étudier les megatrends. Une megatrend est un grand changement social, économique, politique, environnemental ou technologique dont l'impact sera vraisemblablement important dans de nombreux domaines. Ces phénomènes affectent votre entreprise, vos clients, vos concurrents – mais aussi votre famille, vos voisins et la communauté dont vous êtes membre. Pour en donner quelques exemples, citons la montée en puissance des sources alternatives d'énergie qui devraient, selon les prévisions, combler 8 % de besoins mondiaux considérablement accrus en 2030, contre 6 % d'une base plus restreinte en 2010, avec une forte dominance des énergies éolienne et solaire[4] ; citons aussi l'essor de marchés en développement rapide comme le Brésil et la Chine et l'accroissement de la connectivité à la faveur d'Internet et de la technologie numérique mobile.

Les megatrends ne sont pas des modes passagères. Contrairement à ce qu'elle croit, Lady Gaga n'en est pas une ; en revanche, le fait que les consommateurs achètent de plus en plus souvent en ligne de la musique et de nombreuses autres formes de divertissement est bel et bien une megatrend. Les changements économiques de grande ampleur, qu'il s'agisse de récessions prolongées, du manque de main-d'œuvre dans certains métiers, de la croissance ou du déclin de diverses industries ou secteurs de l'économie, sont des megatrends ; les variations trimestrielles de l'indice boursier et les produits qui font fureur cette saison n'en sont pas.

Pour commencer, concentrez-vous sur les megatrends qui, selon vous, 1) vont s'étaler sur une période relativement longue – par exemple, de cinq à dix ans, même si leur durée peut varier d'un secteur d'activité à l'autre ; 2) auront un impact fort, dans de nombreux secteurs ; 3) ouvrent la voie à une série de réactions stratégiques pour une entreprise comme la vôtre.

Il vous faudra d'abord en identifier un certain nombre – diverses sources permettent de s'en procurer de longues listes. Vient ensuite la tâche plus difficile de distiller votre propre liste. Quelles tendances seront les vecteurs clés susceptibles de façonner votre avenir ? D'autres, qui, apparemment, ne devraient pas vous concerner, pourraient-elles changer votre destin ?

Nous avons beaucoup étudié la megatrend de l'urbanisation croissante de notre planète. En 1950, 29 % environ de ses habitants vivaient dans des villes, mais en 2000, ce chiffre était passé à 47 %[5]. Quelles sont les conséquences de ce phénomène et, surtout, quelles en sont les implications secondaires et tertiaires ? Clairement, l'afflux d'habitants en zone urbaine, qui, selon les experts, devrait continuer jusqu'à atteindre environ 70 % de la population mondiale en 2050[6], imposera la réalisation d'importantes nouvelles infrastructures et de nouveaux bâtiments. Cela se traduira par un accroissement de la demande de matériaux de construction. Le pouvoir d'achat sera plus concentré, ce qui pourrait entraîner un impact substantiel sur la stratégie des entreprises de biens de grande consommation. Quand nous avons franchi, en 2009, le point où plus de la moitié de la population mondiale vivait en ville, de nouvelles solutions avaient déjà commencé à émerger en termes de véhicules urbains, de transports en commun, et même d'agriculture urbaine. Les maires pourraient bien, un jour, avoir plus de pouvoir que les leaders nationaux.

En quoi ces tendances saillantes, et d'autres, pourraient-elles affecter votre entreprise et votre activité ? S'il est clair que toutes les megatrends auront un impact, certaines en auront plus que d'autres. Comment orienter votre action personnelle et celle de votre équipe vers les plus critiques ?

Pour y réfléchir, commencez par distinguer les trois niveaux de données introduites ci-dessus : 1) le monde en général (par exemple les tendances démographiques, affectant l'économie mondiale et la technologie) ; 2) votre secteur d'activité (développement durable, responsabilité sociale de l'entreprise, sous-traitance, changements de réglementation, politique de prix, consolidation/concentration de plusieurs entreprises d'un même secteur d'activité) et 3) votre entreprise ou organisation (par exemple, les tendances concernant le dialogue social, le manque ou l'influx de trésorerie, les opportunités de nouveaux investissements, les opérations, la productivité et la réduction des coûts, les innovations en technologie de l'information).

Penchez-vous par exemple sur l'une des sources les plus classiques de megatrends : la démographie. Les changements à long terme, prévisibles, comme le vieillissement de la population américaine et européenne, sont visibles des années avant que leurs conséquences commencent à se manifester. En réfléchissant à différentes régions ou marchés, vous pouvez examiner en quoi la composition de la population a déjà changé et à quelles nouvelles évolutions il faut s'attendre. La population augmente-t-elle ? Si oui, à quel taux ? L'équilibre entre hommes et femmes, vieux et jeunes, ou entre différentes composantes ethniques, se modifie-t-il ? Comment ?

La rivalité entre pays et régions constitue une autre bonne source de megatrends. Là encore, la démographie joue un rôle. Quand la population, la richesse ou l'industrie se développent dans une région, c'est l'ensemble du comportement des consommateurs de cette même région qui change de façon spectaculaire et cela entraîne des conséquences pour le commerce, le transport et d'autres domaines.

Beaucoup de changements affectant le comportement du consommateur peuvent être qualifiés de megatrends – encore faut-il qu'ils soient le signe visible d'un changement plus fondamental et non un effet de mode. Et quand d'authentiques tendances de consommation changent effectivement, les conséquences sont parfois énormes. La numérisation de pratiquement toutes les formes de médias – et la façon changeante dont les consommateurs les achètent et les consomment – a été transformationnelle. Si vous combinez ceci avec une deuxième et une troisième megatrend – respectivement la façon dont les consommateurs personnalisent désormais leur technologie et leur enthousiasme pour le design –, vous avez plusieurs des facteurs essentiels de la réussite d'Apple.

Les megatrends liées à la technologie évoluent souvent très vite. L'essor des nanotechnologies, l'explosion des réseaux mobiles, l'invention de voitures électriques plus performantes – autant de megatrends. Si l'on ne peut pas toujours prédire les découvertes individuelles, il est possible de suivre l'évolution de changements plus vastes. Par exemple, les progrès technologiques nous permettront peut-être de maîtriser le changement climatique, mais si ce n'est pas le cas, il faudra malheureusement en subir les conséquences.

Prenez le temps de réfléchir aux megatrends qui ont le plus de chances de vous affecter. Raisonnez par induction, imaginez quelques façons surprenantes dont une tendance qui, *apparemment,* ne vous concerne en rien – ou de façon très secondaire – pourrait soudain revêtir une immense importance pour vous, votre entreprise et votre secteur d'activité au sens large. Pouvez-vous combiner deux ou plusieurs megatrends pour imaginer une nouvelle vision, approche, ou stratégie ? Dresser la liste des conséquences probables, dans les cinq à dix ans, d'une des megatrends que vous jugez les plus critiques pour votre avenir ?

Vous pourriez aussi tenter d'imaginer que c'est le *contraire* de ces scénarios potentiels qui s'est réalisé au cours de cette même période. Comment cela a-t-il pu se produire, selon vous ?

La réflexion déductive : sélectionner les meilleures idées et sérier les priorités

Lorsque des individus et des organisations entament leur réflexion sur les megatrends, ils posent rarement des questions visant à provoquer une vaste réflexion inductive. Ils abordent le sujet d'instinct (« Tiens, on dirait que cette tendance mérite d'être suivie de près ! ») ou, plus souvent, par déduction (« Telles ou telles tendances ont été les plus pertinentes, pour nous, depuis cinq ans, il faut donc continuer à les suivre »). Au cours des ateliers de créativité, on demande souvent aux participants de citer les megatrends qu'ils jugent importantes, leurs homologues réagissant très rapidement pour dire s'ils sont d'accord ou non. Cette méthode, généralement très utile, peut néanmoins avoir un effet restrictif : elle cantonne en effet les observateurs aux megatrends les plus évidentes – souvent les plus intimement liées aux modèles mentaux, aux biais cognitifs et aux perceptions dont nos participants ont tenté de se débarrasser en phase de doute.

Pour éviter des jugements aussi hâtifs, il est bon de commencer par une liste assez longue puis, après mûre réflexion, d'en éliminer les éléments les moins intéressants. Commencez par un grand nombre de megatrends affectant de multiples catégories, puis, en appliquant des critères plus subjectifs, restreignez la liste à celles que vous et votre équipe considèrent comme les plus vraisemblables et dont l'impact devrait être le plus fort – apparemment, donc, celles qui requièrent votre attention avec le plus d'urgence. Il faut également s'efforcer d'identifier des tendances *hautement improbables* qui auraient cependant un impact énorme si elles se concrétisaient. En les classant ainsi par ordre de priorité, nous avons constaté qu'il est bon de retenir non seulement les tendances manifestement promises à entraîner un impact fort, mais aussi celles dont l'impact probable fait l'objet d'un très faible consensus.

Nous avons eu recours à ce type de démarche pour imaginer à quoi pourrait ressembler l'industrie automobile dans quinze ans. Après avoir compulsé une masse de données nouvelles et existantes, nous avons fini par identifier quarante-deux megatrends potentiellement pertinentes. Nous les avons ensuite divisées en six catégories : tendances liées à la démographie (par exemple, stagnation de la population dans les pays développés, urbanisation), à la réglementation (pression environnementale, restrictions à la fermeture d'usines...), à la technologie (sources d'énergie renouvelable, communications sans fil...), à l'économie (croissance forte des pays en développement, accentuation des inégalités de revenus...) ; à la consommation (demande de produits « verts ») – la dernière catégorie regroupant diverses autres tendances (par exemple, guerre aux talents, instabilité mondiale).

Nous avons ensuite introduit dans notre analyse une composante plus subjective en demandant aux leaders de l'industrie automobile d'évaluer le potentiel « de rupture » de ces diverses tendances. Ils devaient noter chaque tendance de 1 à 10 en fonction : 1) de son impact possible sur le secteur et 2) du degré de certitude de sa concrétisation, mais aussi 3) du niveau de préparation de l'industrie automobile.

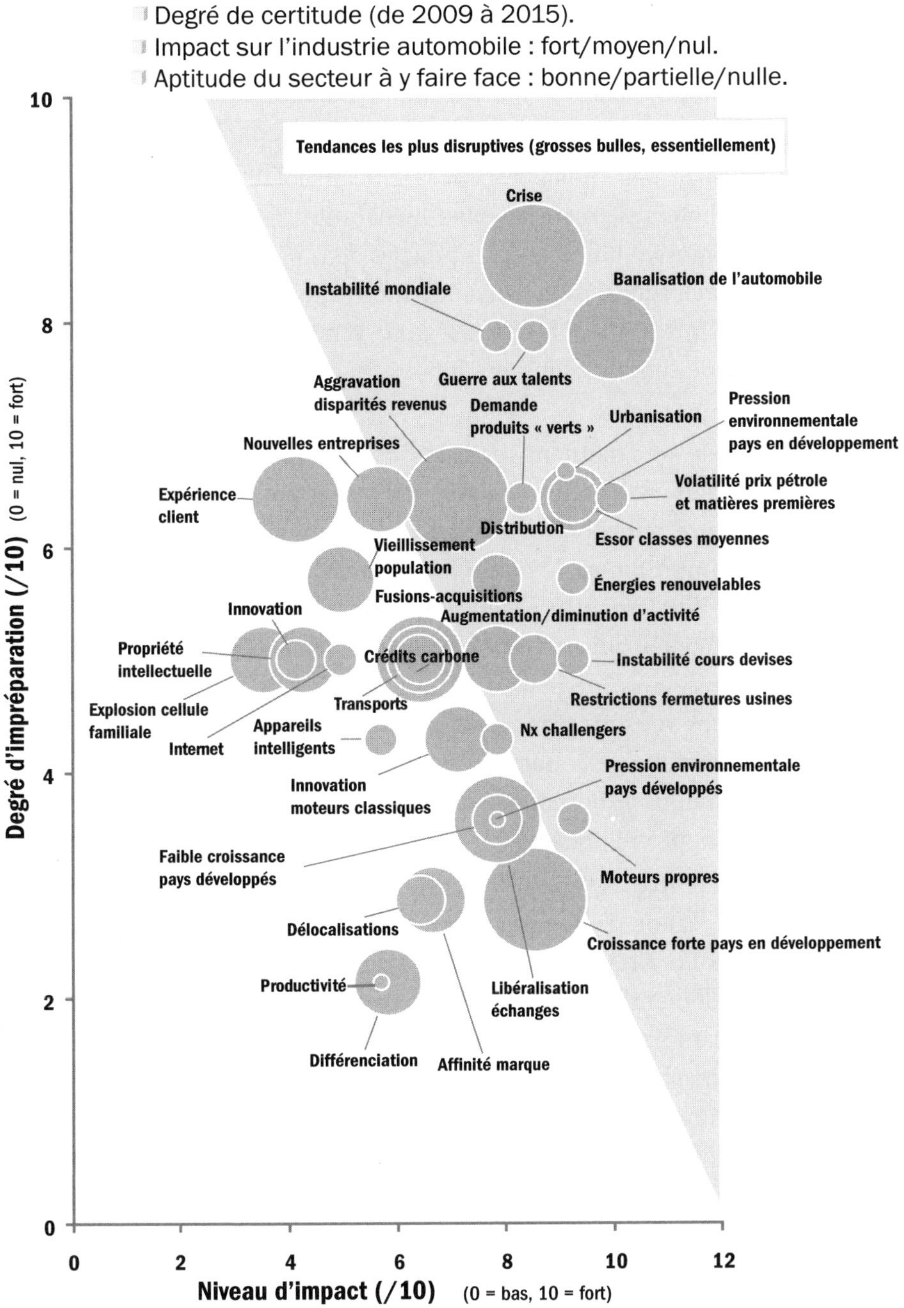

Industrie automobile : classement des tendances sur trois dimensions afin d'en évaluer le potentiel disruptif

La figure ci-dessus permet de visualiser les résultats, l'impact figurant sur l'axe horizontal et le manque de préparation du secteur sur l'axe vertical, tandis que le degré de certitude est reflété par la taille des bulles.

Au final, nos clients avaient retenu quatorze tendances considérées comme potentiellement les plus menaçantes ; sur la figure, ce sont, en gros, les grosses bulles les plus proches de l'angle supérieur droit. À partir de ces conclusions, ils ont ensuite généré une foule d'hypothèses très intéressantes sur l'impact de chacune de ces tendances et sur celui d'un certain nombre de combinaisons, en utilisant les techniques de scénario décrites au chapitre 9.

S'il est extrêmement instructif de développer de longues listes de megatrends susceptibles d'affecter votre avenir pour ne conserver, après mûre réflexion, que celles qui semblent les plus pertinentes et les plus importantes, le travail le plus vital, c'est *l'interprétation* que vous en ferez finalement. Ce sera peut-être une analyse assez sommaire, ignorant celles qui ne cadrent pas avec vos modèles mentaux actuels. Mais vous réussirez peut-être aussi à y réfléchir de façon plus inductive – elles vous aideront alors à remettre en cause vos hypothèses de travail, paradigmes, stratégies et autres modèles mentaux existants, et, bien entendu, à développer de nombreuses nouvelles perspectives et approches prometteuses.

Par exemple, en 2001, deux géants de la librairie étaient confrontés à la numérisation de diverses formes de médias et à la concurrence croissante des librairies en ligne, surtout d'Amazon. Et ils ont réagi de façon diamétralement opposée : Borders a confié ses ventes en ligne à Amazon, concentrant ses propres efforts sur le développement rapide de son réseau de magasins. Il s'est diversifié dans les CD et les DVD au moment où l'on commençait à numériser la musique et les films et est passé à la liseuse électronique en 2010, trois ans après le lancement de Kindle par Amazon. Résultat : il a déposé son bilan en 2011, au grand chagrin des nombreux amateurs de librairies en dur. Par contraste, Barnes & Noble a lancé sa liseuse électronique, Nook, en 2008, et s'est diversifié dans les jouets et les jeux vidéo. Si la menace Amazon continue à planer sur B&N, qui a annoncé en 2013 son intention de fermer près de 30 % de ses magasins au cours des dix prochaines années, Nook à lui seul est évalué à environ 1,7 milliard de dollars, c'est donc un atout majeur*.

La réflexion inductive : spéculer sur des « avenirs extraordinaires »

Nous avons récemment travaillé avec la direction générale d'AGC Glass Europe, qui fabrique du verre de haute qualité (pour les fenêtres, les voitures, les écrans de smartphones, entre autres), afin d'établir avec les dirigeants une longue liste de megatrends. Comme nous l'avions fait avec les leaders de l'industrie automobile, nous les avons ensuite aidés à réduire leur liste pour ne conserver que les plus pertinentes. Cette fois encore, pour les classer, nous avons utilisé des critères comme le « niveau de l'impact probable » et le « degré de préparation d'AGC ». Cet exercice est important, car il permet de sensibiliser les dirigeants à des tendances qui pourraient bien se révéler critiques et d'approfondir ainsi leurs connaissances dans des domaines cruciaux.

Mais sérier les priorités n'est qu'une manière parmi d'autres d'analyser l'importance relative de diverses megatrends, aussi avons-nous poussé les dirigeants d'AGC à y réfléchir sous d'autres angles. Par exemple, nous leur avons demandé de choisir une megatrend située très loin sur leur liste, car ils la considéraient comme ayant très peu de chances d'affecter leur secteur. Ils ont opté pour l'alimentation bio. Nous leur avons alors demandé d'imaginer qu'une explosion de la demande d'aliments bio soit devenue le principal moteur de l'industrie du verre.

Pourquoi et comment était-ce arrivé ? Un dirigeant a répondu que l'augmentation de la demande en légumes bio produits localement avait provoqué une demande massive de serres, stimulant ainsi le marché du verre ; un autre a alors imaginé que l'équipe de recherche-développement avait développé en 2013 un verre spécial serres stimulant la croissance des plantes et bouleversant du même coup la chaîne de valeur de l'agriculture biologique locale.

* Au moment où nous écrivions ces lignes, B&N projetait d'essaimer Nook, qui deviendrait alors une entité distincte. Espérons que cela ne conduira pas la division librairies sur le même chemin que Borders.

Voyaient-ils d'autres manières possibles, pour un producteur de verre de qualité, de servir une agriculture biologique en pleine expansion ?

Nos clients ont commencé à réfléchir à leurs nouveaux produits à la lumière de la croissance du bio (idées qu'ils allaient approfondir plus tard, en phase de divergence) mais, plus important, ils ont recommencé à douter, cette fois de leurs perceptions de ce que l'avenir pouvait leur réserver.

Une approche plus inductive a l'avantage de révéler non seulement des megatrends moins évidentes, mais aussi celles que personne n'aurait pu considérer comme pertinentes sans passer par l'étape de la réflexion prospective. De fait, l'induction permet d'imaginer de nombreux exemples de ce que nous appelons les « impensables » : des événements *totalement inattendus*, spectaculaires, dotés d'un impact potentiel immense, dont les explications ne prolifèrent que rétrospectivement*. Un tsunami. L'effondrement de l'euro. La découverte d'une colonie humaine sur Jupiter.

Par exemple, l'un des événements politiques les plus surprenants de l'histoire européenne récente a été l'incapacité de former un gouvernement dans laquelle se sont trouvés les élus, en Belgique, à partir de juin 2010. Bel exemple de cygne noir : le parti NVA qui avait gagné les élections refusa le pouvoir ! La Belgique établit donc un record historique, celui d'être la démocratie restée le plus longtemps sans gouvernement (541 jours), battant même l'Irak après Saddam Hussein. Mais cet événement extraordinaire aurait en théorie pu être prédit par tous ceux qui connaissaient la culture et l'histoire du pays. Les observateurs auraient pu remarquer la division croissante au sein du pays et l'affaiblissement progressif de son système politique. Tout cela semble évident – rétrospectivement.

Pour identifier ces « impensables », il faut se garder de poser des questions débouchant sur des réponses directes, quantifiables. Si vous demandez « Quelle est la probabilité que plus personne n'utilise de brosse à dents d'ici à cinq ans ? », les réponses s'échelonneront de 0 à 100 %. Mais si vous affirmez : « Partout dans le monde, il suffit désormais de

* C'est également ce que désigne l'expression « cygne noir », popularisée par *Le Hasard sauvage* et *Le Cygne noir*, de Nassim Nicholas Taleb.

dix secondes pour avoir une hygiène parfaite des dents et des gencives », avant de demander comment on en est arrivé à cette remarquable situation, cette nouvelle question conduit à des possibilités plus créatives. Si les consommateurs du monde entier adoptaient cette nouvelle technologie, ce serait certainement par réaction à une ou plusieurs megatrends – mais lesquelles ?

Supposons qu'en 2020 le transport aérien de voyageurs ait baissé de 95 % par rapport à son niveau actuel. Comment cela a-t-il pu arriver, d'après ce que nous savons des tendances et des « impensables » ? Voici quelques possibilités : une augmentation des cendres dispersées dans l'atmosphère en raison d'une multiplication des explosions volcaniques – certainement pas inconcevable. Une augmentation du prix du kérosène, de sorte que l'avion serait désormais réservé aux plus riches. L'invention de nouveaux navires transocéaniques à grande vitesse, capables de voyager plus vite que les avions, avec moins de risques. Une nouvelle technologie de la vidéoconférence, offrant la précision d'un hologramme. L'effondrement de l'économie mondiale et du libre-échange...

Passons à une autre manière de réfléchir aux megatrends et aux coups du sort « impensables ». Considérons une tendance importante pour de nombreuses personnes aujourd'hui : faire en sorte que la consommation d'énergie soit compatible avec le développement durable. On peut y réagir de façon classique et linéaire, sans changer aucun modèle mental, en énumérant les diverses manières dont les gouvernements et les entreprises pourraient tenter de réduire la consommation d'énergie. Mais si, dans cinq ans, l'État imposait un quota individuel ? Comment pourrait-on en arriver là ? Peut-être à la suite de l'aggravation spectaculaire des préoccupations qu'inspirent le « pic pétrolier », du changement climatique, voire de l'accélération des désastres naturels, provoquant des problèmes immenses ; on peut aussi imaginer la découverte de conséquences négatives imprévues de l'utilisation des carburants fossiles.

Prenons maintenant le *scénario contraire* : supposons que dans cinq ans il n'y ait plus de problème de rareté de l'énergie. Comment pourrait-on en arriver là ? Aurait-on, entre-temps, découvert une source d'énergie illimitée ? Fait des pas de géant dans le développement de l'énergie solaire ?

Imaginer des « avenirs extraordinaires » – puis réfléchir aux tendances et aux événements qui pourraient leur avoir ouvert la voie (à moins qu'ils n'aient provoqué le contraire) – permet souvent de repérer des « impensables » que vous n'auriez sans doute jamais identifiés autrement.

La grenouille qui ne savait pas qu'elle était cuite

La recherche d'« impensables» potentiels suppose de se mettre également à l'affût de changements inattendus, mais beaucoup plus insidieux. Ces situations évolutives sont, curieusement, souvent lentes ou subtiles, au point d'en être indécelables. À l'instar de la proverbiale grenouille qui ne se rend pas compte que l'eau chauffe avant qu'il ne soit trop tard, nous ne remarquons parfois pas certains changements profonds qui nous menacent pourtant bel et bien. Pour en donner quelques exemples pris dans la vraie vie, citons l'absence de réaction face au changement climatique, les femmes battues qui ne quittent pas leur mari, ou l'attitude des libertaires face à la lente érosion des droits civiques[7]*. De nombreuses faillites ou difficultés graves des entreprises résultent ainsi d'une lente érosion de leur part de marché ou de l'aggravation progressive d'un autre problème.

Attention, « éléphant dans la salle » !

Il arrive également que l'on ne voie pas des événements ou des tendances qui ne sont ni des « impensables » ni des « grenouilles dans la marmite », mais tiendraient plutôt de l'« éléphant dans la salle ». Ce sont des choses que tout le monde sait, mais auxquelles on n'accorde pas l'attention qu'elles méritent – qu'elles soient tenues pour acquises,

* Les biologistes, aujourd'hui, ont tendance à croire que la grenouille sauterait hors de sa marmite – mais la métaphore reste largement acceptée. Voir http://www.fastcompany.com/26455/next-time-what-say-we-boil-consultant

redoutées ou ignorées (consciemment ou inconsciemment). Nous avons récemment discuté avec des urbanistes qui planchaient sur le « projet 2040 » dans un pays qui, peu après, fut l'un des théâtres du printemps arabe. Ensemble, nous avions élaboré une liste assez complète de tendances apparemment pertinentes. Mais quand nous avons évoqué la possibilité d'un changement de régime, on nous a expliqué assez clairement que ce sujet n'était pas à l'ordre du jour. Nos urbanistes étaient sans doute tout simplement incapables de l'imaginer – à moins qu'ils aient jugé prudent de ne pas en parler. Il y a parfois aussi une autre raison : les personnes présentes dans la pièce ne seront pas forcément directement touchées par l'événement en question – par exemple, un PDG dont le mandat se termine deux ans plus tard. La récente attribution du prix Nobel de la paix à l'Union européenne a révélé une intéressante différence générationnelle : aux yeux de tous les Européens nés après une certaine date, « la paix en Europe » semblait aller de soi, tandis que pour leurs aînés, qui se souvenaient de « l'éléphant » de la Seconde Guerre mondiale, elle représentait un changement fondamental. Quelle qu'en soit la raison, c'est à ses propres risques que l'on ignore un éléphant dans la pièce – quelque chose de gros, de très voyant, que l'on a cependant du mal à accepter et à prendre en compte.

De la liste de tendances à la réflexion prospective

Une fois que vous avez repéré quelques « impensables », « grenouilles dans la marmite » et autres « éléphants dans la pièce », il faut les ajouter à votre liste de tendances et prendre le temps de voir comment exploiter tout cela. Posez-vous les quelques questions suivantes :

- Parmi toutes ces tendances, lesquelles seraient les plus disruptives ?
- Auxquelles serions-nous le moins préparés ?
- Lesquelles avons-nous sous le nez, alors que nous hésitons à admettre leur existence ?
- Où en sont nos concurrents ? Sont-ils mieux préparés à certaines qu'à d'autres ? Pourquoi ?

- Comment ces futurs événements, probables ou improbables, influencent-ils le genre d'idées nouvelles que nous souhaitons générer en phase de divergence ?
- En quoi modifient-ils notre ligne d'investigation centrale ?

Pour prendre un exemple, il y a quelques décennies Philips avait identifié plusieurs megatrends intéressantes, en particulier la hausse régulière du coût de la santé et le vieillissement inexorable de la population des pays développés. L'équipe de direction décida alors de créer une nouvelle ligne de produits : les solutions de santé à domicile. Rétrospectivement, il est clair que c'était une sage décision – la division « Home Healthcare Solutions » réalise aujourd'hui un chiffre d'affaires qui s'élève à des milliards de dollars[8]. Pourtant, à partir des mêmes données, Philips aurait pu, à l'époque, opter pour d'autres tendances, par exemple décider de devenir « le spécialiste du développement durable », à l'instar de General Electric et de son « Ecomagination », ou partir de son expertise en matière de téléviseurs pour s'attacher aux écrans d'appareils électroniques portables, comme l'a fait Samsung.

Si vous étiez l'une des plus grandes entreprises agroalimentaires des États-Unis, comment géreriez-vous des tendances comme les fluctuations du prix de l'énergie ou le souci de préserver l'environnement, qui entraîneraient pour vous de nombreuses conséquences – de la nécessité de combler les attentes des clients en termes de respect de l'environnement à celle de réduire le coût des emballages et du transport ? La société Kraft a créé, dans une caverne calcaire naturelle du Missouri, un entrepôt réfrigéré qui consomme 65 % moins d'énergie que ses sites de stockage habituels. La grande taille du site, ainsi que sa situation géographique centrale, a permis au groupe d'économiser près de 700 000 litres de carburant et un million et demi de kilomètres de transport par camion par an. General Mills s'est mis à brûler le son de l'avoine entrant dans la fabrication des céréales, produisant ainsi 90 % de la vapeur utilisée pour chauffer son usine dans le Minnesota dont l'empreinte carbone fut ainsi réduite de 20 %[9].

On le voit, identifier les megatrends n'est qu'une seule partie du problème – le reste consiste à décider comment y réagir. Pour s'assurer un avenir florissant, il faut faire preuve de créativité lorsqu'on réfléchit aux conséquences potentielles de chacune d'entre elles, puis développer toutes sortes de façons possibles d'y réagir.

Faire fonctionner la méthode

Regardons de plus près le cas de Philips, qui se targue d'accorder une grande importance à « l'innovation porteuse de sens » – et cela passe par comprendre les tendances, avoir une connaissance approfondie de ses clients et de ses concurrents, puis voir comment satisfaire les besoins du marché. Compte tenu de la taille de l'entreprise, ce que l'on apprend dans une branche peut servir dans une autre ; par exemple, l'expertise en matière d'acoustique acquise avec les systèmes stéréo s'est révélée utile à la branche aspirateurs (spécifiquement : comment faire en sorte que le bruit soit suffisamment fort pour que les utilisateurs pensent que l'aspirateur est assez puissant, mais pas au point de les rendre fous).

Considérons le produit Airfloss, lancé en 2011. Des foules de gens savent qu'il faut nettoyer régulièrement l'espace entre les dents à l'aide de fil dentaire, mais ils ne le font pas pour autant. Pourquoi ? La recherche montre qu'ils trouvent cela trop difficile. Philips a donc identifié l'opportunité de faciliter ce geste d'hygiène. Comment nettoyer facilement l'intervalle interdentaire ? Pour éviter les biais, cette question clé que se sont posée les dirigeants ne comportait pas les mots « fil dentaire ». Elle ne portait pas non plus sur la rapidité ou l'efficacité, se cantonnant explicitement à la *facilité*.

Ce défi n'est pas arrivé directement au département développement de Philips, qui accompagne les idées nouvelles tout au long des diverses phases de l'innovation, il est passé d'abord par le département recherche innovation, groupe de scientifiques basé à Eindhoven, aux Pays-Bas, qui fut chargé de trouver une technologie susceptible de relever le défi. Après avoir développé et testé toute une série de concepts (au gaz, à la lumière, au laser, à l'eau pressurisée, etc.), ils ont finalement abouti à

AirFloss. L'objet ressemble vaguement à une brosse à dents électrique et utilise effectivement l'expérience de Philips en la matière, mais il est doté d'un petit réservoir que l'on peut remplir d'eau ou de liquide de rinçage, ce fluide étant ensuite projeté entre les dents. Au premier coup d'œil, cela rappelle les « douches buccales » déjà présentes sur le marché, mais la recherche a montré que, pour beaucoup, ces appareils n'étaient pas « d'utilisation facile », l'un des critères les plus importants aux yeux de la direction. Certains consommaient jusqu'à un litre d'eau par utilisation, dont une partie coulait inévitablement. AirFloss, qui en nécessite beaucoup moins, a en outre été jugé beaucoup plus agréable et facile à utiliser dans les panels ; les consommateurs se convertissaient au nettoyage interdentaire à un rythme beaucoup plus rapide qu'avec n'importe quel autre appareil concurrent. En réalité, Philips venait de réinventer le segment « douche buccale », qui allait connaître une croissance de 50 % après son introduction sensationnelle au salon de Cologne. « L'hygiène buccale ne brille pas par l'innovation. Nous avons cassé la baraque ! [10]» témoigne un dirigeant de Philips.

Les premiers pas vers l'Airfryer, autre produit lancé récemment par Philips, ont consisté à observer les habitudes de vie et de consommation. Le taux d'obésité augmentant dans la plupart des pays occidentaux, certains segments de marché étaient clairement attirés par des aliments plus diététiques. Mais les enfants continuaient à aimer les frites. La difficulté consistait donc à leur donner satisfaction tout en leur faisant ingurgiter beaucoup moins de graisse. Non seulement le marché des friteuses ne comportait aucun appareil capable de faire des frites sans huile, mais les ventes de friteuses traditionnelles plafonnaient ou déclinaient dans de nombreux pays. L'Airfryer relève ce défi grâce à une technologie brevetée liée à la circulation rapide d'air chaud, mais pas d'huile (ou très peu, selon les préférences de l'utilisateur).

Après avoir identifié, à partir de la connaissance du client, ce nouveau cadre mental – « diététique *et* délicieux » –, les dirigeants de Philips se sont lancés dans une étude minutieuse de la concurrence. Au cours de ce processus, ils ont été contactés par une petite entreprise qui avait inventé l'architecture technique de l'Airfryer, suffisamment compacte pour tenir dans une machine à poser sur un plan de travail. Philips, ayant déterminé que ce produit pouvait combler la lacune identifiée précédemment dans l'offre existante, acquit cette technologie. L'Airfryer est maintenant vendu dans plus de quatre-vingts pays et a plusieurs années d'avance sur ses objectifs de ventes pourtant ambitieux[11] *. Cette réussite n'a été possible que parce que la firme a commencé par douter, se remettre en cause, puis explorer méthodiquement le monde qu'elle avait devant elle.

Vers la divergence

Votre objectif principal, à l'issue de la deuxième étape, est d'avoir identifié la ou les questions que vous aborderez au cours de la suivante, consacrée à la divergence. Quelle nouvelle destination passionnante espérez-vous atteindre ? Quels nouveaux cadres mentaux vous aideront à y parvenir ? Albert Einstein a dit un jour : « Si l'on me donnait une heure pour sauver la planète, je passerais cinquante-cinq minutes à définir le problème et une minute à le résoudre[12]. » C'est peut-être extrême, mais l'on ne dira jamais trop à quel point il est important de poser la bonne question.

De toute évidence, il n'y a pas une seule « bonne » question, mais une question bien posée doit satisfaire tous les critères suivants :

- elle doit partir de modèles mentaux existants ou de domaines ancrés que vous connaissez déjà... tout en vous poussant à explorer de nouveaux horizons. Autrement dit, il doit y avoir un lien avec vos cadres mentaux actuels ; il ne s'agit pas de se lancer complètement dans le vide – mais il faut que, d'une manière ou d'une autre, la question soit provocante ou surprenante ;

* Le marketing de l'Airfryer est, lui aussi, le produit d'un nouveau cadre mental qui a contribué à la réussite de celui, plus vaste, du « diététique *et* délicieux ». Philips a procédé à toute une série de lancements très spécifiques pour chaque marché cible, la résonance locale étant un thème clé pour séduire les clients. Le produit a également été vendu par des canaux moins traditionnels, comme la vente chez les particuliers et le recours aux médias sociaux. « Le plus grand problème a été de suivre la demande », commente un dirigeant.

- elle doit être vivante/visuelle, donner prise à l'imagination. Autrement dit, au lieu de demander simplement : « Comment faire pour développer notre activité ? » ou « Comment réduire nos coûts de 30 % ? », trouvez quelque chose de plus mémorable et coloré. Il est souvent utile de faire intervenir un personnage. Par exemple, si le but est d'améliorer le marketing d'une banque en s'appuyant sur les tendances liées aux technologies mobiles, le segment ciblé étant les femmes cadres de moins de trente ans, au lieu de demander *cela*, demandez plutôt : « Comment pourrions-nous persuader Linda, comptable de vingt-cinq ans résidant à Los Angeles, d'utiliser notre "app" plus souvent que toutes les autres de son smartphone ? » ;
- elle doit comporter certaines limites ou contraintes, de façon à canaliser la réflexion. Comme vous l'avez certainement compris, nous tenons beaucoup à ce que la question soit spécifique. Pas question de dire « tout est possible » ou « il faut sortir de notre cadre mental habituel ». Au lieu de demander : « Quelle doit être notre stratégie pour pénétrer le marché du crédit immobilier ? », mieux vaut formuler la question de la façon suivante : « Comment pourrions-nous créer une offre de crédit immobilier susceptible de plaire à Linda tout en restant rentable pour nous ? » ;
- elle doit être claire et compréhensible pour tout le monde. Si un outsider se joignait à votre conversation, une question comme « Comment partir de notre proposition de marque existante pour atteindre le nouveau segment ciblé tout en réalisant nos objectifs en termes de rentabilité ? » n'est pas aussi parlante que les exemples précédents.

Les méthodes d'investigation prospectives décrites au cours de ce chapitre permettent de générer une connaissance approfondie du client, de la concurrence et des megatrends – tout cela sera « en vous ». Et cela vous aidera à voir et à comprendre différemment, de façon lumineuse, ce qui est « devant vous ». Comme nous allons le voir de plus près dans les deux chapitres suivants, passer de l'induction à la déduction, puis prendre le temps de réfléchir aux informations que l'on rassemble, permet de générer beaucoup de nouveaux concepts, paradigmes, stratégies et autres cadres mentaux (phase 3) avant de sélectionner l'option la plus prometteuse (phase 4). Le diagramme suivant montre l'interaction entre les quatre étapes de la démarche :

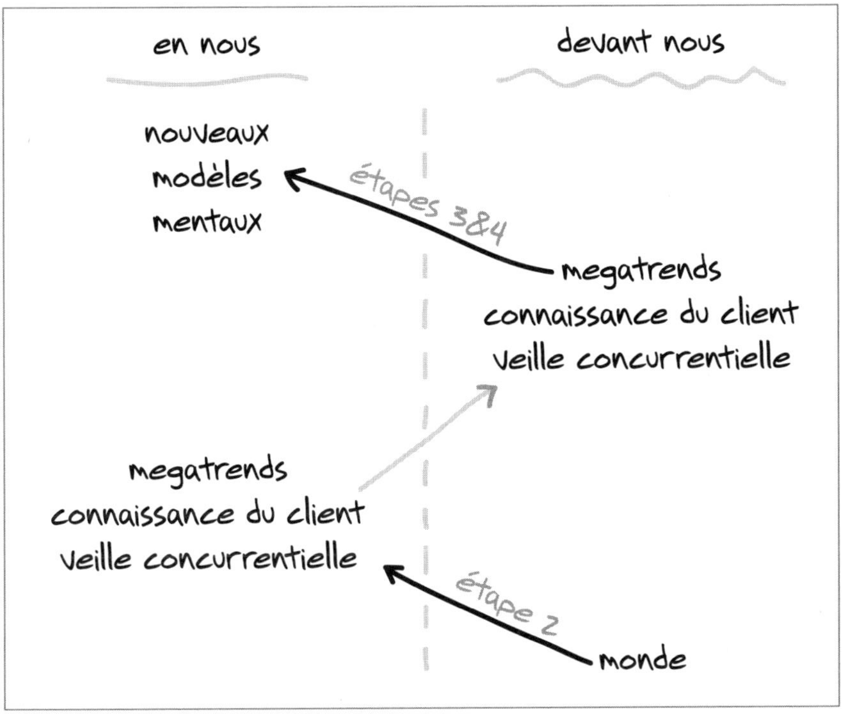

La plupart du temps, nous avons sous les yeux les simplifications des autres

Maintenant que vous avez regardé de plus près le monde que vous avez devant vous – et bien réfléchi à ce que vos observations pourraient signifier pour vous et votre entreprise –, vous pouvez vous permettre d'improviser, de vous amuser un petit peu. Durant la prochaine étape, la phase de *divergence*, vous allez laisser votre cerveau gamberger librement. Il ne tardera pas à vous offrir pléthore de possibilités.

Chapitre 5

Diverger

« Le meilleur moyen d'avoir une bonne idée est d'en avoir beaucoup et d'éliminer les mauvaises. »

Linus Pauling, double lauréat du prix Nobel

En 1992, la NASA a lancé un programme dont l'un des objectifs était « un système d'entrée et d'atterrissage à faible coût[1] ». L'objectif était de permettre à une sonde sans pilote de se poser en douceur sur Mars sans laisser la moindre trace de produits chimiques exogènes qui auraient compliqué l'analyse des roches et du sol. Les responsables envisagèrent donc une méthode innovante : on laisserait le Mars Pathfinder, assisté par un parachute pour ralentir sa descente dans l'atmosphère ténue de la planète, puis de coussins gonflables géants pour amortir son impact avec le sol, rebondir plusieurs fois au lieu de s'acharner à vouloir un « bel » atterrissage, autrement dit se poser du premier coup (comme le font aujourd'hui la plupart des avions et comme le module Apollo 11 s'était posé sur la Lune).

En 1997, le Pathfinder a réussi à se poser sur Mars, grâce à ses airbags, pourtant très controversés[2]. Le premier rebond le propulsa à 15,7 mètres du sol et fut suivi d'au moins quinze autres avant que l'engin ne s'immobilise. Pour en arriver là, les ingénieurs de la NASA avaient abandonné le principe « le vaisseau spatial est fragile » pour adopter une perspective nouvelle : « la planète est fragile », le résultat de ce changement de cadre mental étant un *Eurêka !* d'école.

Mais il devait y avoir de l'ambiance, à cette première réunion à la NASA, au cours de laquelle quelqu'un a lancé l'idée des airbags et proposé de laisser rebondir le vaisseau pour se poser en douceur, au lieu de s'en tenir aux traditionnelles rétrofusées ! Cette suggestion n'a certainement pas été accueillie par un chœur immédiat, unanime et enthousiaste[3].

« Rebondir ? » On imagine les réactions : « Tu rigoles, ou quoi ? »

Les responsables de la NASA ont dû être confrontés à un tir de barrage des tenants de la pensée « convergente », qui avaient du mal à accepter cette idée d'airbags rebondissants. Mais ses défenseurs ont réussi à les convaincre et à créer un nouveau cadre mental excitant.

Apprendre à transcender ce genre de malaise profond – pour être capable de repérer de nouvelles perspectives et de générer une foule d'idées originales, si possible audacieuses –, telle est l'essence de la divergence. Cela suppose « d'y aller », de tolérer toutes sortes de nouveaux concepts et propositions (dont certaines semblent absurdes ou même détestables), jusqu'au moment où il faut s'arrêter sur une idée et décider comment procéder. En phase de divergence, vous vous ouvrirez à toute une série de nouvelles manières de penser aux choses. Vous avancerez de nombreuses hypothèses et créerez une large variété de nouveaux modèles, paradigmes, concepts et stratégies.

À ce stade, vous jouirez d'une liberté totale – il faut en profiter pleinement et faire preuve de l'indéniable courage du créateur. Cette étape exige la production prolifique d'idées nouvelles – ou de regards nouveaux sur des idées anciennes – et, souvent, d'avoir l'intelligence de s'écarter des sentiers battus et même de se rebeller pour suggérer d'audacieux nouveaux cadres mentaux et des changements de perception.

Le travail de pionnier du Finlandais Linus Torvalds et d'autres, au sein du mouvement des logiciels libres (auquel a participé Richard Stallman, légendaire professeur du MIT), offre un exemple de divergence éblouissant. Les développeurs de logiciels ont longtemps adhéré à des normes qui les incitaient à créer des codes sources propriétaires et à s'appuyer sur l'environnement de systèmes d'exploitation entièrement privatisés. Ils devaient généralement acheter des licences (et se plier à des normes et contraintes technologiques rigides) quand ils créaient et utilisaient des logiciels compatibles avec ces systèmes d'exploitation « fermés ». « Seule la source peut écrire du code » – tel était le principe généralement admis.

Mais au début des années 1990, les défenseurs des « logiciels libres et ouverts » (que l'on appela par la suite simplement la « communauté open source ») entrèrent en rébellion, s'adonnant à une pensée totalement divergente. En octobre 1991, Torvalds sortit son système d'exploitation Linux, gratuit pour tout le monde, qui fonctionne sur de nombreuses plateformes (comme les téléphones portables, les tablettes et les PC) et gère aujourd'hui les dix superordinateurs les plus rapides de la planète. La méthode Linux – permettre un accès libre, sans restriction, à un système d'exploitation d'un très haut niveau – créait un cadre mental radicalement nouveau.

Beaucoup d'entreprises établies dans l'édition de logiciels et le matériel informatique ont initialement hésité à soutenir un paradigme du développement de logiciels qui semblait remettre en cause les notions basiques du copyright et les pratiques habituelles dans le métier concernant la cession sous licence d'actifs de propriété intellectuelle. Mais comme d'une part les consommateurs et d'autres utilisateurs finaux voyaient tout l'intérêt de créer des systèmes d'exploitation ouverts, tandis que, d'autre part, les chefs d'entreprise ont fini par modifier leurs perceptions et à y voir plus d'opportunités que de risques, un nombre croissant d'organisations influentes et d'individus commença non seulement à respecter, mais même à soutenir le développement de Linux. IBM, Dell, Hewlett-Packard et Oracle, parmi beaucoup d'autres, s'y impliquèrent tous. La très large utilisation de Linux a entraîné une explosion de nouveaux logiciels et la création d'applications comme le navigateur gratuit Firefox, Pandora, qui permet d'écouter gratuitement de la musique, et OpenOffice.org, suite très utilisée d'application de bureau. Aujourd'hui, le site Web officiel de la Maison Blanche – www.

whitehouse.gov – utilise Drupal, sytème de gestion du contenu en open source qui fonctionne exclusivement sur le système d'exploitation Linux.

Non seulement la divergence permet, mais elle encourage activement l'expression d'idées, de convictions, d'opinions et de visions diverses et parfois diamétralement opposées, impopulaires, peu attrayantes ou extravagantes, même quand elles semblent peu judicieuses, réactionnaires, voire absurdes.

Mais nous n'insisterons jamais trop sur la nécessité de commencer la phase de divergence armés d'une question formulée avec le plus grand soin, le travail consistant ensuite à y répondre. Cette préparation rigoureuse est indispensable au processus de génération d'idées. Il ne s'agit pas de simple brainstorming ou de tenter de « sortir du cadre » pour réfléchir à un problème aussi vague que vaste. Mais de se pencher sur une question soigneusement circonscrite.

C'est l'une des grandes différences entre créer de nouveaux cadres mentaux, permettant de réfléchir sur de nouvelles bases, et « sortir du cadre » : si nous sommes absolument favorables à une divergence robuste et reconnaissons l'importance d'encourager une créativité affranchie de toute contrainte, nous sommes convaincus que cela a peu de chances de conduire à des idées exploitables si l'on n'a pas commencé par délimiter et exprimer soigneusement l'objet de la recherche. D'accord, il faut faire bouger les lignes, faire voler en éclats les postulats et paradigmes existants. Mais si vous voulez vraiment aboutir à des idées géniales et pertinentes, il faut encourager les gens à répondre à des questions formulées après mûre réflexion, à se demander quel serait l'impact potentiel de diverses contraintes et variables réelles et théoriques et à établir au moins certaines limites à la palette des réponses que vous allez générer.

Comment faire en sorte que 60 % des adultes choisissent le site Web de votre entreprise comme page d'accueil ? Voilà une question suffisamment évocatrice et spécifique pour conduire à une session de divergence utile. Nous l'avons posée à un groupe de responsables de

Generali, compagnie d'assurances européenne d'envergure mondiale qui cherchait à développer de nouvelles stratégies Internet. Nous les avons accompagnés dans de nombreuses sessions de divergence et avons utilisé plusieurs exercices de créativité pour stimuler un nombre maximum d'idées. Nous avions commencé par décider, d'un commun accord, que le problème clé consistait à déterminer les approches que choisirait la compagnie pour développer et lancer sa nouvelle présence en ligne, mais nous ne nous sommes pas mis immédiatement en mode génération d'idées nouvelles. Nous avons préféré orienter la réflexion en posant des questions comme : « Comment concevoir et construire le site Web de Generali de telle sorte que tout le monde le choisisse comme page d'accueil ? » et « Comment ma grand-mère pourrait-elle éprouver du plaisir et de la fierté à découvrir Generali en ligne ? » Cette manœuvre peut paraître simple, et même simpliste, mais nous sommes convaincus qu'elle a rendu nos sessions de divergence beaucoup plus fructueuses que si nous nous étions contentés de dire : « Allons-y ! Donnez-nous autant d'idées que vous pouvez pour améliorer votre site Web ! »

La chirurgie cardiaque low cost

Nous avons déjà vu des exemples de différents niveaux de cadres mentaux, des paradigmes les plus amples aux « petites » idées destinées à les remplir, des « objets jetables en matière plastique » aux rasoirs et aux briquets. Comment la divergence peut-elle s'appliquer à un cadre conceptuel aussi vaste que le « low cost » ? Le concept a bel et bien conduit, par le passé, à beaucoup d'idées créatives et novatrices, dans de nombreux domaines. Nous avons vu comment Ryanair et d'autres ont bouleversé le *statu quo* des compagnies aériennes. Y aurait-il d'autres exemples ? Ce concept s'est imposé aussi dans la distribution (pensons à Ikea, Uniqlo et Zara), la téléphonie mobile et nombre d'autres secteurs. Même la banque et l'assurance n'ont pas été épargnées, on y trouve en effet E-Trade et d'autres courtiers en ligne, et même la RHB, banque malaisienne qui compte assurer sa croissance grâce à « Easy

Bank », destinée à une clientèle à faibles revenus et dont les agences ressemblent plus à des fast-foods qu'à des établissements financiers.

Puisque la divergence consiste à imaginer toutes sortes de possibilités, où pourrait-on encore appliquer le concept du low cost ? Pourquoi pas les hôpitaux ? Ou même la chirurgie cardiaque ? Votre première réaction est peut-être de dire : « Si j'avais des problèmes cardiaques, je voudrais bénéficier de la meilleure qualité de soins possible ; pour une question de vie ou de mort, je ne ferais jamais confiance à un hôpital au rabais. » N'insistons pas sur le fait que nous confions bel et bien notre vie à des compagnies aériennes low cost – voyons plutôt comment le docteur Devi Shetty a créé ce type d'hôpital, après avoir dûment traversé des périodes de doute et d'exploration.

Durant son enfance, en Inde, les médecins passaient pour des dieux dans sa famille : son père avait survécu à plusieurs comas diabétiques grâce aux soins rapides qu'on lui avait prodigués. Cette situation avait inspiré sa vocation, c'était devenu un brillant chirurgien – il avait exercé six ans durant dans les plus grands hôpitaux de Londres avant de revenir en Inde, où il fut le cardiologue attitré de Mère Teresa. Elle devint même son modèle – à son contact, il prit en effet conscience que de nombreux patients, qui n'avaient pas les moyens de payer, se détournaient complètement du système de santé.

Ayant vu fonctionner les services de chirurgie cardiaque en Occident et en Inde, le docteur Shetty décida d'y appliquer le concept du low cost. Il ouvrit un nouvel hôpital à Bangalore en 2001 et y expérimenta des méthodes de management frugales en jouant sur les économies d'échelle pour réduire les coûts. Chaque fois que c'était possible, son hôpital choisissait des produits moins chers, sans pour autant compromettre l'efficacité des traitements. Par exemple, il achetait le fil de suture le moins cher du marché, mais s'offrait le meilleur matériel d'imagerie de GE. Dans le même temps, toujours grâce aux économies d'échelle, il augmentait le taux d'utilisation du matériel – réalisant beaucoup plus d'interventions que dans un hôpital américain typique. La structure de Bangalore comporte mille lits, contre 160 en moyenne pour un hôpital de chirurgie cardiaque aux États-Unis ; en outre, grâce au nombre important d'opérations réalisées, ses chirurgiens sont devenus des experts de classe mondiale. Ils touchent un salaire normal pour l'Inde, mais travaillent six jours par semaine, 60 à 70 heures, réalisant deux à trois procédures par jour (alors que leurs homologues américains en réalisent une ou deux et travaillent cinq jours par semaine). En outre, ils n'ont aucune autre responsabilité : ils n'enseignent pas. Au total, le prix moyen d'une chirurgie cardiaque a été ramené à 2 000 dollars environ, contre 20 000 à 100 000 dollars aux États-Unis.

Tout ceci constituerait déjà un nouveau modèle mental, permettant à un beaucoup plus grand nombre de personnes de se faire opérer, surtout dans des zones très peuplées comme Bangalore. Mais 2 000 dollars, c'était encore trop pour beaucoup. Le docteur Shetty alla donc plus loin : il créa un plan d'assurances spécial – pour financer une éventuelle intervention cardiaque, il suffisait de payer 3 dollars par personne et par an. Pour que ce plan soit viable financièrement, l'hôpital ne devait lui facturer que 1 200 dollars par intervention. Pour compenser la différence, on décida de faire payer 2 400 dollars (au lieu de 2 000) aux patients non assurés, et 5 000 dollars à ceux qui souhaitaient un service amélioré et une chambre plus confortable.

Ce nouveau modèle mental de la chirurgie cardiaque low cost est économiquement viable et clairement utile aux plus démunis ; le docteur Shetty étudie d'ailleurs actuellement la création d'un hôpital aux îles Caïmans. Destiné à la clientèle américaine, il pratiquerait des tarifs plus élevés que celui de Bangalore, mais inférieurs de moitié aux tarifs pratiqués aux États-Unis. Un établissement offrant une chirurgie cardiaque de classe mondiale à une heure de vol de Miami tentera certainement de nombreux patients américains.

Une approche similaire existe déjà pour la chirurgie des yeux, en particulier la cataracte, à l'Aravind Eye Care System. Cette intervention est relativement simple et facile d'un point de vue chirurgical, mais dans les pays en développement comme l'Inde, il arrive souvent que les malades ne se fassent pas opérer en raison de problèmes d'infrastructure et, tout simplement, à cause de la pauvreté. En 1976, le docteur Govindappa Venkataswamy fondait ce qui est devenu le centre de chirurgie ophtalmique le plus grand et le plus productif du monde. Entre avril 2009 et mars 2010, plus de 2,5 millions de patients y ont été soignés et plus de 300 000 interventions chirurgicales ont été réalisées. Aujourd'hui, l'Aravind Eye Care System chapeaute cinq hôpitaux, trois cliniques ophtalmiques gérées, un centre de fabrication de produits ophtalmiques, une fondation internationale de recherche et un centre de formation qui révolutionne des centaines de programmes de soins ophtalmiques dans l'ensemble du monde en développement[4].

Commençons le processus de divergence. Nous considérons généralement qu'il comporte trois étapes : 1) favoriser un environnement créatif, en particulier grâce à une période d'« échauffement » ; 2) les exercices de divergence eux-mêmes et 3) la formulation attentive et le « passage à la moulinette » des multiples nouveaux cadres générés.

Favoriser un environnement créatif

On peut s'adonner à la phase de divergence en solo, mais elle donne généralement une palette plus large de résultats, et est donc plus efficace, si elle est conduite à plusieurs. Il y a différentes manières de procéder : en dix minutes avec un ami, au cours de déjeuners impromptus avec des collègues ou dans le cadre plus structuré d'ateliers un peu plus longs. Nous vous conseillons de choisir un lieu physiquement (ou au moins psychologiquement) éloigné de votre environnement de travail quotidien – ceci afin d'éviter d'éventuelles influences ou distractions. Choisissez un endroit où vous vous sentez bien et où, si d'autres personnes se joignent à vous, chacun, du chef de projet au président, se sent libre d'exprimer ses idées.

Au début de la session, quels que soient sa durée et le nombre de participants, il faut avoir un plan clair et savoir ce que vous en attendez. Si d'autres y participent, il faut commencer par leur expliquer comment les choses vont se dérouler, comment les idées générées seront étudiées et à quel moment on passera de la divergence à la convergence. Souvenez-vous (et rappelez-le chaque fois que ce sera nécessaire) que le but de la manœuvre, au cours de cette phase, est de privilégier la quantité et non la qualité – il faut donc générer autant d'idées que possible. Et toutes les personnes présentes doivent participer : il vous appartient d'aider tous les participants à surmonter leurs inhibitions et leur tendance à tout juger et tout analyser afin que la divergence puisse se dérouler librement et sans interruption.

Pour citer Linus Pauling, la meilleure façon d'avoir une bonne idée est d'en avoir beaucoup. Aucune idée ne naît intrinsèquement bonne. Pour développer un nouveau modèle mental fructueux, il faut commencer par rassembler des myriades d'idées et de possibilités – que l'on révisera plus tard.

Pendant la phase de divergence, aucune idée – si idiote ou inappropriée qu'elle puisse paraître – ne doit être rejetée d'emblée. La divergence, c'est le moment propice pour donner naissance à beaucoup de nouvelles boîtes à penser créatives. Si cela se passe en groupe, il est vital que l'animateur – que ce soit vous ou quelqu'un d'autre, désigné pour son charisme et son ouverture d'esprit – se comporte en leader et « coach » neutre et crée d'entrée de jeu un climat de tolérance, sans aucune exclusive, de façon à ce que personne n'hésite à s'exprimer.

L'un des principaux obstacles pour développer de nouvelles idées intéressantes, c'est l'attitude qui consiste à répondre : « Oui, mais... » Suit en général un dialogue de ce genre :

> « Monsieur, j'ai une super idée pour teinter le verre que nous utilisons pour nos fenêtres. On pourrait jouer sur la photosensibilité : le verre foncerait à mesure que le soleil baisserait et deviendrait opaque au crépuscule...
>
> – Oui, on pourrait faire ça, mais... Je ne sais pas si notre budget le permet.
>
> – Je crois que oui. J'ai trouvé dans notre budget prévisionnel une ligne de crédit plus que suffisante pour couvrir les coûts de la recherche préliminaire.
>
> – Oui, mais... la division automobile n'a-t-elle pas déjà essayé quelque chose du même genre l'an dernier ? Je ne crois pas que la hiérarchie nous suivra. »

Il y a un temps et un lieu propices à la réflexion convergente, un moment idéal pour prendre des décisions pratiques et les mettre en œuvre.

Mais si vous voulez donner à la phase de divergence le temps et l'espace indispensables à sa réussite, nous ne saurions trop vous conseiller d'utiliser l'expression « Oui, et... », encourageante et enthousiaste, plutôt que le traditionnel « Oui, mais... », décourageant et souvent toxique.

Voici le même dialogue, réécrit pour intégrer ces « Oui, et... ».

> « Monsieur, j'ai une super idée pour teinter le verre que nous utilisons pour nos fenêtres. On pourrait jouer sur la photosensibilité : le verre foncerait à mesure que le soleil baisserait et deviendrait opaque au crépuscule...
>
> – Oui, et on pourrait peut-être proposer deux options pour certains modèles, les clients pourraient donc choisir la coloration photosensible certains jours et garder leurs vitres transparentes les autres jours.
>
> – Oui, et il pourrait être intéressant d'ajouter des options supplémentaires pour des endroits comme l'Islande, où certains consommateurs pourraient vouloir que leurs carreaux foncent quand il fait encore clair dehors mais qu'il est tard... »

Répondre ainsi par « Oui, et... » aide les participants à rebondir à partir des idées de leurs collègues.

Comprenons-nous bien : il ne s'agit pas d'être gentil ou « politiquement correct » en donnant son aval à toutes les idées que l'on vous lance. Si le « oui, et » est utile en phase de divergence, c'est pour une raison purement logique : cela force à rassembler des tas d'idées et cela facilite l'itération initiale de celles qui seront ensuite développées de façon plus approfondie. Comme l'a dit un jour Pablo Picasso : « Une idée est un point de départ, rien de plus. Dès qu'on l'élabore, elle est transformée par la pensée. » Parfois, ce qui semblait une « bonne » idée se révèle impraticable, il faut poursuivre l'itération et travailler à son développement pour qu'elle devienne utile et rentable. Les bonnes idées émergent quand on a commencé par en avoir eu beaucoup de moins bonnes (que l'on a écartées).

Il y a plusieurs années, nous avons travaillé avec une grande entreprise de télécom – ce sera « Allegro Tel » dans ces pages – qui souhaitait générer de la publicité positive en offrant un cadeau sympa et intéressant à son cent millième abonné. Au cours d'une session de divergence très animée, les dirigeants d'Allegro exprimèrent toutes sortes d'idées : un voyage sous les tropiques, un appareil électroménager, une voiture... Mais voici l'idée qu'ils ont préférée : l'heureux gagnant recevrait la visite, à son domicile ou sur son lieu de travail, de sa vedette de cinéma ou de sa célébrité préférée. Tout le monde, initialement, semblait enthousiasmé. Mais il n'a pas fallu longtemps pour se rendre compte que la mise en œuvre de cette « bonne » idée serait coûteuse et difficile. Comment Allegro pouvait-il convaincre Julia Roberts ou la reine Elizabeth d'aller rendre visite au gagnant ?

Après plusieurs rounds de divergence et de convergence, le groupe a révisé l'idée initiale : au lieu que la star ou la célébrité se déplace en personne, on pourrait faire appel à des sosies. Et cette idée se révéla encore meilleure car elle comportait un aspect humoristique, ne coûtait pas grand-chose, était facile à réaliser et ouvrait la voie à une opération photos fantastique, qui permit elle-même une campagne de PR étonnamment efficace. Imaginez l'excitation locale que vous créeriez si le monsieur de droite (Ilham Anas) sonnait à votre porte et s'invitait à prendre le café chez vous.

Source : Reuters per http://www.guardian.co.uk/theguardian/2010/dec/05/barack-obama-doppelganger-ilham-anas

Sinon, imaginez la publicité que se ferait Allegro s'il s'arrangeait pour que la « Barbra Streisand » de la photo ci-dessous vienne chanter quelques-uns de ses tubes chez son cent millième abonné.

Source : http://www.lookalike.com/lookalikes/barbra-streisand.htm

Cette campagne n'aurait jamais été réalisée si l'idée de départ – faire appel aux célébrités elles-mêmes – avait été rejetée trop vite.

La phase de divergence, c'est le moment de transcender le passé, de s'affranchir des normes et habitudes rigides que l'on a toujours connues, permettant ainsi à des idées nouvelles d'affluer sans rencontrer d'obstacles et sans susciter de critiques ou de remarques. Ne l'oubliez pas : c'est le nombre d'idées qui compte le plus. Vous aurez tout le temps de les analyser plus tard !

L'échauffement

Une fois que les règles du jeu sont claires, c'est-à-dire que tout le monde a bien compris l'importance de partager un nombre maximal d'idées et de laisser tout le monde participer sans se faire immédiatement juger ou retoquer, il faut s'échauffer, comme le ferait un sportif, afin que l'imagination se dérouille. Il y a de nombreuses manières de le faire, tout dépend des circonstances et des participants – qui se connaissent plus ou moins bien, voire pas du tout –, de leur sens de l'humour, des aspects culturels et d'autres facteurs similaires. Vous gérerez tout ceci en fonction de votre propre personnalité, en vous fiant à votre intuition pour savoir ce qui a des chances de bien fonctionner avec votre équipe. Nous commençons souvent par demander à tous les participants de se présenter d'une façon créative, originale et inhabituelle, par exemple en dévoilant quelque chose que personne ne sait encore, que cela les concerne personnellement ou que cela concerne l'entreprise. Ce genre d'exercice crée immédiatement l'occasion de donner de l'épaisseur à la présence de chacun et contribue à faire émerger du contenu intéressant. Par exemple, si quelqu'un disait : « Ce que j'aime dans notre entreprise, c'est que l'on s'occupe vraiment bien de nous », cela vous donnerait l'occasion de demander : « De quelle manière s'est-on récemment occupé de vous ? » ou : « À votre avis, quelles valeurs fondamentales de l'entreprise sous-tendent votre réaction positive ? »

Il est bon d'introduire un élément aléatoire dans ces présentations. Par exemple, vous pouvez demander aux participants d'intervenir par ordre alphabétique de leur prénom, de la ville où était située leur école primaire, par ordre chronologique de leur mois de naissance... Vous pourriez aussi demander à chacun de présenter un de ses collègues ou de choisir la prochaine personne à prendre la parole. Cette dernière cessera alors d'écouter pour répéter mentalement sa propre présentation.

L'un des principaux objectifs de cet échauffement initial est de contribuer à sensibiliser tout le monde, une fois encore, aux diverses manières dont leurs modèles mentaux existants, en particulier les biais et « règles » inconscients, ont tendance à orienter, parfois aussi à déformer ou à brider, leur réflexion.

Les quiz marchent souvent bien avec les groupes. Ils peuvent correspondre subtilement à certaines megatrends ou grands thèmes retenus en phase 2, sans pour autant coller de trop près au problème que vous abordez. Par exemple, nous avons récemment rencontré la direction d'une grosse entreprise américaine de produits de grande consommation qui avait identifié, en phase 2, une tendance de fond : la richesse croissante des consommateurs des pays en croissance rapide comme le Brésil, l'Inde et la Chine. Pour préparer ce groupe à la session de divergence consacrée aux diverses possibilités en vue d'accroître leur part de marché dans ces pays, nous leur avons proposé des QCM. Les questions étaient relativement précises : quel produit fournit à l'Inde son premier poste d'exportations ? Quel est le revenu moyen au Brésil ? À quel rythme la Chine construit-elle son réseau TGV ? Il s'agissait de stimuler les curiosités et d'encourager tous les participants à s'ouvrir à de nouvelles perspectives. Ce type de questions sur des éléments factuels (et donc purement déductifs) constitue une petite piqûre de rappel, invitant les participants à se souvenir qu'il est impératif de douter que leur vision actuelle soit nécessairement « la bonne » ou « la seule » manière de voir les choses ; en outre, ces questions permettent d'impliquer les nouveaux venus ou ceux que la divergence laisse sceptiques.

Voici l'un de nos exercices préférés, pour l'échauffement (une seule réponse possible) :

> Imaginons que vous ayez rangé sur une étagère une encyclopédie en vingt volumes, dont chacun a une épaisseur de 5 centimètres, les couvertures, de chaque côté, ayant elles-mêmes une épaisseur de 0,5 centimètre, et qu'un ver ait creusé une galerie de la première page du volume 1 à la dernière page du volume 20. Quelle est la longueur de cette galerie ?

99 centimètres ? c'est-à-dire 20 × 5 cm – 2 × 0,5 cm ? Non ! La galerie mesure 91 centimètres, puisque la page 1 du premier volume est à droite de ce volume et que la dernière page du volume 20 à gauche de ce volume.

Un autre exercice d'échauffement consiste à explorer des questions ouvertes, inductives, comme : « Et si l'on trouvait la vie sur Mars, bien que cette planète soit inhabitable par les humains ? » Certaines de ces questions porteraient sur votre secteur d'activité, ou sur votre entreprise (par exemple : « Citez trois territoires où vos produits n'ont jamais été vendus, mais où vous pourriez commencer à les introduire »). Les réponses pourraient partir explicitement des tendances identifiées et de la recherche faite auparavant.

Un troisième type d'échauffement consiste à donner autant de courtes réponses créatives que possible à une question ouverte intéressante. Par exemple, imaginez que vous disposiez d'un stock illimité de briques, puis réfléchissez à de nombreuses manières de consommer ce stock grâce à plusieurs utilisations créatives des briques. Nous encourageons toujours les participants à aller au-delà des postulats selon lesquels : 1) les briques sont utilisées pour construire des maisons ou autres bâtiments et 2) les briques sont obligatoirement rectangulaires et plates. Nos divers participants ont suggéré de créer des œuvres d'art contemporain en briques, de les chauffer dans un four avant de s'en servir pour cuire des aliments, ou encore de les vendre pour toutes sortes d'usages : faire de la musculation, coincer les portes, piler de la glace, maintenir les livres sur un rayon et même comme armes ou comme projectiles[5].

Voici maintenant un exercice plus visuel : demandez aux participants de donner autant d'explications que possible à la figure suivante :

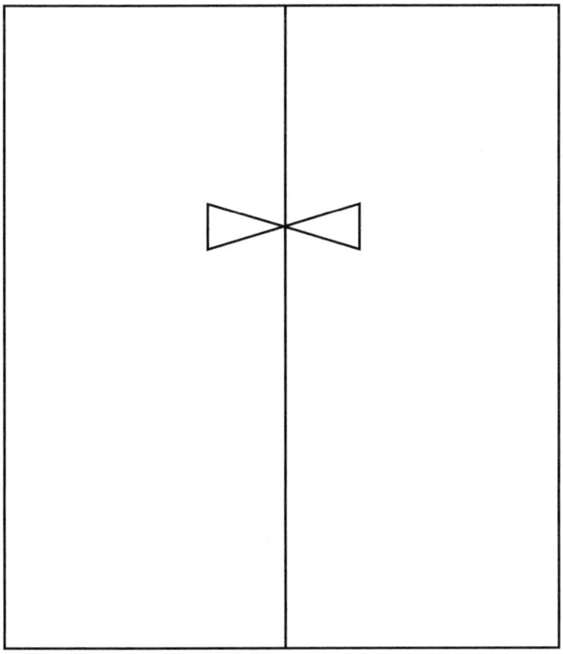

Certains y ont vu un homme portant un nœud papillon coincé dans un ascenseur, d'autres une corne de brume (vue de côté) et même le bec d'un pingouin albinos se regardant dans un miroir[6].

Ces exercices d'échauffement obligent toutes les personnes concernées (ou vous seul, si vous êtes tout seul) à faire appel aussi bien au raisonnement par déduction qu'au raisonnement par induction, à dépasser les raisonnements simplistes ou rabattus, et permettent de se libérer l'esprit, ce dernier pouvant alors concevoir et développer une multitude de nouveaux modèles mentaux. L'objectif, c'est de rassembler une myriade d'idées et de possibilités diverses et de commencer à découvrir des liens entre votre brainstorming et les megatrends et autres thèmes forts identifiés en phase 2. Vous êtes désormais en mode de génération d'idées, où l'on est libre, où l'on se refuse à porter des jugements, ce travail créatif étant cependant informé par la préparation antérieure. Vous allez bientôt pouvoir penser dans de nouveaux cadres mentaux.

À la fin de cette période d'échauffement, il faut commencer à se concentrer sur les problèmes centraux que l'on cherche à résoudre. Sans se contenter de les énumérer, mais en les explorant de façon à stimuler l'ouverture d'esprit de tous les participants et l'imagination avec laquelle ils réagiront. Il s'agit en fait de reformuler et de recadrer les questions de façon à ce qu'elles aiguisent la créativité.

Par exemple, au lieu de dire, d'une façon assez vague : « Aujourd'hui, nous allons discuter de la façon de vendre nos services à des administrations », ayez une approche beaucoup plus spécifique, de façon à ce que tous les participants se sentent directement mis au défi de trouver une solution. Ainsi, vous pourriez demander : « Que diriez-vous au directeur de tel ou tel service du ministère si vous aviez l'occasion de passer trente secondes seul avec lui dans un ascenseur ? »

Et, au lieu de demander « Comment pouvons-nous accroître la notoriété de notre marque de biscuits salés ? », reformulez de la manière suivante : « Que pourrions-nous faire pour que tous les directeurs de supermarchés aient envie de mettre nos biscuits en vedette, en tête de gondole ? » ou : « Comment faire pour qu'une famille provinciale de quatre personnes discute passionnément de nos crackers en dînant autour de la même table? »

Votre objectif est de trouver une manière de voir les choses sous un angle totalement nouveau. Voici quelques conseils de reformulation :

1. Présentez la question de façon à ce que vos interlocuteurs puissent la visualiser – ils vous apporteront davantage de réponses, ces dernières seront plus intéressantes. Il est souvent utile de commencer la nouvelle question par : « Comment pourrions-nous... » ou : « Que faudrait-il faire pour que... »
2. Posez le problème à votre entreprise et à son personnel de façon aussi concrète et spécifique que possible – il est important de respecter ses valeurs et les contraintes auxquelles elle est encore soumise et, dans ce contexte, cela contribue à favoriser la créativité.
3. Peaufinez la question jusqu'à ce qu'elle soit parfaitement claire pour tout le monde, même ceux qui n'en ont jamais entendu parler ; veillez à ce que tous comprennent l'impact qu'ils auraient s'ils trouvaient la bonne solution.
4. Centrez votre communication sur un élément spécifique et même unique à votre entreprise (au lieu de présenter vos idées comme pouvant s'appliquer à un autre acteur du même secteur d'activité).

Des dirigeants de Staples, chaîne américaine spécialisée dans les articles de bureau, participant à un brainstorming au cours duquel on leur demanderait « Comment pourrions-nous vendre davantage de nos produits ? » parviendraient certainement à des résultats beaucoup plus intéressants s'ils commençaient par se demander : « Qu'est-ce, au juste, que Staples ? » et partaient des réponses obtenues pour engager la réflexion. L'objectif est de poser la bonne question. Shawn Coyne*, un de nos collègues, a dit un jour au cours d'une interview : « Si vous voulez vraiment réussir, ne vous contentez pas de chiper son idée à

* Shawn Coyne, coauteur d'un ouvrage intitulé *Brainsteering*, est aussi un ancien de chez McKinsey, il peut donc être considéré comme notre concurrent à deux égards au moins. Nous ne sommes pas insensibles à l'ironie de lui emprunter une citation sur l'art et la manière d'emprunter les bonnes idées.

votre concurrent. Chipez-lui la bonne question, celle qui l'a conduit à avoir cette idée[7]. »

Les exercices de divergence

Les exercices présentés ci-dessous sont parmi nos préférés. Ils visent à vous aider à voir votre organisation et ses activités sous un angle radicalement différent. Ils visent à vous provoquer, à vous forcer à prendre en considération le contraire de ce que vous avez toujours tenu pour parole d'Évangile, à vous aider à établir des associations nouvelles entre des sujets, des contextes et des univers généralement considérés comme totalement distincts les uns des autres.

Certains d'entre eux tendent à susciter des idées assez vastes, de « grands concepts », ce qui est utile quand vous essayez de créer un nouveau cadre mental de grande envergure (par exemple, une nouvelle vision). D'autres vous seront précieux si vous avez déjà un modèle mental en place, que vous essayez de « remplir » d'un certain nombre de cases plus petites (à l'instar de BIC s'efforçant de remplir son nouveau cadre « objets de plastique pas chers et jetables »). Vous pouvez aussi, évidemment, utiliser beaucoup de ces exercices pour essayer de voir plus clairement, ou sous un nouveau jour, vos cadres mentaux actuels pour les réexaminer et, le cas échéant, les renforcer grâce à la création de futurs scénarios.

Voici quelques exercices de divergence que vous pourrez expérimenter.

Décrire votre entreprise sans jamais utiliser les cinq mots qui lui correspondent le mieux

Imaginez que le PDG d'une grande banque fasse une présentation à son conseil d'administration et qu'il décrive son établissement sans prononcer les mots « argent », « banque », « chèques », « épargne » ou « financier ». Il dirait peut-être : « Nous aidons nos clients à organiser leurs biens les plus importants et à les mettre à l'abri », ou...

Cet exercice est particulièrement utile pour développer un cadre mental de grande envergure – par exemple une nouvelle vision stratégique – car il vous oblige à abandonner vos principales perceptions existantes concernant votre organisation. Comme il vous entraîne aussi à envisager de nouvelles façons d'en voir certains aspects, vous pouvez donc également l'utiliser pour « remplir » un cadre, ou plusieurs, de nouvelles idées et concepts.

Lors d'une session de divergence avec les dirigeants de la société Champagne de Castellane, nous leur avons demandé de décrire leur entreprise en s'interdisant les mots « alcool », « boisson », « champagne » « bouteille » et « spiritueux ». Après un déferlement de mots intéressants et inattendus, ils ont réalisé que le rôle de leur maison n'était pas simplement de fournir une boisson alcoolisée, mais aussi de contribuer au succès des fêtes et célébrations de toutes sortes. Cette révélation simple, mais vitale, a provoqué la naissance d'un nouveau modèle mental au sein duquel les dirigeants pouvaient désormais penser différemment à leur affaire et à son avenir. C'est ainsi qu'ont germé, à leur tour, toute une série d'idées novatrices concernant les produits et le marketing, dont un certain nombre ont été rapidement adoptées, entraînant une augmentation du chiffre d'affaires. Par exemple le champagne n'est souvent pas assez frais, surtout si on l'achète pour l'apporter à des amis ; la société se mit donc à offrir un sac en plastique suffisamment solide pour transporter une bouteille de champagne entourée d'une quantité suffisante de glaçons. Et comme de nombreuses fêtes sont l'occasion de discours, on fit rédiger un petit livret de conseils en la matière, que les clients trouvaient accroché aux bouteilles. En outre, pour faciliter l'animation des fêtes, on décida de modifier les caisses afin qu'elles puissent servir de boîtes de jeux avec par exemple un échiquier dessiné sur le couvercle. Fait remarquable : environ 80 % de l'énergie des dirigeants avait été consacrée à l'identification du nouveau modèle mental. Cela fait, les idées destinées à le remplir vinrent relativement facilement.

Pendant cet exercice de divergence, vous pourriez aussi réfléchir à certaines tendances de fond ou aux grands thèmes et questions soulevés au cours des phases précédentes puis tenter de décrire votre organisation sans utiliser ces cinq mots clés. Quelles megatrends affectent votre organisation, quels sont à votre avis les cinq mots clés qui les décriraient le mieux ? En y réfléchissant, vous pourriez aussi tenter de deviner quels mots clés utiliserait un passant, choisi au hasard dans la rue, pour décrire votre entreprise. Essayez, par exemple, de décrire Google sans utiliser les mots Internet, Web, recherche, données ou information. Pourriez-vous dire que c'est le « le plus grand point de rencontre du monde » ? « Big Brother » ? Si l'une des megatrends auxquelles vous avez réfléchi est « méthodes de travail compatibles avec la protection de l'environnement », vous décrirez peut-être Google comme « la plus grande bibliothèque verte du monde ».

Briser les contraintes

Quelles contraintes avez-vous identifiées au cours des étapes précédentes ? Le présent exercice consiste à faire voler en éclats, méthodiquement et délibérément, certaines d'entre elles, puis de voir quelles possibilités nouvelles cela fait émerger. Si vous avez le sentiment que les différentes divisions de votre entreprise sont trop cloisonnées et que cela les empêche de coopérer, pourquoi ne pas créer un poste de directeur de la coopération ?

Prenons l'univers de l'énergie solaire. Il s'en déverse suffisamment en une heure sur la terre pour nous fournir l'énergie que nous consommons en un an. Mais nous ne savons pas encore bien la maîtriser et l'utiliser. Les premiers à l'adopter, qu'il s'agisse d'entreprises ou de particuliers, devaient investir de 25 000 à 50 000 dollars en panneaux et en frais d'installation et prendre en compte la date où ils rentreraient dans leurs frais, les tracasseries administratives, les subventions qu'ils pouvaient obtenir et les économies espérées, de 80 % environ de leur facture électrique mensuelle. Qu'est-ce qui a empêché le foyer moyen de le faire ? La lourdeur de l'investissement initial et le fait que les gens ne savaient pas en combien de temps ils rentreraient dans leurs fonds. C'est la raison pour laquelle, après avoir exploré toute une série d'autres possibilités, une entreprise a fini par créer un nouveau cadre mental qui faisait totalement exploser cette contrainte : les particuliers n'auraient plus à acheter les panneaux solaires, on les leur proposerait en leasing. La compagnie prend désormais à sa charge l'installation et l'entretien des panneaux dont elle est propriétaire ; cela diminue de 15 à 20 % vos factures d'électricité, dès le premier jour. Comme le dit Lyndon Rive, patron de SolarCity, l'un des acteurs de cette industrie : « Les gens n'achètent pas les stations-service, ils n'achètent pas les centrales électriques ou les tuyaux dans lesquels transite l'eau potable qu'ils consomment, pourquoi voulez-vous leur faire acheter l'équipement nécessaire à la production d'énergie solaire[8] ? »

Imaginez que votre entreprise ait disparu

Imaginez que nous soyons, disons, en 2025 et que votre entreprise… n'existe plus ! Maintenant, demandez-vous pourquoi et comment elle a ainsi sombré. La plupart des gens se représentent généralement l'avenir en extrapolant à partir du présent ; cet exercice oblige à faire preuve de plus de créativité. Imaginez les réponses passionnantes que vous obtiendriez si vous demandiez à deux cents cadres dirigeants de Microsoft de passer quatre-vingt-dix minutes à tenter d'expliquer les raisons pour lesquelles leur entreprise pourrait ne plus exister en 2025 !

Comment votre entreprise pourrait-elle se volatiliser tout à coup ? Certaines des megatrends que vous avez étudiées ont peut-être joué un rôle, à moins que votre structure marketing n'ait perdu toute pertinence, pour une raison ou pour une autre. Ou encore que vos produits ou services aient été balayés par une nouvelle technologie ou un changement radical des préférences des consommateurs.

Nous utilisons cet exercice pour aider nos interlocuteurs à repousser les frontières de ce qui semble possible et, ce faisant, apprendre à jeter un regard différent sur leur entreprise. Cela peut contribuer à la création d'un vaste nouveau cadre mental ou à l'élaboration de divers scénarios d'avenir afin de sonder la solidité de vos stratégies et autres approches et, espérons-le, les renforcer.

Scindez votre entreprise en deux entités

Motorola a décidé d'éclater en deux divisions – Motorola Mobility et Motorola Solutions – en janvier 2011. En octobre 2012, Kraft s'est également scindé en deux entreprises distinctes, l'une pour l'Amérique du Nord et l'autre, baptisée Mondelez, pour la distribution mondiale de ses snacks.

Cet exercice consiste à examiner attentivement une entreprise, puis, hypothétiquement, à la couper en deux parties totalement distinctes. Comment feriez-vous s'il s'agissait de la vôtre ?

Vous pouvez imaginer de séparer le sommet de la base, l'ancien du récent, le visible de l'invisible, les opérations quotidiennes de tout ce qui touche à l'innovation, le rouge du noir – les possibilités sont infinies. Par exemple, lorsque nous étions en phase de divergence avec La Poste, nos interlocuteurs avaient imaginé que leur établissement pouvait être divisé entre le Nord et le Sud, le masculin et le féminin, le fixe et le mobile, l'univers du jaune et ce qui n'en relève pas (le jaune étant la couleur omniprésente de La Poste, celle de ses boîtes à lettres, de ses véhicules, etc.). Une fois que vous avez arrêté vos deux catégories – et nous vous incitons à un choix aussi surprenant que possible –, vous pouvez vous amuser à décider quels groupes ou individus correspondent à l'une ou l'autre de ces catégories respectives et, ainsi, commencer à modifier le regard que vous portez sur les choses.

Vous pouvez aussi combiner les critères. Par exemple, si vous demandez à une école de plongée sur une île touristique de diviser ses effectifs en se fondant sur le critère « visible/invisible » et sur le critère « à la surface/sous l'eau », on pourrait vous présenter le tableau ci-dessous. Vous remarqueriez alors sans doute la case vide, en bas à droite, et vous demanderiez aux participants d'essayer d'imaginer des catégories de salariés que leur travail placerait dans cet espace. Qui pourrait travailler sous l'eau, être invisible, et avoir un impact positif sur l'organisation et sur sa rentabilité ? Voici une réponse possible : des photographes, qui prendraient des photos des plongeurs en action et les leur vendraient après la plongée. Vous avez d'autres idées ?

	À la surface	Sous l'eau
Visible	Commerciaux, chauffeurs, pilotes bateaux, moniteurs en piscine, personnel billetterie, publicité et marketing	Moniteurs accompagnant les clients en plongée, stagiaires travaillant à leurs côtés
Invisible	Comptables travaillant à domicile	

Cette démarche, comme celle qui consiste à imaginer que votre entreprise disparaît tout à coup, stimule la réflexion prospective. Les idées qu'elle suscite servent souvent de point de départ au développement d'un nouveau cadre mental. Et quand d'autres idées se mettent à remplir l'espace blanc et vide (comme dans le tableau ci-dessus), vous commencez vraiment à remplir ce cadre avec de plus petits cadres qui lui sont liés.

Imaginez que vous êtes obligé de faire une joint venture avec une autre entreprise

Pour commencer, dressez une liste d'acteurs de premier plan relevant de métiers sans aucun rapport naturel avec le vôtre. Puis, choisissez-les au hasard et affectez-les à une personne choisie également au hasard au sein de votre groupe, chacun décrivant ensuite une joint venture ou une opportunité potentielle avec votre entreprise.

Quelles filiales communes votre société pourrait-elle créer avec Facebook, Jetblue Airways, McDonald's, le fisc, une chaîne de télévision, un grand magasin ou Starbucks ? Et avec la Croix-Rouge ou Emmaüs ?

Réfléchissons aux nouveaux produits ou services qu'un spécialiste fictif des jeux électroniques, Ultragames, pourrait développer grâce à des joint-ventures avec ces diverses entités. Imaginez qu'il travaille en partenariat avec le fisc pour mettre au point un jeu vidéo permettant de remplir les déclarations de revenus... Ou avec la Croix-Rouge pour développer des jeux visant à améliorer les compétences des chômeurs, les aidant ainsi à retrouver du travail... Voire avec la Légion en vue de proposer des « parcours du combattant » quotidiens à des utilisateurs désireux de garder la forme... Imaginez un partenariat avec la NASA : les jeux, destinés aux enfants d'âge scolaire, leur apprendraient à concentrer leur attention sur les données, traiter l'information, la mémoriser et la récupérer afin de l'utiliser ensuite pour résoudre toutes sortes de problèmes ou de partir en mission. Ultragames pourrait envisager de « sponsoriser » des jeux pour aider les clients à prendre patience en attendant d'être servis au Bistro Romain ou dans d'autres restaurants. Mais aussi développer des jeux en tandem avec des chaînes de télévision, permettant ainsi aux téléspectateurs de participer interactivement aux derniers jeux télévisés, voire à des émissions de téléréalité.

Cet exercice, qui repose sur l'analogie et la combinaison, peut inspirer toutes sortes de possibilités en termes de nouveaux business models, produits, services ou approches.

Changez de perspective

En quoi votre vie serait-elle changée si vous vous réveilliez un beau matin pour découvrir que vous êtes désormais la Première dame des États-Unis d'Amérique ?

Avec cet exercice, nous vous demandons de vous immerger dans un point de vue distinct, d'adopter une perspective entièrement différente.

Par exemple, quand nous organisons des ateliers de divergence, nous demandons souvent aux cadres dirigeants qui y participent de décrire en une seule phrase l'avenir de leur entreprise ou un autre aspect de sa gestion et de ses opérations en se plaçant sous un angle très précis (par exemple, en se glissant dans la peau d'un musicien indépendant, d'une veuve à la retraite, du PDG de Red Bull ou d'un ophtalmo en vacances).

Il s'agit de voir les choses sous un angle radicalement différent. Cet exercice peut stimuler de nouvelles idées intéressantes concernant la vision d'ensemble de votre entreprise. Vous pouvez envisager des directives comme : « Vous êtes détective à Kuala Lumpur : décrivez notre entreprise » ou : « Vous êtes propriétaire d'un vignoble en Toscane : dites-nous ce que vous préférerez dans nos produits. »

Vous pouvez aussi poser des questions conçues pour conduire à des idées plus spécifiques. Par exemple, si vous étiez à la tête d'une fabrique de meubles et aviez imaginé un nouveau cadre mental autour du concept « délices et enchantement », vous pourriez vous demander quels produits enchanteraient une mère célibataire ayant trois enfants et deux emplois.

Cet exercice peut également constituer un excellent point de départ pour développer des hypothèses d'avenir qui pourraient à leur tour vous aider à élaborer de nouveaux scénarios. « Quels changements technologiques et sociétaux un jeune Coréen surdoué en mathématiques désignerait-il comme devant menacer notre entreprise d'ici cinq à dix ans ? » ou « Que nous dirait de faire différemment, dans les prochaines années, un orphelin de guerre africain de dix-neuf ans ? » sont de bonnes questions, dans la perspective de cet exercice.

Essayez de décrire votre entreprise, en une seule phrase, en vous glissant dans la peau d'un enfant de sept ans enthousiaste et débordant d'énergie. Répétez l'exercice en vous mettant à la place d'un physicien de quatre-vingt-quinze ans. Ou de personnes exerçant diverses professions – un comptable, un journaliste d'investigation, un graphiste... Enfin, restez vous-même, mais imaginez que vous ou votre entreprise soyez dans une situation ou un contexte complètement différents (fête de rue, match de foot entre lycées, club de jazz...).

Nous demandons parfois à nos interlocuteurs d'adopter la perspective de leurs clients ou d'autres groupes bien précis pour aborder telle question ou tel problème. Nous avons récemment conduit une session de divergence avec une grande banque basée en Europe qui souhaitait avoir des idées nouvelles sur la façon dont elle pouvait utiliser les technologies liées au téléphone mobile et à d'autres moyens de communication pour améliorer son offre de produits et services. Un expert ès megatrends est venu présenter une série de tendances pertinentes pour le secteur bancaire, nous avons fait les exercices d'échauffement préalables à la divergence, puis nous avons demandé à un participant de se glisser dans la peau de l'aïeule, dans un système matriarcal, d'une famille de dix personnes de quatre générations différentes vivant sous le même toit. Un autre participant devait, lui, s'imaginer en mère de famille aux Pays-Bas, son foyer se classant dans les 2 % des plus gros utilisateurs de bande passante. Et nous leur avons posé la question suivante : « Comment devons-nous faire pour qu'en 2030 les personnages que vous incarnez entrent en interaction avec notre banque dix fois par jour ? »

Rédigez des titres de journal

Certains exercices de divergence vous demandent de repenser non pas votre entreprise, mais le monde : si un événement inattendu se produisait, quelles idées nouvelles deviendraient soudain pertinentes et utiles ? Que feriez-vous, par exemple, si vous étiez à la tête d'une grande entreprise ou d'un gouvernement et que dix ans de réchauffement climatique ininterrompu ait fini par rendre absolument inhabitable la totalité de l'hémisphère Sud ?

Nous demandons souvent à nos interlocuteurs de choisir un certain nombre de publications visant des lecteurs différents, qui pourraient être *Le Monde, Le Figaro, L'Express, L'Équipe* ou *Le Canard enchaîné,* puis de rédiger quelques gros titres concernant leur entreprise et le monde au sens large à un moment donné de l'avenir (2020, par exemple). Ils sont en général censés nous présenter au moins un scénario « de rêve » et un scénario « catastrophe ».

Ces titres, parfois prophétiques, fournissent souvent des pistes qui méritent d'être explorées. Par exemple, avec La Poste, un participant avait imaginé un gros titre annonçant que les facteurs, qui passaient déjà dans tous les domiciles pour apporter le courrier, profitaient de leur tournée pour vendre des services bancaires. Nous avons cherché ce qu'ils pourraient faire d'autre en même temps, comme aider les personnes âgées confinées chez elles, relever les compteurs, etc. Entre-temps, La Poste a effectivement commencé à prendre des initiatives en ce sens et à offrir une large gamme de services financiers.

Il est parfois intéressant de réfléchir à des titres destinés à des publications très éloignées de votre cœur de métier. Par exemple, si vous gérez une chaîne d'agences immobilières, vous pourriez demander à vos collaborateurs d'imaginer des titres vous concernant dans un numéro de *L'Équipe* sorti en 2025. Ou, si vous êtes spécialisé dans les technologies LED, demandez à vos collègues quels titres relatifs à votre entreprise pourraient paraître dans les pages de *La Revue française d'œnologie* ou du magazine *Psychologies.*

Quels titres pourraient paraître en 2025 concernant votre entreprise dans *Vogue*, la *Pravda* ou *Fortune* ? Ne l'oubliez pas : nous attendons quelques titres de rêve, mais aussi quelques scénarios catastrophe.

Quand nous posons ce genre de questions en phase de divergence, les participants ont tendance à préférer réfléchir en termes de thèmes, tendances et visions de grande ampleur. Mais nous avons parfois recours au même exercice pour faire naître des idées plus spécifiques. Par exemple, au lieu de demander aux dirigeants de Google d'imaginer des titres sur Google en général, nous leur demandons de rédiger des titres sur l'état du service de courrier électronique, Gmail, en 2040. Voici un titre de rêve que l'on pourrait imaginer dans le numéro de mars 2040 du magazine *Wired* : « Les comptes Gmail dans les marchés africains surpassent le total de tous les concurrents. »

Jouez sur les oxymores et autre formes de jeux de mots

Vous connaissez des améliorations inutiles ? de vieilles nouveautés ? une forme stricte de flexibilité ?

Dans cet exercice, nous vous invitons à utiliser un oxymore (autrement dit la cohabitation de deux mots logiquement incompatibles, comme « réalité virtuelle ») pour rompre franchement avec votre façon de penser habituelle.

> Nous avons utilisé cette approche avec une grande compagnie de cosmétiques qui souhaitait développer des produits susceptibles d'entrer dans sa catégorie « usage fréquent ». Nous avons commencé par demander à ses dirigeants de se poser la question suivante : « Comment faire en sorte que les consommateurs utilisent nos produits aussi souvent qu'ils se lavent les dents ? » Nous avions obtenu des propositions intéressantes – produits favorisant l'hygiène et la bonne santé,

comme les brosses à dents, se consommant sous forme de doses quotidiennes, etc. Pour aller plus loin, nous leur avons demandé d'associer « routine » et un mot contradictoire. Ils ont proposé : « routine imprévisible », « routine unique », « routine sporadique »... Ensuite, nous avons regardé comment ces oxymores pouvaient, en fait, conduire à des idées de produits nouveaux. Et, chose remarquable, l'idée d'une « routine imprévisible » a conduit l'entreprise à développer une ligne de produits cosmétiques qui variaient en fonction de l'humeur des clientes et de ce qu'elles voulaient faire ce jour-là.

Microcosmes/analogies

Cet exercice consiste à explorer un microcosme. Parmi les exemples que nous utilisons fréquemment, il y a la mode, la danse, les oiseaux, les mathématiques, l'imprimerie, le cinéma, le Vatican, les jeux Olympiques, l'espionnage, la décoration et la marine. Après en avoir choisi un, on cherche les relations, les activités que l'on pourrait organiser entre ce microcosme et votre entreprise, puis on connecte ces idées aux problèmes que vous tentez de résoudre. Supposons que votre entreprise ait choisi de résoudre le problème suivant : comment créer les nouveaux produits et services dont auront envie les citadins des villes tout en gratte-ciel de 2025 ?

Imaginons maintenant que l'on vous ait demandé de concentrer vos efforts sur le microcosme du... sport professionnel. Qu'est-ce que cet univers peut apporter au vôtre ? Quelles sont ses caractéristiques, comment pourraient-elles s'appliquer à votre entreprise ? Vous pouvez explorer en quoi cela changerait ce que vous faites et la façon dont vous le faites, ainsi que les nouveaux défis auxquels vous seriez confronté. Vous pouvez revoir la façon de vous préparer aux megatrends déjà identifiées et analysées et les opportunités associées. À quoi ressemblera le sport professionnel en 2025, dans ce genre d'environnement urbain ? Quels nouveaux produits et services faudrait-il absolument créer ?

Quand nous avons utilisé cet exercice avec La Poste, les participants ont imaginé le service postal français impliqué dans des microcosmes comme le Festival de Cannes, une exposition à New York d'objets d'art prêtés par le musée du Louvre, et la cellule antidrogues d'Interpol. Ces conversations ont fait naître toutes sortes d'idées novatrices – du développement de systèmes de vérification des paiements pour les sites Internet à l'organisation, dans les locaux de La Poste, d'expositions de collections de timbres, de l'offre d'une certification de la qualité de produits, de services et d'entreprises à la création d'un site communautaire de shopping et d'échanges.

Nous modifions parfois l'exercice en offrant un ensemble détaillé de personnages et de situations analogues, puis en demandant aux participants d'en interpréter la signification pour leur entreprise ou leur situation respective. Imaginez, par exemple, un champ dans lequel il y aurait un berger, un chien, un troupeau de moutons et un loup. Qui ces personnages représentent-ils dans le monde de l'éducation supérieure ? de l'industrie automobile ? dans votre propre secteur d'activité ? Vous pouvez décider qui sont les diverses entreprises, les différents concurrents, clients et autres parties prenantes. Vous pouvez discuter de savoir qui protège qui, qui est bien nourri, en sécurité, et qui devrait se demander s'il sera encore vivant le lendemain !

Peaufiner la formulation de vos idées, puis les passer à la moulinette

Quand, grâce à ces exercices de divergence (ou à d'autres), vous serez à la tête d'une série d'idées nouvelles, nous vous conseillons de les « passer à la moulinette ».

Moment tout indiqué, une fois de plus, pour s'adonner aux conversations de type « Oui, et... ». Par exemple, si, durant la phase de divergence organisée par un grand producteur de glaces, un participant disait : « Nous devrions essayer des parfums adaptés aux fêtes de fin d'année, style "glace au foie gras", par exemple », un collègue devrait ajouter :

« Oui, et on pourrait insister sur la confiture de figues qui accompagne souvent le foie gras pour le côté sucré » et non pas : « D'accord, mais de la glace au foie gras, personne n'en voudra ! » L'objectif, à ce stade, n'est pas d'éliminer les « mauvaises » idées, mais de les reformuler un peu avant de les « passer à la moulinette ».

Il s'agit, en fait, de dresser la liste des idées générées, puis, en les prenant successivement, de les transformer de façon intéressante et parfois surprenante. À chaque tour de moulinette, on peut proposer une nouvelle modification.

1. L'agrandir	24. Le transformer en objet de collection	47. Le rendre portable
2. Le rétrécir	25. Le mécaniser	48. Le rendre pliable
3. Lui donner une forme ronde	26. L'électrifier	49. Le résumer
4. Lui donner une forme carrée	27. L'inverser	50. En faire une version hiver
5. Le faire étinceler	28. Lui donner plus de texture	51. Le personnaliser
6. L'alourdir	29. Le rendre romantique	52. En faire un produit de substitution
7. L'alléger	30. Lui donner un charme nostalgique	53. L'isoler
8. Le rendre impalpable	31. Lui donner l'air ancien	54. Le rendre plus rapide
9. L'enfermer	32. Lui donner l'air neuf	55. Le rendre plus lent
10. Le mettre la tête en bas	33. En faire une partie d'un tout différent	56. Le faire s'envoler
11. Le poser sur le côté	34. Le renforcer	57. Le pulvériser
12. L'étirer	35. Le fragiliser	58. L'aiguiser
13. Le changer de couleur	36. Lui conférer un aspect irréaliste	59. En changer le contour
14. Le rendre visuel	37. Le refroidir	60. Le concentrer
15. Le mettre en paroles	38. Le réchauffer	61. L'étaler
16. Le mettre en musique	39. En changer l'odeur	62. Le ramollir

17. Éliminer les paroles	40. Changer un ingrédient	63. Le durcir
18. Éliminer les images	41. Ajouter de nouveaux ingrédients	64. Le rendre satirique
19. Lui donner du glamour	42. Le tordre	65. Le purifier
20. Le mettre en 2D	43. Le rendre transparent	66. Le contaminer
21. Le changer de forme	44. L'opacifier	67. Le rendre confortable
22. En modifier une partie	45. Utiliser une autre matière	68. Le rendre inconfortable
23. Le proposer sous forme de kit	46. Changer l'emballage	69. En modifier la texture

Le passage à la moulinette : liste des actions envisageables pour modifier le concept proposé

Passer ainsi vos idées « à la moulinette » est une façon remarquable de les développer, de leur ajouter de nouvelles caractéristiques et de suggérer diverses manières de les élargir, de les consolider, de les raffiner ou de les intensifier.

Prenez le temps de réfléchir au produit, service ou autre élément de votre offre qui vous inquiète le plus. Que se passerait-il si vous le pulvérisiez ? Si vous l'inversiez, en accentuiez le côté satirique ?

De la même manière, pensez à votre carrière. Que faudrait-il faire pour l'électrifier ? Lui donner du poids, la faire s'envoler ?

Pensez aux personnes que vous aimez le plus sur cette terre. Comment « passer à la moulinette » les relations que vous entretenez avec elles pour les magnifier encore ? Que faudrait-il faire pour qu'elles étincellent ? Quels nouveaux ingrédients pourriez-vous y ajouter ? Comment pourriez-vous les renforcer ?

Au terme de la phase de divergence, vous devez avoir établi une liste précise de vos idées nouvelles, exprimées clairement et dûment « passées à la moulinette ». Ce moment essentiel du processus créatif s'accompagne souvent d'émotions très fortes. Vous pouvez fort bien avoir accouché d'une longue liste d'idées prometteuses pour réaliser tout à coup que, si intéressantes qu'elles paraissent, rares sont celles que vous pourrez réellement mettre en pratique. Celle qui vous tient le plus à cœur sera peut-être éliminée par vos collègues en phase de convergence. À l'inverse, plusieurs d'entre vous, peut-être même tous, auront sans doute le sentiment d'avoir découvert un trésor de possibilités créatives nouvelles. Vous avez peut-être déjà commencé à promouvoir ensemble une idée aussi novatrice qu'originale, une variation géniale d'une idée existante... vous sentez que l'*Eurêka !* est imminent.

Il est essentiel de ne pas s'arrêter là

Pour maintenir cette source d'énergie créatrice et d'opportunités – et pour maximiser la valeur et la portée des nombreuses idées germées en phase de divergence –, il faut s'atteler promptement et méticuleusement aux étapes suivantes, éviter à tout prix qu'elles ne passent à la trappe. Cela suppose, entre autres, de faire la liste des idées générées, de les communiquer, de rester en contact avec tous ceux qui ont participé à la phase de divergence et de passer à la convergence dès que possible.

Nous avons vu des équipes brillantes, créatives et extrêmement motivées développer une foule d'idées en phase de divergence, pour les négliger ensuite. Un suivi rigoureux permet au moins à toutes les personnes ayant participé à la divergence de prendre conscience que leurs efforts étaient importants et utiles ; elles participeront alors plus volontiers aux phases suivantes du processus créatif. Avant même que la phase de divergence ne soit achevée, il faut leur expliquer comment se dérouleront les étapes suivantes du processus. Il faut ensuite s'assurer que ce calendrier est respecté. Il est également vital de montrer à chacun à quel point vous avez apprécié sa participation. En particulier, si la convergence suit immédiatement la divergence et que certaines idées semblent devoir être mises en pratique, il faut nommer et remercier les individus qui les ont suggérées et l'ensemble du groupe qui y a réfléchi.

Enfin et surtout, il faut maintenir le contact avec toutes les personnes qui se sont impliquées, ainsi qu'avec les collaborateurs importants de votre organisation qui ne participaient pas au processus ; partager les idées qu'il a générées ; expliquer la suite du processus et passer à l'étape suivante aussi vite que possible. Ainsi, vous ne tarderez pas à sélectionner les idées les plus prometteuses, faire voter tout le monde et, si l'accord se fait, passer à leur mise en œuvre.

Éviter les « tue-l'idée »

Pour que la divergence soit fructueuse, il est vital de maintenir un environnement positif et inspirant – les phrases en « Oui, mais... » ne sont qu'un exemple parmi tant d'autres d'expressions et d'attitudes qui stoppent net la réflexion imaginative et ouverte.

Si vous ne voulez pas anéantir à l'avance le potentiel de vos sessions de divergence, jetez un coup d'œil sur la liste suivante – les phrases de ce genre sont à éviter à tout prix :

Le sabotage verbal : différentes manières de tuer une idée nouvelle

Ça ne marchera pas	On peut toujours rêver...	Gardons les pieds sur terre
Nous n'avons pas le budget	Ça prendrait un temps fou	Ça fait vingt ans que ça marche
Ce n'est pas sérieux	On n'est pas en Chine, ici !	L'ordinateur n'est pas assez puissant
Arrêtez de dire n'importe quoi	Il faut être réaliste	C'est bien en théorie, mais en pratique...
C'est contraire à la réglementation	Oui, évidemment...	Il n'y a pas tant de solutions que ça...
C'est trop cher	Ce n'est pas nous qui allons changer le monde	Notre concurrent ne le fait pas non plus
On a déjà essayé ça	Tenons-nous-en à l'ordre du jour	Autant dire qu'on ferme boutique
Ça s'est déjà fait	Les gens ne comprendront pas	Il ne faut pas avoir les yeux plus grands que le ventre
Qu'est-ce que nos clients vont penser ?	Les gens comme nous estiment que...	Pourquoi voulez-vous changer à tout prix ?

On en reparlera un autre jour	Nous ne sommes pas un laboratoire de recherche	Avez-vous mesuré les risques et les conséquences ?
On va commencer par faire une étude de marché	Nous nous égarons	Je vois où vous voulez en venir
On a toujours fait comme ça	Il n'en sortira rien	J'ai déjà entendu cette idée quelque part
Revenons à l'essentiel	Un peu de bon sens, s'il vous plaît !	Nous n'avons pas le personnel/le matériel nécessaire
Politiquement, c'est inacceptable	Pendant qu'on y est, pourquoi ne pas...	Ça va choquer
Tu n'es pas sérieux, j'espère !	Nommons une commission	Pas bête, d'accord, mais...
J'ai une meilleure idée	Ce n'est pas nos oignons	Je ne suis pas spécialiste, mais...
Ce n'est pas aussi simple que vous croyez	On va nous prendre pour des imbéciles	Trop scolaire
Cela ne résout qu'une partie du problème	Attendons, on verra bien	Le seul problème, c'est que...
Même si on voulait le faire...	Faisons un rapport écrit	Il n'y a que 24 heures dans une journée
C'est techniquement impossible	Les gens ne veulent pas changer	Ce n'est pas une priorité
C'est infaisable	Calmez-vous !	Ce n'est pas assez concret
Ce n'est pas légal	Je ne vois pas le rapport	Vous ne comprenez pas notre problème
La hiérarchie n'acceptera jamais	Ça ne correspond pas à notre stratégie	Il ne faut pas exagérer
Super, cette idée, mais pas pour nous	Ce n'est pas notre métier	Vous me faites rire !
Revenons à nos moutons	Ça va nous donner plus de travail	Demandons l'avis d'un expert
Je vous avais prévenu	Il est trop tôt	Cela ne correspond pas à notre culture d'entreprise
Y a-t-il des précédents ?	Il est trop tard	Passons à l'ordre du jour
Tu ne changeras jamais...		

Il ne s'agit évidemment pas de dire qu'il ne faut jamais prononcer une seule de ces phrases. Mais en phase de divergence, il faut faire l'impossible pour rester en mode « Oui, et... » et tenter d'éviter ce genre de déclaration « tue-l'idée » (ou toute attitude exprimant le même scepticisme).

Réfléchissez aux nombreuses manières dont vous, ou des personnes que vous connaissez, avez tendance à écraser les idées nouvelles. Vous pourriez en dresser la liste, afin d'en prendre mieux conscience et de pouvoir y réagir le cas échéant. Nous en avons observé certaines :

- l'excès de modestie : « Je n'ai aucune idée nouvelle à ce sujet... », « Je ne suis pas vraiment créatif, moi », « Nous sommes trop petits pour nous lancer là-dedans »...
- la critique systématique : « Tu rêves », « Tu es ridicule », « Il faut être réaliste », « Tu ne comprends pas le problème », « Tu n'as pas mesuré les risques »...
- le qu'en-dira-t-on : « La direction ne sera jamais d'accord ! », « Qu'est-ce que vont penser les clients ? », « Les gens n'aiment pas changer leurs habitudes », « Ce n'est pas ce que font les concurrents ! »...
- s'abriter derrière le manque de ressources : « Ça va être très long », « Nous n'avons pas le matériel/les données nécessaires », « C'est trop cher »...
- attitude globalement négative : « Ce n'est pas pratique », « Ce n'est pas la question », « C'est parfait en théorie, mais dans la pratique »...
- phrases apparemment neutres camouflant une attitude négative : « Faites un mémo et envoyez-le-moi », « On va faire une nouvelle réunion pour en parler », « J'ai une autre idée », « Tenez-moi au courant », « Voyons ce qu'en pensent les juristes »...

L'antidote à tout ce sabotage verbal et le pessimisme qu'il représente, c'est le « oui, et... » révélateur d'une attitude beaucoup plus constructive. Vous aurez tout le loisir, en phase de convergence, de décider si telle ou telle idée mérite que l'on s'y attelle ou qu'on en

fasse des confettis. Pendant toute la durée de la divergence, il faut s'efforcer d'employer un langage rassurant et gratifiant, comme :
« Pourquoi pas ? En fait, on pourrait aussi... »
« C'est un peu comme... »
« On pourrait le faire de diverses manières, oui, et/ou... »
« On peut tester cette idée, et ensuite... »
« Très intéressant ! Il faut creuser ça.... »

Les assurances Generali : la divergence en action

Vous avez une idée de ce qu'étaient les assurances dans les premières décennies du XIXe siècle ? Une grande partie du monde occidental avait déjà dépassé la simplicité des « sociétés d'aide mutuelle », entraide entre voisins, pour passer à un modèle centré sur les bateaux. Armateurs, marchands et capitaines de navires se rencontraient dans les cités maritimes où ils retrouvaient des personnes qui acceptaient de couvrir le risque du voyage et du transport maritime. C'est dans ce contexte qu'ont été fondées les Generali en 1831 à Trieste, port maritime florissant à l'époque.

Deux siècles plus tard, le siège est encore à Trieste, mais c'est à peu près la seule chose qui n'ait pas changé. Le monde alentour s'est transformé de toutes les manières possibles et imaginables et il en va de même des types d'accidents et de désastres dont les gens souhaitent se prémunir en s'assurant. Si un Triestin de 1831 reconnaîtrait sans doute une police d'assurance incendie ou maritime, les détails juridiques, les modèles actuariels utilisés pour calculer les primes, les arcanes du déductible et du « co-pay », ainsi que les concepts de l'assurance automobile, de la « réassurance » et les liens avec les fonds de pension et d'autres modèles complexes de gestion d'actifs lui passeraient totalement au-dessus de la tête. Sans parler d'Internet et des ordinateurs sur lesquels toutes les polices s'achètent et se vendent : c'est dans ce monde en ligne que Generali travaille aujourd'hui. Ce géant de l'assurance, présent dans plus de soixante pays, comptait en 2010 85 000 salariés et 70 millions d'assurés, la branche française, qui en compte 5,5 millions, encaissant à elle seule près de 15 milliards d'euros de primes. En 2007, après un excellent exercice, elle décida de mettre à plat l'ensemble de sa stratégie dans l'espoir d'avoir des idées novatrices prometteuses. L'un de ses principaux projets, sur lequel nous avons travaillé ensemble, consistait à repenser sa stratégie Internet.

Lors de nos premières rencontres, les dirigeants de Generali France avaient des objectifs relativement classiques. Ils voulaient savoir quels produits et services en ligne étaient les plus prometteurs, se faire une idée de leurs coûts de production et des encaissements de primes potentiels et voir en quoi cette analyse informerait la stratégie et le business model de la compagnie. Ils souhaitaient également évaluer la faisabilité et l'attrait de plusieurs initiatives existantes et lancer celles qui découleraient peut-être du travail que nous entreprenions ensemble.

À l'époque, Generali vendait en ligne des produits d'assurance-vie en partenariat avec des banques. Mais, d'une manière générale, ses offres étaient en retard par rapport à celles de la concurrence et la marque Generali n'occupait pas, dans l'espace numérique, la place qui aurait dû être la sienne.

Une grande partie de notre rôle initial fut donc d'introduire la dose de doute indispensable à la première étape de notre processus. Nous avons travaillé avec les dirigeants de Generali pour comprendre non seulement ce qui fonctionnait (ou non) dans leur stratégie Internet, mais aussi pour évaluer le potentiel réel des opportunités de l'assurance en ligne. Avant même d'organiser les sessions de divergence, nous avions pris conscience, avec nos clients, qu'ils pouvaient faire nettement mieux que se contenter d'un nouvel agencement de leur site présenté comme une nouvelle « stratégie » Internet. Nous les avons aidés à modifier leurs perceptions, à passer de : « Nous sommes une compagnie d'assurances bien établie », leur ancien modèle mental, à : « Nous sommes une brillante nouvelle e-compagnie active dans le monde de l'assurance. » Plus spécifiquement, nous avons tous fini par reconnaître qu'au lieu de mettre en place un portail standard reflétant ce que la compagnie faisait déjà, il fallait la réinventer complètement, créer une start-up réactive, s'adaptant rapidement, qui ne tarderait pas à tenir sa propre place dans le secteur de l'assurance en ligne et à en devenir le leader, au lieu de copier servilement la concurrence.

Nous avons mesuré l'ampleur du changement qu'ils pouvaient accomplir – ils voulaient en effet inventer toutes sortes de nouveaux savoir-faire, caractéristiques et méthodes de travail en ligne. Cela reviendrait à créer un paradigme radicalement nouveau et attractif, qui générerait du « buzz » et permettrait à la compagnie d'accroître sa part de marché. Autrement dit, réinventer plusieurs aspects fondamentaux de la compagnie sur la base d'un business model solide qui permettrait en outre à Generali de se différencier de la concurrence. Mais comment se transformer en leader de l'assurance en ligne en intégrant tous les aspects du marketing et de la commercialisation ?

En phase 2, nous avons aidé Generali à conduire une recherche intense concernant ses clients et la concurrence ainsi que les meilleures pratiques de divers métiers dans l'espace Internet. Nous avons également étudié les approches les plus novatrices en termes de personnalisation de l'expérience de l'utilisateur final sur Internet et d'autres tendances fortes, comme le Web 2.0.

Sur une période de plusieurs semaines, nous avons aussi exploré la façon dont diverses équipes de Generali approchaient alors Internet. Nous avons évalué leur attitude générale, la foi qu'elles avaient en la valeur de ce nouveau circuit et passé en revue plus de trente projets existants. L'un d'entre eux visait par exemple à développer un extranet personnalisé pour les grands clients institutionnels. Dans chaque cas, nous notions la nature du projet, les services concernés, la méthode envisagée et la date de lancement prévue. La direction tenait à les soutenir tous tout en incitant tout le monde à adopter une vision et une stratégie communes.

Nous avons ensuite organisé une série de sessions de divergence, dont plusieurs se sont déroulées dans un superbe château. Les dirigeants pouvaient ainsi, au grand air, loin de leur lieu de travail habituel, se libérer l'esprit afin de s'ouvrir à de nouvelles perspectives. La première rencontre réunit une quarantaine de participants en session plénière. La plupart faisaient partie de la direction, beaucoup de la direction générale. Tous semblaient ravis d'être là : non seulement ce projet d'avenir les passionnait, mais la présence de la direction générale ajoutait un intérêt supplémentaire à l'inauguration du processus créatif. Cette première session a donné le ton : positif, optimiste et enthousiaste.

Après avoir présenté tous les participants, nous avons posé le décor en proposant quelques illusions d'optique, casse-tête et autres exercices d'échauffement pour installer le concept du doute et rappeler à tout le monde à quel point il est important d'identifier les cadres mentaux en place si l'on veut les remettre en question. Nous avons demandé au groupe d'essayer de décrire les activités de la compagnie en s'abstenant d'utiliser un certain nombre de mots clés. Nous avons demandé aux participants de s'imaginer dans un cadre très concret, facile à visualiser, par exemple en train de faire un discours au cours duquel ils expliquaient les activités de Generali *sans utiliser les mots « incertitude » et « assurance »*. Nous avons entendu des phrases intéressantes, comme « Nous contribuons au confort de nos clients tout au long de leur vie » ; « Nous offrons à chacun la meilleure protection possible » ; « Nous permettons à nos clients d'affronter sereinement l'avenir » ; ou encore « Nous protégeons le monde et ses possessions des dangers qui se profilent à l'avenir ».

Ces phrases peuvent sembler un peu banales, mais nous n'en étions qu'à l'échauffement et cela permettait de comprendre comment nos dirigeants voyaient leur compagnie et ses clients actuels. Après de nouvelles discussions, nous les avons aidés à concentrer leur réflexion sur six thèmes récurrents : la protection, la vie quotidienne, la sérénité, les dangers, les solutions et l'avenir. Sans créer de contrainte durant la divergence qui allait suivre, ces thèmes ont joué un rôle utile pour stimuler la créativité et convaincre les participants qu'ils pourraient non seulement générer toute une série d'idées sur n'importe quel sujet, mais aussi s'accorder sur ceux qui semblaient les plus fructueux, utiles et urgents.

Nous sommes ensuite passés à l'exercice principal en les divisant en quatre groupes d'une dizaine de personnes, chacun devant proposer autant d'idées que possible. Nous les avons installés dans des pièces séparées où, pour lancer la réflexion, ils devaient rédiger les gros titres imaginaires de diverses publications (d'*Astrology Magazine* à des revues plus techniques comme *Wired* et *PC Expert*, en passant par le magazine *Elle*). Chaque groupe devait se concentrer sur un sujet clé choisi entre quatre possibilités : comment la compagnie pouvait-elle utiliser Internet pour : 1) améliorer les produits et services que l'on pouvait vendre en ligne ; 2) attirer ses clients vers ces offres en ligne ; 3) renforcer et améliorer ses rapports avec les agents et les courtiers et 4) améliorer la qualité de la communication interne et la gestion des ressources humaines.

En réfléchissant à ces questions pour rédiger leurs titres, ils ont commencé à avoir des idées amusantes. Par exemple, le groupe qui planchait sur les produits que l'on pouvait vendre en ligne a imaginé une histoire pour le magazine *Yachting*. Cela parlait d'une assurance « *pay as you sail* » : la prime serait calculée en temps réel, en fonction des risques météo et de la distance parcourue par le bateau, grâce à une application fonctionnant sur smartphone et au GPS. Pour un magazine spécialisé sur la technologie Internet, d'autres avaient imaginé une histoire où les Generali assuraient des avatars dans la réalité virtuelle et une autre où des polices d'assurance protégeaient la propriété intellectuelle des personnes et des institutions, qui pouvaient également s'assurer contre la diffamation en ligne. Pour attirer les clients vers ces nouvelles offres, le groupe qui planchait sur cet aspect des choses proposait de faire paraître dans *AutoMoto* un article annonçant des polices auxquelles l'on pouvait souscrire en achetant sa voiture, le coût de la prime étant inclus dans le prix du véhicule. Un membre de ce groupe imagina, lui, un article dans *Elle* annonçant que Generali assurerait ses clientes du risque de ne pas être tout à fait assez *tendance*. Elles pourraient télécharger leurs photos sur le site de Generali, recevraient ensuite les conseils d'une coach et, en cas d'erreur vestimentaire, elles pourraient déclarer un sinistre et être indemnisées*.

Tandis que nos quatre groupes se penchaient sur diverses possibilités nouvelles, nous avons travaillé inlassablement avec eux à « reformuler » la question centrale avec le plus grand soin. De proche en proche, nous sommes ainsi passés de « Quel business model devons-nous adopter pour nos activités Internet ? » et « Comment pouvons-nous devenir leader de l'assurance en ligne ? » à des questions beaucoup plus évocatrices, invitant à une pensée plus inductive et à la réflexion prospective. Par exemple :

- Comment faire pour que tous les PC d'Europe aient Generali dans leurs favoris ?
- Comment proposer à des jeunes, à l'aube de leur vie professionnelle, une façon de s'assurer totalement novatrice par rapport aux habitudes de leurs parents ?
- Comment utiliser Internet pour que les assurés fassent eux-mêmes le travail que nous avons toujours fait pour eux ?

Le soir, nous avons fait venir un magicien, façon inhabituelle et distrayante d'encourager le doute. À la fin de son spectacle, il a répété le même tour plusieurs fois de suite pour montrer exactement comment il s'y prenait – en fait, un ample geste de la main droite détournait de sa main gauche l'attention des spectateurs. Ce génial tour de passe-passe rappelait de façon poignante et persuasive la manière dont nos yeux – et notre cerveau – ne cessent de nous tromper et de fausser la réalité. Cela ne pouvait que renforcer notre message : il faut apprendre à se débarrasser de nos vieux modèles mentaux, car c'est le seul moyen de porter un regard nouveau sur la réalité.

Quelques jours plus tard, nous nous retrouvions pour commencer à imaginer le nouveau site d'assurances en ligne et ses caractéristiques à partir des fruits de la première session. Les participants ont

* Si ce genre de suggestion vous fait bondir, mettez votre jugement en sourdine. Répétons-le, l'objectif, en phase de divergence, est de rassembler autant d'idées que possible et aucune n'est « bonne » à l'instant où elle jaillit. Comme le dit une citation souvent attribuée à Albert Einstein : « Si l'idée n'est pas *a priori* absurde, elle est sans espoir ! » Cette phrase fournit une matière première qui sera ensuite passée au crible, avant de faire l'objet de diverses itérations.

commencé à répondre à certaines des questions reformulées ci-dessus et, en prenant comme point de départ leurs titres de journaux, à dialoguer sous forme de « Oui, et... » pour tenter de parvenir à des possibilités nouvelles très spécifiques. Au final, nous étions à la tête de plus de 140 idées distinctes : les quatre murs étaient littéralement couverts de grandes feuilles arrachées au *paperboard*. Nous avons ensuite regroupé ces idées en quinze thèmes, entre autres :

- créer une communauté parmi nos clients ;
- exploiter les données communiquées par les clients pour leur proposer des prix plus attractifs (par exemple, donnez-nous des informations sur vos habitudes au volant et, si nous constatons que vous êtes bon conducteur, nous vous accorderons un rabais) ;
- aller au-devant des désirs de nos clients (par exemple, nombre de seniors s'intéressent à l'art, qu'ils pratiquent même souvent – nous pourrions sponsoriser des cours de dessin ou de peinture, voire des expositions) ;
- créer des extensions de produits et des services en ligne à partir de nos produits existants ;
- offrir des mini-produits en nouant des partenariats (par exemple, des places de cinéma gratuites pour les chômeurs) ;
- héberger une bibliothèque en ligne (par exemple, un Google interne).

Les participants ont ensuite comparé ces quinze thèmes à la trentaine de projets Internet existants. Certains se chevauchaient, toute une série d'idées nouvelles étaient fort éloignées des trente projets initiaux, mais il y avait aussi des éléments à y ajouter, en particulier le développement de circuits *Business to Customer* en ligne, la mise en place de sites spécifiques pour les grands comptes, une offre de virtualisation, et la remise à plat des processus internes (par exemple, l'intranet).

Au total, nous avions désormais vingt et un thèmes, dont chacun pouvait s'enrichir d'idées nouvelles semi-développées (de une à dix-neuf, selon les cas). Les participants ont ensuite regroupé ces vingt et un thèmes en quatre grandes catégories :

1. le rôle du client ou de l'utilisateur final dans la chaîne de valeur ;
2. le rôle du courtier dans la chaîne de valeur ;
3. les nouveaux concepts de produits ;
4. l'optimisation de la chaîne de valeur interne pour le personnel de Generali.

Peu après ces ateliers, Generali entrait en phase de convergence. Pour commencer, quatre « e-teams » furent constituées afin de conduire une recherche approfondie dans chacune de ces quatre catégories. Elles étaient mandatées pour étudier les meilleures pratiques (dans le monde de l'assurance ou d'autres secteurs), préciser les coûts et recettes potentiels et évaluer le potentiel attractif de chaque projet en fonction d'un certain nombre de critères et d'indicateurs qualitatifs et quantitatifs comme la faisabilité, le coût et l'impact potentiel. Chacune de ces équipes devait préparer une présentation au comité exécutif huit semaines plus tard, à la manière d'entrepreneurs faisant leur pitch devant des capital-risqueurs. Ces argumentaires furent ensuite résumés et soumis à un « conseil » spécial qui les classa par ordre de priorité. On leur donnait ensuite un mois pour développer un business plan global en vue de l'implémentation. Cette partie du processus ainsi que les investigations conduites en phase de divergence ont joué un rôle crucial. Un certain nombre de dirigeants, assez sceptiques durant les moments de divergence, ont énormément apprécié l'équilibre qui a fini par s'établir entre l'induction et la déduction, l'audace de l'expérimentation, ainsi que la rigueur de l'analyse.

Quand l'équipe Generali tout entière a trouvé un consensus, la compagnie a investi des ressources considérables dans la mise en œuvre de sa nouvelle stratégie Internet – il s'agissait, en gros, de créer de toutes pièces, en partant de zéro, une nouvelle entité de soixante personnes. Et comme une bonne partie des membres de l'équipe de direction avaient participé ensemble à notre processus en cinq étapes, ils ont eu le sentiment, comme ils nous l'ont dit ensuite, de parler le même langage. « Ce processus a modifié notre ADN – nous sommes sur la même longueur d'onde, alors beaucoup de choses arrivent en même temps », explique un membre de la DG. « Nous avons appris à nous réinventer, à penser à tout ce que nous faisons sous un jour nouveau et commun. » Un vent d'enthousiasme ayant soufflé sur l'ensemble de la compagnie, tout le monde voulait sa place dans la nouvelle division numérique : plus de cent candidatures internes ont afflué dès l'annonce de sa création. Generali a décidé aussi de soutenir ces efforts en investissant plus de 50 millions d'euros en améliorations de back-office et en mises à jour de son site. Ces dépenses représentaient au moins 20 % du budget informatique annuel.

Generali a aussi « rempli » sa nouvelle boîte à penser de toutes sortes de caractéristiques et offres nouvelles. Le nouveau site Web fut lancé après quelques mois de préparation seulement. Il offrait toute une gamme de nouveaux produits et services, présentés sur des écrans conviviaux, avec une possibilité d'optimisation et de recherche en temps réel. Grâce aux idées nouvelles générées durant la phase de divergence, la nouvelle stratégie comportait de nombreuses « premières historiques pour Generali » : une plateforme permettant aux petits et moyens courtiers d'accéder aux nouveaux services (par exemple une page d'assistance indiquant les meilleures pratiques, une autre donnant des modèles de contrats), une place de marché pour le courtage virtuel en gros (qui permettait des extensions de la ligne de produits) ; une plateforme destinée aux groupes et permettant de mettre à jour leurs propres profils risques (par exemple, un employeur qui assurait sur la vie cinq cents salariés) ; et une plateforme destinée à consolider la couverture d'individus ou de groupes (par exemple, les personnes qui s'assurent chez Generali pour de multiples risques). Certaines de ces approches ont été considérées dans le métier comme modifiant les règles du jeu. En outre, les agents de la compagnie ont apprécié que, si beaucoup de ces nouvelles caractéristiques aidaient les clients à interagir directement avec la compagnie, elles ne les privaient pas de l'aspect le plus important de leur rôle, l'aspect humain. Le nouveau site de Generali a été récompensé par des prix. L'activité de l'assurance transitant par les agents et les souscriptions en direct se sont toutes deux développées. Et la compagnie, longtemps à la traîne dans le domaine du numérique, en est devenue le leader indéniable.

Chapitre 6

Converger

Choisir le bon cadre mental permet de préciser et clarifier la vision

« Quand vous voyez une entreprise florissante, vous pouvez être certain que quelqu'un, un jour, a pris une décision courageuse[1]. »

Peter Drucker

Essayez l'exercice suivant : décrivez, du pied droit, des cercles dans le sens contraire des aiguilles d'une montre, puis, sans vous interrompre, faites-en autant du pied gauche, mais dans le sens des aiguilles d'une montre.

Vous y arrivez ? Inutile de vous regarder pour savoir que la réponse est négative. Le corps n'est pas configuré pour ça. Et si la divergence et la convergence sont symbiotiques, ce sont néanmoins des processus fondamentalement différents, des approches intellectuelles distinctes – le cerveau n'est pas programmé pour faire les deux à la fois. Il ne faut donc pas s'y adonner simultanément, l'idéal étant de procéder par itération.

La convergence suppose de passer du mode purement créatif du brainstorming, où l'on s'interdit de porter un jugement, à un mode analytique visant à identifier le projet ayant réellement les meilleures chances de réussir. Cette démarche intellectuelle, totalement différente, suppose d'évaluer les idées nées de la divergence, de choisir les plus prometteuses, puis de concentrer tous ses efforts sur celle que l'on retient ou de décider l'ordre dans lequel on pense devoir les mettre en œuvre. Il faut faire preuve de logique et d'esprit pratique, de discipline et de sens stratégique pour évaluer tous ces nouveaux modèles mentaux et sélectionner ceux qui vont désormais inspirer votre action. La convergence consiste à exercer ses compétences de raisonnement et de jugement afin d'éliminer les éléments inutiles, retenir les meilleurs et, finalement, prendre les décisions que vous appliquerez ensuite.

Il n'est hélas que trop fréquent de voir des idées brillantes, créatives et prometteuses ne déboucher finalement sur rien – dans le monde de l'entreprise, nous avons tous vu des possibilités passionnantes enterrées dans des commissions ou simplement tombées aux oubliettes. La souris, aujourd'hui omniprésente, en constitue un exemple célèbre. La première version commercialisée à destination des utilisateurs de PC accompagnait un ordinateur personnel baptisé « Alto » conçu par Xerox en 1972. La souris d'Alto était encombrante, chère et fragile. Aussi le principe demeura-t-il relativement obscur jusqu'à ce que Steve Jobs rende visite à Xerox en 1979, l'essaie personnellement et décide que lui et Apple pouvaient faire mieux[2]. Plusieurs années plus tard, le Macintosh d'Apple était mis sur le marché – accompagné d'une souris agile, plus durable et abordable – et ce fut l'un des ordinateurs personnels les plus révolutionnaires et populaires de l'histoire de l'informatique. Xerox s'était révélé incapable de prendre les décisions qui auraient transformé l'idée en réussite commerciale. Comme devait le dire Jobs plus tard : « Si Xerox avait su ce qu'il avait entre les mains, s'il avait tiré parti des opportunités réelles que cela offrait... il aurait pu devenir aussi gros qu'IBM plus Microsoft plus Xerox combinés – et la plus grande entreprise de haute technologie du monde[3]. »

La convergence suppose non plus d'accumuler un maximum d'idées nouvelles, mais de commencer à les transformer en réalités et de sérier les priorités afin d'exploiter les meilleures. Notons cependant que même si l'on accorde désormais une importance nouvelle au jugement et à la déduction, il faut conserver une attitude ouverte au « doute », faute de quoi on risque d'éliminer toutes les idées trop éloignées du *statu quo*. C'est ainsi que l'on parvient à créer de vastes nouveaux modèles mentaux. Pour reprendre l'exemple de la souris, cette invention n'est pas simplement une amélioration du clavier ; elle a modifié le cadre mental de « la meilleure façon de saisir des données », pratiquement pour tous les utilisateurs de PC.

Souvent, au beau milieu d'une discussion de convergence, de nouvelles idées continuent à jaillir et l'on décide parfois de modifier les idées développées en phase de divergence ou de leur apporter des raffinements intéressants. Ce n'est pas parce que l'on est en convergence qu'il faut bloquer définitivement toute créativité. Elle peut continuer à jouer un rôle utile à condition que les facultés critiques et analytiques dominent la réflexion commune. Simplement, il faut éviter de pratiquer simultanément ces deux types de réflexion, surtout en groupe – la situation la pire étant d'avoir la moitié des participants en divergence et l'autre en convergence : vous pouvez être sûr que tout le monde en sortira frustré (et les résultats des deux équipes risquent fort de s'annuler mutuellement).

Des dizaines d'années de recherche scientifique sur le syndrome de déconnexion interhémisphérique conduisent à penser que la divergence s'appuie sur un ensemble de fonctions cognitives (dont beaucoup se situent essentiellement dans l'hémisphère droit du cerveau) alors que la convergence fait appel à un autre ensemble de fonctions cognitives (situées essentiellement dans l'hémisphère gauche)*. La divergence fait appel à l'imagination, l'aptitude à suggérer des idées en toute liberté, sans inhibitions, à faire de nombreux bonds créatifs, à générer toutes sortes d'idées sans se préoccuper de savoir si elles se révéleront astucieuses, raisonnables ou précieuses. La convergence, au contraire, repose sur le jugement et l'analyse, l'aptitude à mettre ses idées en pratique, à les rendre opérationnelles, à faire des déductions pratiques spécifiques et à décider quelles idées, en fin de compte, seront plus pertinentes et plus rentables que les autres.

* L'un des premiers et des plus éminents chercheurs fut Roger Wolcott Sperry, dont le travail dans ce domaine fut récompensé par le prix Nobel de médecine en 1981.

Dans la plupart des organisations et même dans la plupart des contextes humains, certaines personnes s'avèrent plus douées pour l'un de ces deux processus mentaux. Certains pensent de façon plus « divergente », ils ont un talent naturel pour avoir des tas d'idées « folles », par comparaison avec d'autres, configurés, eux, pour être de puissants penseurs « convergents ». Ces derniers sont donc plus aptes à sélectionner les meilleures, parmi les idées étranges de leurs collègues – et à les réaliser. Les collaborations les plus réussies conjuguent ainsi les points forts des cerveaux divergents et des cerveaux convergents. Citons les binômes Hewlett-Packard, Rolls-Royce, Yves Saint Laurent et Pierre Bergé. Même Bill Gates et Paul Allen constituaient un tel binôme*.

Si certains ont tendance à considérer que la divergence est le moment où la « magie » opère, notre expérience montre que la phase de convergence est celle où les perceptions commencent à changer et à devenir plus concrètes**. C'est à ce moment-là qu'un vaste flux d'idées pénètre soudain les esprits, comme si l'on avait pressé l'interrupteur d'un circuit haute tension, et entre dans la sphère de la plausibilité lumineuse. Nous avons souvent vu les yeux des participants s'agrandir et se mettre à briller au moment où ils commençaient à y croire : « Ça pourrait vraiment être génial... tout changer... » Ou bien : « En combinant ces deux idées, on pourrait vraiment transformer le marché. »

Pour comprendre comment la divergence et la convergence fonctionnent ensemble par « rounds » successifs, pensez à la façon dont Thomas Edison a développé l'ampoule électrique. Avant son invention, pour avoir de la lumière, il fallait allumer et entretenir un feu, qu'il

---

* Nous ne les connaissons pas personnellement, mais Paul Allen a déclaré dans *Idea Man* (New York, Portfolio, 2011) : « C'était moi qui avais les idées. Bill m'écoutait, m'apportait la contradiction, puis il prenait les meilleures et m'aidait à les transformer en réalités. » Des anecdotes comparables montrent que Rolls, Hewlett et Saint Laurent étaient les membres divergents de leur binôme. Sans parler de de Brabandere par comparaison avec Iny.

** C'est bien sûr une simplification excessive : les perceptions ne « commencent » pas vraiment à changer, puisqu'elles sont éminemment personnelles et changent de façon très binaire, comme une ampoule qui s'allume ou s'éteint. Il n'en demeure pas moins que, dans une entreprise ou dans un groupe, il y a toujours des personnes qui adoptent facilement les idées nouvelles, et c'est à eux que nous pensons quand nous écrivons « commencent à changer ».

s'agisse de bûches dans une cheminée, de bougies ou de pétrole dans une lampe à pétrole. Un processus de divergence et de convergence aurait pu conduire Edison ou d'autres à tenter de développer de meilleures sources de lumière en améliorant la qualité ou les performances du pétrole, de la cire, des mèches ou des globes de verre.

Edison, ses pairs et ses assistants sont, eux, partis sur un cadre mental radicalement nouveau : l'incandescence. La prémisse fondamentale de la lampe à incandescence est d'éviter que le filament se consume ; autrement dit, il s'agit de produire de la lumière en *empêchant* un produit de brûler. L'histoire attribue cette idée nouvelle à Edison, mais il a également utilisé les contributions d'autres personnes. Son nouveau cadre mental, tout remarquable qu'il fût, n'a pas conduit immédiatement à l'invention d'une ampoule électrique utilisable et Edison a dû continuer à tâtonner, tester et analyser longuement avant d'être en mesure de revendiquer la victoire.

Il s'est engagé dans de multiples rounds de divergence (pour avoir de nouvelles façons de regarder les choses) et de convergence (pour sélectionner l'objet de sa prochaine expérience), a testé le platine et d'innombrables autres filaments de métal avant d'arriver à un filament de carbone qui pouvait rester incandescent jusqu'à 40 heures. Quand on lui demanda un jour s'il avait le sentiment d'avoir échoué et envie d'abandonner, il fit une réponse restée célèbre : « Pourquoi abandonnerais-je ? Je connais maintenant plus de neuf mille versions qui ne marchent pas de l'ampoule électrique, la réussite est donc à portée de main. » Peu après cette déclaration, son optimisme finit effectivement par porter ses fruits. Il continua à améliorer la technologie et finit par breveter un filament de bambou carbonisé qui durait plus de douze cents heures.

Bien sûr, après ce changement fondamental – une ampoule à incandescence capable d'éclairer non plus quelques jours, mais des semaines entières –, de nombreux rounds de divergence et de convergence ont permis à des générations futures d'innovateurs de développer différentes couleurs et intensités de lumière, diverses couleurs et formes de l'enveloppe de verre, différents types de filaments et des ampoules destinées à des usages spécifiques, d'une longévité plus ou moins grande. On le voit, si l'alternance divergence/convergence permet de développer de nouveaux cadres mentaux, il est également possible de revenir à ces processus essentiels pour les raffiner, les embellir et les améliorer.

Qui faire participer au processus de convergence ?

Comme pour la divergence, on peut décider de faire participer d'autres personnes au processus de convergence. Dans la plupart des cas, comme on passe relativement facilement de la divergence à la convergence, c'est finalement le même groupe pour les deux étapes. Cela peut vouloir dire vous-même, avec quelques conseils d'amis ou collègues, ou un large groupe d'experts. Cette formule est souvent à la fois raisonnable et efficace car toutes les personnes ayant participé à la divergence connaissent très bien toutes les idées nées au sein du groupe (elles s'y sont même parfois largement investies) ; il y a donc toutes les chances qu'elles soient les mieux placées pour déterminer avec intelligence et perspicacité lesquelles méritent le plus que l'on y donne suite.

Dans d'autres cas, cependant, un groupe excelle à la divergence, mais c'est un autre qui réussit le mieux la convergence. Les personnes les plus qualifiées, à ce stade, sont celles qui connaissent le mieux les problèmes pratiques spécifiques et peuvent donc juger en connaissance de cause.

En voici quelques exemples : si vous préparez un communiqué de presse et souhaitez faire preuve de créativité, vous pouvez diverger et converger en solo ; vous pouvez aussi brasser rapidement quelques idées, à l'heure du déjeuner, avec des amis. En revanche, si vous essayez d'inventer un nouveau grand cadre mental, comme une nouvelle vision stratégique, il est sans doute préférable d'impliquer les collègues qui connaissent le mieux votre business model actuel ainsi que celui de vos principaux concurrents. Si l'objectif est de « remplir » un cadre existant d'idées de nouveaux produits ou services, vous souhaiterez sans doute avoir l'avis de ceux qui connaissent le mieux leur cible, les coûts liés à leur développement, à leur fabrication et à leur distribution, le paysage concurrentiel actuel et d'autres facteurs similaires.

Votre entreprise est peut-être tellement petite que ce sont forcément les mêmes qui participent à la convergence et à la divergence. Mais, dans les grandes structures, on constate souvent que certains ont une expertise que n'ont pas les autres, et la phase de convergence doit être menée d'abord, ou exclusivement, par ces experts.

Le choix des participants varie en fonction de la dynamique et des besoins uniques de chaque organisation. Par exemple, nous avons travaillé avec une entreprise provinciale de lingerie et d'accessoires – disons qu'elle s'appelait Vamp – que nous avons aidée à organiser plusieurs rounds de divergence et de convergence, l'ensemble du processus s'étant étalé sur de nombreuses semaines. Mais ce n'étaient pas les mêmes personnes qui participaient à chacune de ces sessions. La direction a ouvert le bal, s'adonnant à un round de divergence puis de convergence qui a débouché sur plusieurs grands thèmes susceptibles de guider le développement de nouveaux produits. Il y avait entre autres les clientes écolo (qui tiennent à ce que tous les articles qu'elles achètent soient produits dans le respect de l'environnement) et les « Olympiques » (que cela inspirerait d'acheter des articles liés figurativement, si ce n'est littéralement, à la conquête d'une médaille d'or). Dans la foulée de ce processus visionnaire du nouveau « grand cadre », quinze jeunes managers prometteurs se sont livrés à un nouveau round divergence/convergence, effectuant un joyeux remue-méninges sur chacun des deux thèmes, afin de « remplir » les grandes cases initiées précédemment. Leurs travaux ont abouti à quelques idées de produits hautement créatifs que Vamp pouvait envisager de développer, comme des jupes dont on aurait juré qu'elles étaient en bambou, des blouses arborant des rangées superposées de quelque chose qui ressemblait à des feuilles de bananier, ainsi que des survêtements de jogging équipés d'un gadget émettant une musique triomphale si la personne atteignait une certaine vélocité. Ensuite, plusieurs mois durant, les experts développement de produit et marketing de la maison se sont livrés à d'autres exercices de convergence afin de creuser, tester et renforcer chacune de ces idées et, ainsi, de déterminer celles que Vamp devait effectivement produire et distribuer, tant dans ses propres boutiques que dans des grandes chaînes comme Target.

Passer à la convergence

Quand vous avez choisi les participants les plus qualifiés et que vous êtes prêt à commencer sérieusement le processus de convergence, il faut déterminer :

1. toutes les *contraintes* impératives, comme les limitations budgétaires, les normes technologiques et/ou la législation ou la réglementation imposant ou interdisant certaines pratiques ou actions ;
2. les *critères* plus subjectifs dont vous croyez devoir tenir compte en choisissant, parmi toutes les idées envisagées, celles que vous retiendrez effectivement. Il peut s'agir du coût, des efforts et du temps qu'elles exigent, de la formation et de l'expérience de vos collègues, ou de savoir si l'idée correspond ou non avec votre culture d'entreprise et avec votre offre actuelle de produits et services ;
3. *vos procédures de sélection et de vote*. Il faut savoir comment vous allez classer vos idées ; l'importance relative que vous accorderez aux différents critères, si les personnes invitées à participer voteront une seule ou plusieurs fois ; si tous ceux qui participent au vote sont sur un pied d'égalité (ou si le vote de certains, comme le PDG ou un expert, pèse plus lourd, ou encore s'ils votent en dernier).

Il faut toujours commencer par identifier les contraintes cruciales. Une *contrainte* est en effet une restriction absolue : soit on peut s'y conformer, soit c'est impossible. Si, par exemple, vous êtes directrice de la création chez Vamp et que vous ayez le choix entre plusieurs idées, le choix des textiles comporte peut-être des contraintes. Le stock mondial de soie est si faible, mettons, que vous savez déjà que les produits Vamp ne pourront pas être réalisés dans cette matière, vous n'avez donc pas envie de perdre votre temps, en phase de convergence, à étudier des propositions de nouveaux produits comportant de la soie.

Si, nous l'avons vu, il est parfois possible de fléchir (voire de briser) certains présupposés et règlements pour faire jaillir de nouvelles idées et possibilités créatives, il n'en va plus de même en phase de convergence. Certaines contraintes, c'est une réalité objective, ne peuvent être violées sans causer un préjudice à l'entreprise, son personnel et ses clients ; d'autres ne peuvent être ignorées, car cela rendrait impossible la réalisation des idées envisagées.

Ces contraintes sont tantôt externes (obtenir l'autorisation par les autorités d'utiliser certains composants peut demander jusqu'à trois ans), tantôt internes (vous et la direction de votre chaîne télé spécialisée dans la gastronomie « bio » avez pris l'engagement de diffuser des émissions consacrées à la cuisine végétarienne – ce n'est donc même pas la peine, en phase de convergence, de regarder les propositions de nouveaux programmes destinés aux amateurs de viande – sauf si les recettes envisagées en reproduisent le goût avec des ingrédients exclusivement à base de légumes). Pendant les moments les plus débridés et créatifs de la divergence, il faut prendre des risques et laisser vagabonder les imaginations, même si certaines idées font voler en éclats des contraintes auxquelles vous pensez être soumis (par exemple, en imaginant ce qui se passerait si le gouvernement mettait fin à toutes les réglementations encadrant la drogue et les médicaments ou si toute l'alimentation devait désormais être fabriquée artificiellement en raison de sévères pénuries touchant la plupart des aliments végétaux et animaux). En revanche, en phase de convergence, ces contraintes doivent être respectées : vous et votre entreprise éviterez ainsi de perdre du temps ou des ressources en prenant des décisions qui, une fois appliquées, se révéleraient inappropriées, nuisibles ou tout simplement irréalisables.

Avant de commencer le processus de convergence, vous devez absolument parler des *critères* à l'aune desquels vous comptez évaluer les idées qui seront retenues ou éliminées. En en discutant *avant* de voter et de prendre des décisions, vous éviterez que quiconque soit tenté, arbitrairement ou par inadvertance, d'influencer la décision pour promouvoir une possibilité. Si, pour une raison ou pour une autre, vous réalisez pendant le processus de convergence que l'un de vos critères n'est plus valable ou pertinent, ou qu'il faudrait en ajouter d'autres, ces ajustements sont toujours possibles (même s'il peut être bon de se faire aider par un facilitateur neutre). Mais, d'une manière générale, le processus est plus fluide si vous avez réfléchi à cet aspect des choses et identifié à l'avance les points d'achoppement potentiels.

Le nombre de critères susceptibles de guider la prise de décision est, semble-t-il, infini. Et l'on pourrait sans doute conduire de nombreuses sessions de divergence et de convergence rien que pour déterminer lesquels vous semblent les plus pertinents.

En voici quelques-uns que vous pourriez sans doute considérer comme judicieux – surtout quand vous essayez de développer un nouveau cadre mental de grande envergure*.

La cohérence

- *Stratégie :* cette nouvelle idée s'inscrit-elle dans la lignée de notre stratégie globale, de nos objectifs et des buts que nous nous fixons ?
- *Compétence :* tire-t-elle parti des capacités et compétences de notre entreprise, de sa base de connaissances et de son expérience dans le domaine concerné ?
- *Valeurs :* correspond-elle à nos valeurs, notre philosophie et notre culture d'entreprise ?

La faisabilité

- *Ressources :* peut-elle réussir avec les ressources, actifs et collaborateurs actuels de notre entreprise ?
- *Horizon temporel :* combien de temps faudra-t-il pour la mettre en œuvre ? Ce délai est-il compatible avec notre planning actuel ?
- *Rentabilité :* avons-nous les moyens de nous lancer dans cette affaire ? Générera-t-elle vraisemblablement des recettes suffisantes,

* On trouvera de bonnes listes de ce type de critères dans Nilofer Merchant, « Strategy Matters : How to Develop Criteria for Achieving Business Goals », *Entrepreneur*, 11 décembre 2008, www.entrepreneur.com/article/199154 ; et Alan Chapman, « SWOT Analysis Template », texte publié sur de nombreux sites liés au business, en particulier www.businessballs.com.

suffisamment vite ? Son financement pourrait-il, au contraire, menacer sérieusement l'équilibre financier de notre entreprise ?

- *Contexte marketing :* notre infrastructure marketing, commerciale et distribution nous permettra-t-elle de transformer ce projet en réussite ?
- *Contexte géographique :* ses implications, en termes de situation géographique, sont-elles compatibles avec nos implantations actuelles ?
- *Faisabilité réglementaire et juridique :* la mise en œuvre de cette nouvelle idée posera-t-elle des problèmes d'accréditation, de qualification, de certification ; nous imposera-t-elle d'autres obligations légales ?
- *Développement technologique :* exige-t-elle de nouveaux développements technologiques ? Est-elle compatible avec nos technologies actuelles ?
- *Recherche et information :* suppose-t-elle la mise en place de ressources supplémentaires en matière de recherche ou de données ?

Impact

- *Réputation/marque :* cette nouvelle idée est-elle de nature à conforter notre réputation, notre image et notre marque ? Est-elle cohérente avec cette dernière ? Lui ajoutera-t-elle de la valeur ?
- *Avantage concurrentiel et différenciation :* facilitera-t-elle notre aptitude à affronter nos concurrents et à exploiter leurs faiblesses ou lui nuira-t-elle ? Nous différenciera-t-elle de nos concurrents aux yeux des clients ?
- *Externalités :* changera-t-elle ou influencera-t-elle notre communauté immédiate, notre secteur d'activité, notre pays, le monde ? Son impact sera-t-il positif ou négatif ?
- *Efficacité opérationnelle :* nous permettra-t-elle d'économiser de l'argent ou d'autres ressources, d'opérer avec plus d'efficience ? Peut-on en espérer des économies d'échelle ? Lesquelles ?
- *Risques/conséquences d'un échec éventuel :* en cas d'échec, quelles en seraient les conséquences ? Serait-il possible d'organiser des opérations pilote ou des tests à petite échelle avant de procéder à des changements radicaux ou irréversibles ?

Le caractère spécifique des idées envisagées dicte souvent les critères à l'aune desquels on les juge.

Nous avons vu des équipes décider de mesurer le potentiel des grandes idées envisagées en fonction :

- *du changement espéré*. Ce nouveau cadre mental est-il réellement susceptible de nous aider à changer ?
- *de la création de valeur*. Permettra-t-il une nette progression, de ce point de vue ?
- *de leur crédibilité*. Vos collègues, clients et partenaires jugeront-ils l'idée crédible ? La visualiseront-ils facilement, de sorte qu'ils la comprendront, l'accepteront et la soutiendront ?

Pour déterminer l'immédiateté, la force et la puissance imaginative d'un nouveau cadre mental, vous pouvez aussi demander à un collaborateur de vous le décrire comme si : 1) il parlait à un gamin de sept ans ; 2) il le présentait devant un forum rassemblant l'ensemble du personnel de votre entreprise ou de votre secteur ; et 3) il le présentait au grand public, comme s'il s'agissait d'un grand événement sportif, d'un film qui vient de sortir ou de l'inauguration d'un bâtiment particulièrement intéressant. Dans le même ordre d'idées, vous pouvez demander à d'autres personnes de décrire cette idée au « premier passant rencontré dans la rue ». Les idées que vous trouvez vous-même les plus séduisantes et que vous avez le plus envie de réaliser sont souvent celles que vous pouvez représenter rapidement et succinctement à une personne totalement étrangère à votre métier.

Pour vérifier que vos nouveaux cadres mentaux possèdent réellement cette puissance créative, posez-vous des questions comme :

- Est-ce que nous avons dû nous battre pour imposer cette idée ?
- Va-t-elle nous obliger à prendre un risque ?
- Entraînera-t-elle un changement de paradigme ?
- Est-elle simple ?
- Sort-elle de l'ordinaire ?
- Peut-on la dessiner ?

- Y aura-t-il un « avant » et un « après » bien nets dans l'esprit du public ?
- Se souviendra-t-on du moment et du lieu de sa création ?

Soyons clairs : il n'est pas question d'exiger que, pour chaque idée nouvelle, chacune de ces questions appelle une réponse affirmative. Mais elles peuvent renforcer le sentiment que l'on est vraiment sur la voie de quelque chose de nouveau. Quel que soit le genre de modèle mental que vous espérez créer, les critères que vous adopterez – et les questions que vous vous poserez – vous aideront à les tester de façon implicite, à les soumettre à une sorte de « *reality check* », de façon à ne retenir que ceux que vous considérez comme ayant une bonne chance de réussir.

Quand vous maîtriserez mieux le processus de convergence, en particulier quand les enjeux vous semblent importants – par exemple si vous vous demandez s'il faut vraiment se lancer dans une nouvelle activité particulièrement gourmande en capitaux –, vous et vos collègues devrez identifier les critères les plus pertinents eu égard aux caractéristiques propres à votre entreprise et aux problèmes auxquels elle est actuellement confrontée.

Si, toujours conscient de ces risques, vous faites l'effort de choisir, d'un commun accord avec vos collègues, les critères qui vous semblent le plus adaptés, vous réussirez votre convergence.

Sérier les priorités, voter, faire ses recommandations

Avant de passer à la phase ultime, celle de la décision, vous et tous ceux qui y participent devrez vous remémorer l'objectif visé, passer en revue toutes les idées proposées, rappeler les contraintes et les critères de décision, puis décrire la méthode retenue pour sérier les priorités, évaluer les options et, enfin, voter pour ou contre. Vous les communiquerez ensuite à l'ensemble de vos collègues.

Mais comment savoir quel ou quels nouveaux cadres mentaux il serait bon de mettre en place ? Même si vous vous êtes livré à une brillante analyse, si la procédure de vote pour ou contre les diverses propositions est équitable et systématique, comment savoir que l'on s'engage sur la meilleure route possible vers la réussite ?

Dans la plupart des cas, on ne peut pas le savoir. Il n'y a en effet pas « une seule bonne réponse » ; il y a toujours de nombreuses possibilités et la meilleure stratégie n'est jamais qu'une hypothèse de travail. Le processus de sélection permettant d'aboutir à une ou plusieurs idées est donc inductif et non déductif. Autrement dit, face à tous les faits et chiffres que vous avez devant vous, face aussi aux contraintes et critères, vous allez devoir induire ou « généraliser » pour identifier la solution la plus pertinente, en ce qui vous concerne vous personnellement et votre entreprise. Vous allez devoir prendre une décision, choisir.

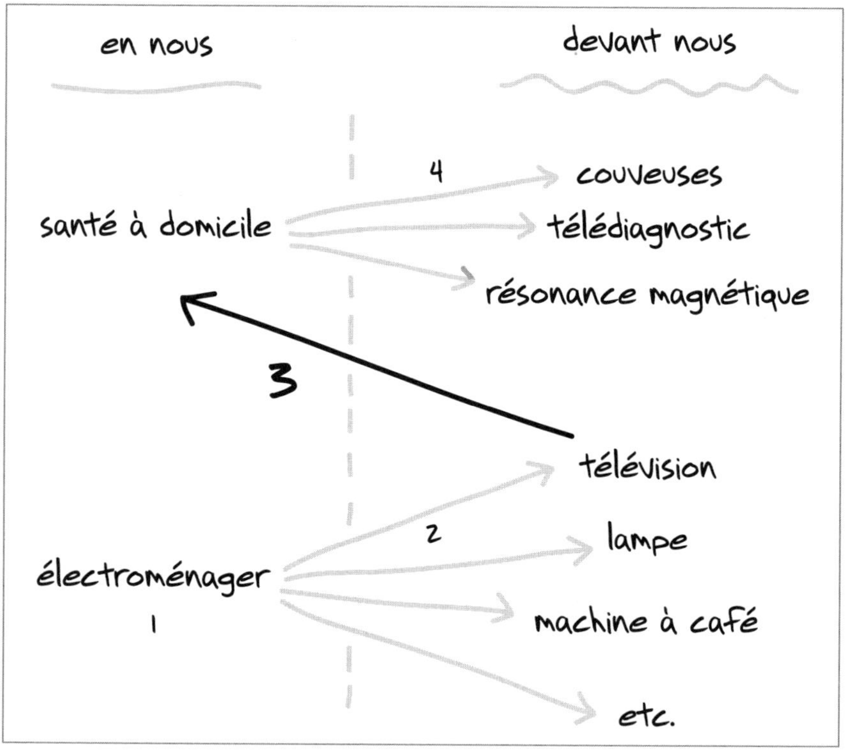

La santé à domicile n'est pas un nouveau produit de Philips, c'est le modèle mental indispensable pour lancer ces nouveaux produits

Nous admirons aujourd'hui la sagesse des dirigeants de Philips qui, ayant analysé les megatrends liées à l'essor des marchés de la santé et des produits de grande consommation, ont décidé de développer des systèmes médicaux faciles à utiliser chez soi, qui représentent aujourd'hui une division importante de la compagnie. À l'époque où ils ont pris cette décision, comme nous l'avons vu, ce n'était certainement pas la seule décision rationnelle possible. Ce n'était pas une décision purement objective, logique, évidente – elle comportait une part notable de subjectivité ; c'était un saut dans l'inconnu, fondé cependant sur le jugement individuel et collectif des dirigeants.

Nous encourageons souvent nos clients à créer des grilles ou des matrices afin de mesurer chacune des idées envisagées à l'aune des critères présélectionnés. Ces derniers peuvent être pondérés, mais on peut aussi décider qu'ils ont tous la même pertinence et la même importance. On peut créer des matrices binaires, comme coûts/bénéfices, faisabilité/impact, afin de comparer les avantages et inconvénients spécifiques de chaque option.

Vous pouvez ensuite passer à des critères plus élaborés, tester vos idées, méticuleusement et rigoureusement, à l'aune de chacun de ces critères.

Vous pouvez décider que chaque personne présente dans la pièce a une voix. Ou donner une voix double, ou triple, aux décideurs. Vous pouvez décréter que les auteurs d'une idée n'ont pas le droit de voter pour elle. Donner le droit de veto à tout le monde, ou à certains leaders. Dire qu'il n'y aura qu'un seul tour. Mais nous en conseillons souvent plusieurs, en éliminant dès le début les idées qui récoltent le moins de voix. On peut ainsi se concentrer sur les idées auxquelles le groupe s'intéresse le plus. Sachant que les personnes présentes seront sans doute chargées de leur mise en œuvre, il est important qu'elles aient le sentiment d'avoir véritablement participé à leur évaluation.

En règle générale, quand vous débattez des mérites d'une idée nouvelle, nous vous conseillons, au moment de voter, de ne pas vous rallier automatiquement à un consensus apparent, ni de « laisser faire » si quelque chose continue à vous inquiéter. Si, en phase de divergence, il faut transcender les contraintes, suspendre son jugement et générer beaucoup d'idées, en phase de convergence, il faut faire appel au raisonnement le plus clair, le plus analytique et le plus pratique. Il faut aussi faire preuve de courage et ne pas hésiter à revenir à la charge, poser des questions, faire des remarques, dire ce que l'on pense, exprimer ses inquiétudes et préoccupations. Si votre groupe se prépare à prendre une décision qui vous inspire quelques soucis, c'est le moment de le dire ! Tout le monde ne peut pas être d'accord avec toutes les décisions, vous serez peut-être obligé de vous incliner. Mais si vous avez des doutes et que vous ne dites rien, vos collègues ne sauront jamais ce qui vous inquiète. S'il y a un facilitateur ou un modérateur, il doit vérifier régulièrement que tout le monde est réellement d'accord avec le consensus qui est en train d'émerger en posant des questions comme : « Quelqu'un a-t-il quelque chose à ajouter, une objection à formuler, des questions à poser, quelques sujets d'inquiétude ? » « Sommes-nous certains d'être tous satisfaits de cette solution ? »

La convergence ne doit pas être un jugement impulsif, pris à la hâte. Cette étape demande une réflexion méthodique – et patiente. Si le processus décisionnel semble aller un peu trop vite ou se dérouler d'une façon trop brouillonne ou trop systématique, réagissez ! Il n'est pas rare d'être obligé de procéder à plusieurs cycles de divergence et de convergence. Si vous parvenez au terme d'un cycle et que vous n'êtes pas tout à fait à l'aise avec ce que vous avez décidé, revenez en arrière, réévaluez et recommencez.

Quelle que soit la méthode adoptée pour classer les idées par ordre de priorité, il faut comparer le résultat du processus de convergence avec votre objectif initial, cela vous aidera à revenir à la réalité. Les sessions de divergence et de convergence représentent un travail intensif, c'est pourquoi il est souvent utile de redescendre sur terre ; de se rappeler et de rappeler aux autres participants ce que l'on espérait réaliser et, plus précisément, quel résultat on cherche à obtenir. Espérez-vous créer de nouveaux produits et services, un nouveau concept, une nouvelle vision ? Un nouveau plan marketing, une nouvelle croissance ? Des stratégies opérationnelles, des scénarios d'avenir ? Parfois, en fin de convergence, on se retrouve en train de réfléchir à un concept ou une idée qui, tout brillants qu'ils soient, n'ont quasiment rien à voir avec votre mission. À l'inverse, on peut s'apercevoir qu'une idée que l'on avait rejetée depuis longtemps, ou considérée comme non prioritaire, paraît soudain tout à fait intéressante et digne de considération. Quel que soit le cas de figure, ni vous ni aucun autre membre du groupe ne devez avoir peur de dire ce que vous pensez. Vous êtes en train de prendre des décisions qui tirent à conséquence.

Nous n'insisterons jamais trop sur l'intérêt de soumettre les meilleures idées à des rounds supplémentaires de divergence et de convergence. Particulièrement quand vous avez commencé par créer un cadre assez vaste, il faut se donner le temps d'utiliser le meilleur de votre réflexion et de votre créativité pour le « remplir » d'idées plus spécifiques. Il ne s'agit évidemment pas de répéter indéfiniment les mêmes exercices ou de poser les mêmes questions pour voir s'il en sort autre chose – mais de partir de ce qui a été généré et d'aller plus loin, en changeant de perspective, en s'adonnant au « oui, et... », en voyant les choses sous le jour nouveau de l'idée nouvelle ou encore en combinant plusieurs idées pour former quelque chose de plus grand.

Réfléchir en se plaçant dans de nouveaux cadres mentaux : divergence et convergence dans la vraie vie

Quand nous avons travaillé avec La Poste à développer un grand thème susceptible d'inspirer et de guider ses activités futures, les membres de l'équipe de direction ne s'attendaient certainement pas à ce que nous leur demandions d'organiser non pas une, mais une douzaine d'ateliers successifs de divergence et convergence ! La prolifération des e-technologies (surtout l'e-mail et les réseaux sociaux) et la déréglementation de nombreux aspects de la livraison de colis en France (qui avait débouché sur la concurrence nouvelle de FedEx et d'autres) contraignaient La Poste à chercher de nouvelles sources d'inspiration pour être aussi pertinente et profitable que possible à l'aube du XXIe siècle. Autrement dit, La Poste devait à tout prix se créer un nouveau cadre mental suffisamment vaste pour accueillir de nombreuses activités nouvelles.

De nombreux exercices de divergence nous ont permis de générer une myriade de nouveaux thèmes et de nouvelles idées. Par exemple, les participants nous ont parlé de La Poste en se plaçant dans des perspectives follement disparates, sans avoir peur de jouer la provocation – l'un se glissant dans la peau d'un drogué, l'autre d'un nourrisson, le troisième dans celle du président de Microsoft, etc. Il en est sorti des dizaines de phrases présentant l'avenir de La Poste, cela allait de « réinventer la proximité » à « rendre la vie possible », en passant par « toujours à vos côtés », « ne bougez pas, La Poste vous apporte le monde ». Puis, des séances de remue-méninges ont permis de manipuler d'innombrables nouvelles idées amusantes. Certaines portaient sur l'amélioration du service dans les bureaux de poste ; on envisagea ainsi de diffuser des vidéos de relaxation ou de faire jouer des musiciens dans tous ces bureaux, de recruter des écrivains publics afin qu'ils aident les clients à rédiger leur courrier ; d'y installer des aires de jeux ou des salles de réunion... D'autres portaient sur le développement d'activités entièrement nouvelles, comme une offre de paiement en ligne sécurisé de type PayPal ; un service de cryptage pour les mails confidentiels ou encore un outil permettant d'estimer, en ligne, la valeur d'un bien immobilier ou d'un terrain.

Il nous a fallu plusieurs sessions, s'échelonnant sur de nombreuses semaines, pour aboutir à six grands thèmes susceptibles, selon les dirigeants de La Poste, de fédérer tous les efforts. Et il a fallu d'autres sessions, et énormément de réflexion et de considérations supplémentaires de leur part, pour converger sur trois grands cadres mentaux possibles découlant des six thèmes initialement retenus : 1) devenir une plateforme d'échanges ; 2) servir de tierce partie de confiance ; 3) aider les gens dans leur vie quotidienne.

Ensuite, nous avons cherché les chevauchements éventuels entre ces trois concepts en aidant La Poste à dresser l'inventaire de ses principaux produits et services du moment, puis à regarder lesquels correspondaient logiquement auquel des trois nouveaux cadres. La Poste décida alors de ne conserver que les deux premiers grands concepts globaux : une vision dominée par la confiance, l'autre sur les échanges. La première supposait de cultiver le rapport de confiance que La Poste entretenait avec ses clients. Les nombreuses années passées à étudier les études de marché et le simple bon sens aboutissaient à la même conclusion, qui s'est imposée à tout le monde : La Poste est l'une des institutions françaises qui inspire le plus de confiance au public. La seconde idée supposait de voir La Poste comme le centre de toutes sortes d'échanges, non seulement les plus traditionnels (comme de transmettre les lettres et les colis des expéditeurs aux destinataires), mais aussi les moins évidents, par exemple aider les clients à s'envoyer mutuellement de l'argent par voie électronique ou leur permettre de faire des dons en ligne à des associations à but non lucratif sans se préoccuper des questions de sécurité sur Internet.

Après de nouvelles sessions de divergence sur ces deux thèmes, illustrées d'audacieuses analogies pour imaginer d'autres mondes dans lesquels « la confiance » et « les échanges » pouvaient être considérés comme pertinents et précieux (comme un programme spatial russo-américain antérieur à la chute du mur de Berlin, ou des organismes ayant vocation à gérer les dons d'organes humains), les membres de l'équipe de direction se sont à nouveau retrouvés pour une session de convergence. Ils ont étudié de près les conséquences de la concurrence nouvelle de FedEx et DHL pour les échanges et se sont demandé s'ils pouvaient eux-mêmes rivaliser avec l'EDF et les grandes banques pour tirer parti de la confiance du public – quels étaient leurs atouts ? Finalement, ils ont décidé que la notion de « confiance », simple mais puissante, était le thème le plus inspirant, transcendant et essentiel de tous ; La Poste pourrait en outre continuer à l'exploiter de nombreuses années durant.

Plusieurs directeurs ont pris conscience que La Poste avait accumulé des années de reconnaissance publique grâce à l'omniprésence des bureaux de poste dans l'ensemble du pays, aux visites quotidiennes du facteur dans chaque foyer et aux investissements immenses qu'elle avait consentis pour maintenir sa réputation de discrétion, d'honnêteté et de fiabilité. La Poste avait toujours évité les retards excessifs. Elle tenait ses promesses. Elle veillait à ne pas commettre d'erreurs de facturation. Elle s'arrangeait pour éviter les grèves afin que le public puisse recevoir son courrier et bénéficie de ses autres services sans interruption ni retard.

Au cours d'une séance d'exercices de divergence, les participants s'étaient demandé si Google et eBay pouvaient servir de modèles aux nouvelles ambitions de La Poste. Lorsqu'ils faisaient des recherches en ligne, les gens faisaient confiance à Google, de même qu'eBay leur apparaissait comme un site sûr quand ils voulaient vendre des objets. Si les deux entreprises avaient fondé l'essentiel de leur valeur sur de nombreuses innovations technologiques, elles apparaissaient également toutes deux comme des plateformes fondées sur la confiance. La Poste pouvait sans doute se targuer d'un quotient de confiance encore plus grand, ses clients la considérant unanimement comme un partenaire toujours présent, toujours impartial et honnête.

En décidant de faire de la confiance le thème dominant du renouveau, les dirigeants de La Poste avaient retenu de nombreux critères. Ils s'étaient demandés :

- quelles nouvelles sources de recettes offrirait un nouveau modèle fondé sur la confiance ;
- comment il aiderait La Poste à livrer concurrence à d'autres organisations (comme les banques et les services de coursiers) offrant des services similaires ;
- quel pourcentage des marchés pertinents La Poste pourrait dominer ; quels investissements nouveaux cela supposerait ;
- quels en seraient les premiers résultats ;
- si cela contribuerait à la croissance de La Poste ;
- si cela l'aiderait à prendre son essor dans l'ère de la modernité.

Et comme Georges Lefebvre, directeur des ressources humaines (et participant actif aux sessions de divergence et de convergence que nous avons conduites avec La Poste), nous l'a dit récemment, les questions que se posait surtout la direction étaient de savoir « ce qu'il faudrait faire autrement à l'avenir ; pourquoi il était légitime de revendiquer la confiance du public et ce que cela voulait dire pour les principales parties prenantes [...] ». « Nous avions toujours su que nous réalisions de bons scores, de ce point de vue, dans les enquêtes de satisfaction. Mais nous n'avions jamais compris jusqu'à ce moment-là que la confiance pouvait devenir le levier qui nous ferait tous aller de l'avant, ensemble. Nous avons commencé à réfléchir à ce que nous pouvions *arrêter* de faire et à ce que nous devions *commencer* à faire. Nous avons réalisé que nous avions toujours eu la confiance du public et que, désormais, nous pouvions légitimement la revendiquer comme un atout majeur. Il suffisait juste de changer de perspective. Les clients nous suivraient, car cela coïncidait avec la perception qu'ils avaient de longue date. Cela éveillait vraiment un écho en eux. » En fait, la confiance, en elle-même et par elle-même, semblait offrir un étalon à l'aune duquel on pouvait mesurer pratiquement tout ce que La Poste avait accompli par le passé et tout ce qu'elle souhaitait réaliser à l'avenir. Les autres grands thèmes qui avaient semblé raisonnables et importants pendant la divergence apparaissaient maintenant comme de précieux *corollaires* de la confiance. Par exemple, pendant la divergence, de nombreux participants avaient mentionné la « proximité » (autrement dit, la présence de nombreux bureaux de poste répartis sur l'ensemble du territoire français et le fait que les facteurs aient accès à toutes les communautés, tous les quartiers et même à tous les foyers), affirmant que c'était l'un des aspects les plus importants du travail de La Poste. Mais, en phase finale du processus de convergence, les mêmes dirigeants étaient parvenus à une perspective commune différente. Ils voyaient maintenant que c'était, plus fondamentalement, grâce à la confiance que les Français laissaient le facteur leur apporter leur courrier personnel et parfois même entrer dans leur domicile pour y déposer lettres et colis. La proximité était importante, mais c'est la confiance qui la rendait possible. « La confiance, nous dit plus tard Georges Lefebvre, était devenue la véritable racine de notre vision commune. »

Une fois que Lefebvre et ses collègues eurent convergé sur la « confiance », elle s'imposa presque instantanément non seulement comme thème de la communication interne et externe, mais aussi comme un élément intrinsèque des plans stratégiques de La Poste. Dans le domaine du crédit à la consommation, nouvelle activité, la confiance revêtait une importance capitale. Elle permettait aussi à La Poste de développer toute une gamme d'outils en ligne permettant à tout un chacun de faire des dons à ses organisations caritatives préférées. Au cours de sessions ultérieures de divergence et de convergence destinées à « remplir » le cadre général de la confiance d'idées de nouveaux produits et services, les participants ont proposé (entre autres) :

1. la mise en place d'une entreprise de déménagement qui permettrait de tirer parti de la notoriété de la marque et de sa présence partout en France ;
2. la création d'un service de notation certifiant la qualité de produits, services et/ou d'établissements commerciaux. À un moment donné, les participants ont même envisagé de racheter la branche guide de voyages et de restaurants de Michelin afin d'aider La Poste à pénétrer rapidement dans ce nouveau domaine de croissance potentielle ;
3. la mise en place d'une offre plus large de services en ligne (non seulement ceux qu'offraient déjà Yahoo! ou Gmail, mais aussi par exemple un service de fabrication de timbres personnalisés que les clients pourraient créer eux-mêmes en ligne, avec les images et les thèmes de leur choix) ;
4. de plonger encore plus profondément dans l'espace en ligne, où la confiance joue un rôle si essentiel, en offrant le stockage, la distribution et la gestion sécurisés des documents virtuels, ainsi qu'un outil de vote en ligne permettant aux entreprises de conduire des élections sécurisées, par exemple les élections des représentants syndicaux.

Ce dernier concept du « coffre-fort numérique » n'était nouveau ni dans le monde ni même pour La Poste, qui l'avait déjà envisagé et rejeté plusieurs années auparavant. Maintenant, cependant, au sein du cadre général de la confiance, il s'imposait comme une évidence. Cela constitue un exemple supplémentaire de l'intérêt de porter un regard nouveau sur des idées anciennes et de l'importance du changement de perspective.

Toutes ces innovations s'inscrivent tout naturellement au sein du nouveau modèle mental de la confiance. Jean-Paul Bailly, président de

La Poste depuis 2002, nous a récemment expliqué que l'émergence de la confiance en tant que vision partagée a marqué « un moment décisif dans l'histoire de La Poste » car elle a affecté les décisions de la direction, la façon dont l'établissement formait et évaluait ses salariés, et les décisions de lancer, ou non, tels ou tels nouveaux produits et services. Avant les ateliers successifs de divergence et de convergence, a-t-il ajouté, La Poste n'avait pas de stratégie centrale claire concernant son propre avenir. La notion de confiance offrait une valeur recouvrant tout le reste, un point de départ accepté par tous et un repère à l'aune duquel La Poste pouvait examiner la plupart des grandes décisions, initiatives et opportunités potentielles. « La confiance, a-t-il conclu, c'est désormais notre foi. »

Chapitre 7

Réévaluer

« Se reposer sur une formule est un sommeil qui, prolongé, entraîne la mort[1]. »

Oliver Wendell Holmes

Aucune bonne idée n'est éternelle. Si brillant, résilient, imaginatif, pertinent et efficace qu'il soit, tout nouveau modèle mental tire bénéfice un jour d'être modifié, amélioré et, finalement, remplacé. Le processus créatif est constant, ses cinq étapes toujours d'actualité. Il faut y revenir sans cesse, même si ce n'est pas toujours dans le même ordre.

Avoir de nouvelles idées, même si elles se révèlent exceptionnellement précieuses, voire célébrées dans le monde entier, ne met pas fin au processus. Il ne faut jamais cesser de douter.

Aucune idée ne reste valide à perpétuité et, pour ancrer la créativité dans la durée, il faut continuer à créer de nouveaux concepts, les modifier, les sélectionner, les mettre en œuvre, puis les rejeter et, à un moment ou à un autre, les remplacer par un nouveau modèle mental.

Pour réussir, il est impératif d'en créer sans cesse, l'un après l'autre, d'accepter le changement et de savoir quand il est temps d'en supprimer un pour le remplacer par un autre. Au lieu d'attendre les *Caramba !* et de croire béatement que la réussite d'aujourd'hui garantit celle de demain, certaines entreprises anticipent constamment l'impact du changement, ce qui leur permet de se renouveler à temps.

L'agence de presse Reuters, qui a toujours su évoluer avec son temps, en fournit un bon exemple. Sa spécialité, la transmission des messages et des informations, remonte à sa fondation, en 1850, et n'a jamais changé. Comment Reuters a-t-il fait pour la conserver face aux multiples changements qui ont marqué le monde depuis cette époque ? Initialement, l'agence utilisait des pigeons voyageurs, vite remplacés par le télégraphe (1851), puis le téléscripteur (1882). Ces technologies ont été abandonnées et remplacées par la radio (1923), puis par les communications par satellite (1962). Aujourd'hui, l'agence utilise des applications avancées de la transmission des informations par Internet.

Paul Julius Reuters a fondé la société en 1850 à Aix-la-Chapelle, en Allemagne. Le télégraphe était alors une toute nouvelle invention, mais la ligne s'interrompait entre Aix-la-Chapelle et Bruxelles. Il y remédiait grâce à des pigeons voyageurs, de sorte que les nouvelles se transmettaient plus vite entre Berlin et Bruxelles, entre autres.

Conscient que les pigeons voyageurs n'étaient pas une technologie d'avenir, Reuters se mit à la recherche de nouvelles méthodes pour la transmission des informations et des messages (autrement dit, il se mit en quête de nouveaux cadres mentaux pour « remplir » le grand cadre original qu'il avait créé avec ses collègues en fondant son agence). Reuters semble avoir été incroyablement doué pour avoir des tas d'idées nouvelles, les exploiter aussi longtemps que possible, puis les remplacer par d'autres quand cela se révélait nécessaire.

Après s'être installé à Londres en 1851, il profita de la récente pose du câble sous-marin entre Douvres et Calais pour transmettre les cours de la bourse de Londres aux agents de change parisiens et les cours des diverses bourses européennes aux courtiers londoniens. Reuters ouvrit de nombreux bureaux et, en 1865, son entreprise privée devint une société, la Reuters Telegram Company. En 1865, il fut aussi le premier en Europe à annoncer l'assassinat de Lincoln, la nouvelle ayant mis douze jours à franchir l'Atlantique.

En 1882, Reuters créa un nouveau paradigme en se mettant à utiliser le téléscripteur pour communiquer les informations et les cours de bourse d'un de ses bureaux à l'autre, ce qui permettait des missives plus longues que le simple télégraphe. Grâce à cette nouvelle technologie Reuters s'acquittait de sa mission dans de meilleures conditions.

En 1923, Reuters a contribué à développer de nouvelles applications de la radio, en particulier des méthodes permettant de transmettre en Morse, par grandes ondes, des informations internationales ainsi que les cotations boursières et les taux de change. Ce dernier service allait devenir la principale activité de Reuters en Europe, puis dans le monde, les émetteurs radio ayant entre-temps gagné en puissance.

Reuters continua à conjuguer agilité et flexibilité. Dans les années 1960, l'agence mit en place un cinquième cadre mental en misant sur le potentiel des satellites et un sixième, avec l'avènement de l'Internet, au milieu des années 1990. Fait remarquable, si le cadre mental général – la transmission des informations et des cotations boursières – est resté inchangé, Reuters a développé à de nombreuses reprises de nouveaux cadres mentaux pour remplir cette mission avec un succès jamais démenti.

Quand le monde change autour de vous, il en va de même de vos conditions de travail, d'où le besoin constant de nouveaux cadres mentaux. Les événements – des soulèvements politiques aux révolutions technologiques, des crises économiques profondes et inattendues à l'émergence de nouveaux phénomènes sociétaux ou culturels porteurs d'opportunités – contredisent parfois les scénarios élaborés dans un environnement différent. Des événements imprévus, à l'impact puissant, risquent toujours de briser la validité d'un « nouveau » cadre mental. Et, bien sûr, même des menaces familières (comme des concurrents que vous connaissez fort bien) peuvent avoir un impact inattendu. De fait, après la fusion de Reuters avec la Thomson Corporation et la création de Thomson Reuters en 2008, les analystes ont sans doute tous cru que l'un des grands concurrents de la nouvelle entité dans le domaine de l'analyse et des informations financières serait Bloomberg. Mais, après la récession de 2008, la division marchés de Thomson Reuters a surtout souffert des performances décevantes de son nouveau programme de données financières « Eikon desktop », qui se révéla incapable de concurrencer efficacement les terminaux établis de Bloomberg[2]. Reuters avait été une entreprise florissante pendant plus d'un siècle parce que l'agence avait su évoluer constamment – aujourd'hui, elle doit retrouver cette capacité d'adaptation. Cela suppose la mise en place d'un nouveau cadre mental susceptible de changer les règles du jeu.

Durant la cinquième étape du processus créatif, à l'instar d'un radar scrutant sans cesse le ciel, vous devez soumettre vos modèles mentaux à un examen critique, constant et rigoureux. Votre désir de les voir rester indéfiniment valides ne doit pas influencer les informations que vous collectez. En évitant aussi et surtout le déni – vous devez, au minimum, être conscient de votre réticence à voir ou à accepter la vérité que vous avez sous les yeux.

À de nombreux égards, cette cinquième étape renvoie nécessairement à la première, puisque les deux supposent à la fois de se montrer extraordinairement vigilant et de remettre sans cesse en cause les modèles mentaux existants. Nous avons utilisé, au chapitre 1, l'analogie de la prison dont on s'évade. Évasion strictement impossible si l'on n'a pas commencé par reconnaître que la prison existe bel et bien, en avoir minutieusement étudié le fonctionnement et repéré les points faibles. La cinquième étape consiste donc à éviter de se retrouver, une fois de plus, en prison (ou, si cela vous arrive tout de même, à forger très rapidement de nouvelles clés ou de nouvelles manières de s'évader).

Vous devez toujours faire de votre mieux pour voir en quoi vos nouveaux modèles mentaux vous sont utiles et en quoi ils vous gênent. « Le progrès, a dit un jour Bernard Shaw, est impossible sans le changement, et ceux qui sont incapables de changer d'avis sont également incapables de changer quoi que ce soit d'autre. » Autrement dit, on ne peut pas aller de l'avant sans réexaminer et modifier constamment ses propres perceptions.

Il faut donc réévaluer constamment et soigneusement ses modèles mentaux afin de se préparer le mieux possible aux incertitudes de l'avenir et au flux inexorable du changement. Cette discipline permet de ne pas s'y accrocher trop longtemps sans pour autant les abandonner prématurément. *Continuez à douter*, c'est le meilleur conseil que l'on puisse vous donner, et pensez à l'une des phrases les plus célèbres de la culture Nike : « Il n'y a pas de ligne d'arrivée. »

Remplacer vos modèles mentaux en temps utile

À l'été 2011, Reed Hastings, PDG de Netflix, qui venait d'étudier attentivement des monceaux de données montrant toutes qu'un nombre croissant de consommateurs s'éloignaient de la location de DVD en faveur des vidéos en streaming, décida de scinder Netflix en deux[3]. L'une des deux entités, une nouvelle société baptisée Qwikster, enverrait des DVD à ses clients dans des enveloppes rouge vif, contenant une enveloppe pré-timbrée pour le retour, comme Netflix le faisait traditionnellement. Le nouveau Netflix, lui, se consacrerait exclusivement à la vidéo en streaming, technologie relativement nouvelle en rapide croissance.

Après avoir pris cette décision, Hastings envoya très rapidement un courriel collectif aux abonnés de Netflix, auxquels il expliquait le nouveau mode opératoire[4] :

> Nous séparons la location illimitée de DVD par correspondance et le streaming illimité en deux entités distinctes afin de mieux refléter leurs coûts respectifs. Nos membres ont désormais le choix : leur abonnement couvrira soit le streaming seul, soit uniquement location de DVD, soit les deux.
>
> L'abonnement actuel de 9,99 dollars par mois pour le streaming illimité et la location illimitée de DVD sera divisé en deux propositions :
>
> 1. streaming illimité (sans DVD) pour 7,99 dollars par mois ;
> 2. DVD illimités, un à la fois (sans streaming), pour 7,99 dollars par mois.
>
> Si vous souhaitez cumuler les deux services, nous vous offrons un abonnement au prix de 15,98 dollars par mois (7,99 + 7,99). Si vous souhaitez conserver votre abonnement actuel, offrant à la fois le streaming illimité et la location illimitée de DVD, vous n'avez aucune démarche à entreprendre.

Peu après le lancement de Qwikster et l'envoi de ce courriel aux abonnés, environ 800 000 d'entre eux abandonnèrent Netflix, beaucoup ayant été cruellement déçus que la location de DVD par correspondance soit transférée à Qwikster (et que le prix de l'abonnement pour le service combiné streaming/DVD soit passé de 9,99 à 15,98 dollars par mois).

Quand les résultats financiers furent annoncés, à la fin du troisième trimestre 2011, le cours du titre Netflix baissa de 25 %. À en croire le *New York Times*, Netflix avait « sous-estimé les émotions non quantifiables de ses abonnés, qui continuent à vouloir recevoir leurs petites enveloppes rouges, même s'ils oublient de regarder les DVD qu'elles contiennent[5] ». Reed Hastings expliquait, durant l'interview, qu'il avait sans doute pris la décision de scinder Netflix par excès de confiance (même s'il ne regrettait pas le changement de tarif), en surestimant la préférence croissante des consommateurs pour le streaming. Il reconnaissait avoir pris une décision un peu hâtive et son entreprise a choisi de ne pas faire la scission.

Nous pensons qu'il a effectivement agi prématurément en séparant le concept de location par correspondance de DVD de la vidéo en streaming pour mieux se consacrer à cette dernière. Il ne s'est pas rendu compte que beaucoup d'abonnés n'étaient pas encore prêts à remplacer l'ancien concept par le nouveau (beaucoup voulaient encore profiter des deux possibilités ou bénéficier de la variété que n'apportait pas encore le streaming, mais ils n'acceptaient pas une telle augmentation de prix). Ils restaient très attachés au concept de la location de DVD par correspondance et ne souhaitaient pas l'abandonner en faveur d'un nouveau monde dans lequel ils devraient obtenir toutes leurs vidéos exclusivement en téléchargeant des dossiers numériques.

Nombre d'entreprises sont au moins aussi susceptibles de commettre l'erreur inverse, c'est-à-dire de s'accrocher trop longtemps à un modèle auquel elles sont habituées. Il ne faut ni se précipiter ni se reposer sur ses lauriers. Quel que soit le nombre d'*Eurêka !* que vous avez eu la chance de vivre consécutivement, si remarquables que paraissent vos modèles mentaux actuels, le risque de *Caramba !* ne disparaît jamais totalement*.

Dans la pratique, on ne passe pas d'un modèle mental à l'autre du jour au lendemain. Par exemple, si vous vendez des produits sur des segments de marché distincts, la segmentation et la stratégie commerciale correspondante, créées le premier lundi du mois, seront sans doute encore valables le deuxième et le troisième. Vous les conserverez certainement un certain temps afin de vendre vos produits. Mais le contexte change sans cesse et ces segments finiront, un jour ou l'autre, par être obsolètes.

Les entreprises sont souvent surprises par la rapidité du changement. Par exemple, en 1960, si vous figuriez parmi les dix plus grandes entreprises américaines de votre secteur (en termes de chiffre d'affaires), vous pouviez normalement compter y rester une quarantaine d'années. Les statistiques montrent qu'en 1990 cette durée moyenne était tombée à quatorze ans ; aujourd'hui, elle serait sans doute de dix ans seulement, voire moins, selon le secteur d'activité[6] ! Les mêmes statistiques montrent que le pourcentage d'entreprises américaines qui ne parviennent pas à se maintenir parmi les trois premières de leur secteur (en chiffre d'affaires) est passé de 2 % en 1960 à 14 % en 2008. Ces chiffres montrent l'importance de la résilience et de l'adaptabilité, ce qui suppose de revoir et de réviser régulièrement ses cadres mentaux**.

Les gens, comme les grenouilles dans les marmites, ont souvent du mal à remarquer les changements progressifs.

---

* Après cet épisode, Netflix a fait un excellent exercice 2012 en s'attachant délibérément au marché en croissance rapide de la vidéo en streaming au risque de cannibaliser son activité location de DVD. Encore une preuve évidente que le monde change perpétuellement.

** Dans ce contexte, nous reprenons à notre compte le travail de plusieurs collègues qui ont récemment exploré l'importance de « l'avantage adaptabilité ». Compte tenu de l'évolution constante des positions sur le marché, du flux énorme d'informations, du caractère de plus en plus flou des frontières entre les entreprises et les secteurs d'activité et des immenses changements du contexte social, culturel et écologique dans le monde entier, se doter d'un avantage adaptabilité suppose que les entreprises et leurs leaders se montrent perspicaces, expérimentaux et extrêmement résilients dans la façon dont ils sélectionnent, appliquent et gèrent leur future stratégie. Nous considérons comme essentiels la réévaluation et le remplacement réussi des modèles mentaux – l'aptitude à savoir lesquels conserver et quand – pour induire et exploiter cet avantage d'adaptabilité. On trouvera davantage de détails dans https://www.bcgperspectives.com/content/articles/future_strategy_business_unit_strategy_adaptive_advantage/

La bonne nouvelle, c'est que vous pouvez aiguiser vos capacités à repérer les changements et vous sensibiliser de façon à mieux déceler les plus discrets, ceux que ne détecte pas le radar, de sorte que lorsqu'il y a une ambiguïté sur la signification possible d'un ou plusieurs signes, vous posez encore plus de questions, vous creusez encore plus profond.

L'histoire de nombreuses entreprises révèle l'importance de l'agilité et de cette perception exacerbée, tout en évitant d'abandonner trop tôt un concept encore rentable. Ford Motor Company fournit l'exemple d'une entreprise qui, au moins initialement, a démontré cette sorte de résilience. Le développement par son fondateur Henry Ford de la Model T et du processus remarquablement efficace de la chaîne d'assemblage utilisée pour la produire en est la meilleure illustration. Gottlieb Daimler avait déjà inventé, en 1886[7], un véhicule à quatre roues propulsé par un moteur à essence, Henry Ford ne faisant son entrée dans le monde automobile qu'en 1903[8]. Son premier cadre mental, que sa compagnie peaufina environ cinq ans, fut le véhicule bon marché, le premier étant le « quadricycle », doté d'un châssis très simple, d'un moteur à essence, et de quatre roues semblables à des roues de bicyclette*. Mais le génie de Ford fut, entre autres, de réaliser que ce concept étroit serait bientôt insuffisant et dépassé. Les consommateurs en voulaient plus. Ils voulaient la puissance et l'efficacité de voitures à essence capables de démarrer toutes seules, mais ils voulaient aussi qu'elles soient faciles à réparer, à entretenir et à modifier ; en outre, ils voulaient payer moins cher le privilège de les posséder et de les conduire. Enfin, ils voulaient que leurs voitures résistent aux cahots des routes de campagne[9].

Le développement de la Ford T en 1908 allait transformer l'automobile, engin de luxe, relativement cher, fragile, difficile à entretenir, en véhicule abordable, robuste, rapide, efficace et plus facile à entretenir. Non seulement ce modèle comportait de nombreuses caractéristiques nouvelles (matières premières plus légères, suspension plus solide, dessous en une seule pièce, en forme de coque), mais Ford réduisit drastiquement son coût de fabrication (ainsi, du coup, que son prix de

* D'où vient le nom de la Model T ? Tout simplement, elle avait été précédée par les modèles A, B, C, K, N, R et S.

vente) en équipant la chaîne de montage d'un convoyeur, la durée du montage passant ainsi de 12 heures à 93 minutes[10]. Ce vaste nouveau modèle mental – la production de masse d'une automobile robuste, facile à entretenir et bon marché – conduisit à une croissance explosive de la compagnie et transforma l'ensemble de l'industrie automobile*. La production de la Ford T cessa en mai 1927 – le constructeur en avait fabriqué 15 458 781 à travers le monde[11].

Il est cependant difficile de s'adapter et de maintenir une agilité permanente – de remplacer, aussi souvent que nécessaire et au meilleur moment, un nouveau concept remarquable par un autre.

Henry Ford est resté fermement attaché, des années durant, à sa Ford T. Hélas, à la faveur de l'urbanisation, de la popularité des films toujours plus clinquants d'Hollywood et de la sophistication croissante des goûts culturels, des centres d'intérêt et des aspirations américains, les automobiles allaient se transformer d'un simple moyen de transport en un moyen d'afficher son standing et sa réussite[12]. Dans notre terminologie, le cadre mental dominant était passé de « voitures performantes » à « voitures performantes reflétant le standing et le compte en banque de leur propriétaire », ou de « véhicule » à « symbole de standing ».

General Motors avait anticipé cet énorme changement culturel – et l'avait intégré dans les produits qu'il développait –, mais Ford n'avait quasiment rien changé dans la façon dont il concevait, produisait et vendait ses produits. General Motors avait introduit le crédit automobile, toute une série de lignes (Chevrolet, Pontiac, Oldsmobile, Buick et Cadillac, par ordre de chic croissant), talismans du luxe offrant des caractéristiques de plus en plus séduisantes, chaque marque changeant tous les ans ses modèles et démodant au passage celui de l'année précédente – et ses propriétaires. Pendant ce temps-là, Henry Ford restait dangereusement épris de sa fiable, mais terne, Ford T, qu'il ne proposait qu'en noir.

Comme l'a montré un historien de la Harvard Business School, Richard Tedlow, dans *Denial*, livre dans lequel il illustre l'incapacité de nombreux

* Henry Ford avait contribué à l'innovation en termes de nouvelles caractéristiques grâce auxquelles ses automobiles étaient plus rapides, plus légères et plus solides, mais aussi en termes d'amélioration radicale de la productivité des usines.

grands capitaines d'industrie à réagir efficacement face au changement, Henry Ford resta incapable, jusqu'à son dernier jour, de reconnaître l'immense révolution socioéconomique qui se déroulait autour de lui[13]. Même lorsque des membres de sa famille proche le lui ont expliqué, il est resté rigidement attaché à la voiture à laquelle il devait sa réussite. Des décennies durant, GM et d'autres constructeurs ont conquis des parts de marché croissantes aux dépens de Ford. À la fin de la Seconde Guerre mondiale, la faillite fut évitée de justesse.

Comment « savoir » que le moment est venu de passer à autre chose

Apprendre à savoir quand remplacer un cadre mental existant par un autre suppose de commencer par se perfectionner en matière de réflexion prospective. À l'affût des nombreuses choses qui risquent de changer à moyen ou à long terme, vous devez apprendre non seulement à en détecter les signes avant-coureurs, mais aussi à y réagir promptement et efficacement. Et prendre conscience que, même quand tout va bien, il faut rester sur le qui-vive. Il y a toujours de nombreuses forces qui pourraient à tout moment modifier l'avenir de votre entreprise, soit qu'elles la propulsent sur une orbite triomphale, soit qu'elles la précipitent dans la géhenne du « si seulement nous avions compris plus tôt l'importance de ceci ou cela... ».

Les signes avant-coureurs du changement – et votre aptitude à vous y préparer – couvrent un large spectre. À une extrémité, on trouve des paradoxes frappants et des exemples de *Caramba !* relativement faciles à détecter. À l'autre, l'inévitabilité du changement et la menace constante de l'échec sont à peine visibles, voire totalement indécelables. Grisé par votre réussite, si vous ne faites pas le nécessaire pour anticiper le changement et pour y réagir, vous finirez peut-être, comme Henry Ford, par proposer un modèle désuet à un marché qui, entre-temps, est passé à autre chose. Parfois, quand, superficiellement, on a le sentiment que tout va vraiment pour le mieux dans le meilleur des mondes, la vérité, c'est que l'on prête le flanc aux pires catastrophes.

Attention aux *Caramba !*...

Une indication très forte de la nécessité de réévaluer votre modèle mental actuel est la survenue d'un *Caramba !* ou d'un paradoxe : vous observez actuellement certaines choses importantes qui, apparemment, ne collent plus du tout avec vos approches, certitudes, paradigmes ou autres modèles mentaux existants.

En cas de *Caramba !*, le changement vous assène un grand coup sur la tête. Vous fabriquez des téléphones portables et voilà que l'iPhone débarque sur le marché. Vous êtes une parfumerie traditionnelle et Sephora, avec son nouveau modèle enchanteur (essayez, vous verrez si ça vous plaît !), décime vos ventes. Plus personne ne veut de vos cafés trop chers et fadasses depuis qu'un nouvel arrivant propose dans ses magasins luxueux (il y en a un juste à côté de votre boutique) ou sur Internet toute une gamme de dosettes délicieuses.

Vous percevrez peut-être aussi la nécessité de reconsidérer vos modèles actuels si vous vous trouvez dans une situation paradoxale : ils semblent en contradiction totale avec de multiples phénomènes que vous observez.

En physique, de nombreuses années durant, il y a eu un débat vigoureux concernant la nature de la lumière et de la matière. Une théorie, initiée par Christian Huygens, scientifique et inventeur néerlandais du XVIIe siècle, tenait que la lumière se comportait comme une onde. Une autre, proposée par sir Isaac Newton, physicien anglais, postulait qu'elle se comportait comme un groupe de particules. Des recherches ultérieures, conduites par des physiciens renommés comme Niels Bohr, Albert Einstein et beaucoup d'autres, ont découvert des incohérences dans chacune de ces deux théories et, finalement, la théorie actuelle, selon laquelle la lumière comme la matière ont une « dualité onde-particule », forme le principe fondamental de la mécanique quantique. Comme ces grands savants, nous avons tous tendance à conserver une théorie jusqu'à ce qu'elle ne soit plus tenable, que des informations contradictoires nous parviennent, et que nous soyons confrontés à un paradoxe.

Un autre exemple intéressant touche à la théorie très répandue selon laquelle, largement grâce aux économies d'échelle, les grandes entreprises peuvent offrir des prix plus bas aux consommateurs. Quand ces derniers comparent une très grande surface de la chaîne de matériel de bricolage Home Depot à une petite quincaillerie de quartier, ils croient inévitablement trouver des prix plus bas pour des produits similaires dans les magasins de la grande chaîne. Il en va de même entre l'hypermarché et l'épicerie du coin. Si vous conduisiez votre propre analyse, vous élaboreriez peut-être une théorie logique, une hypothèse de travail, selon laquelle la grande surface implique des prix plus bas. Mais cette hypothèse s'appliquerait-elle aussi aux banques commerciales ? Et voici le paradoxe : dans de nombreux cas, la petite banque locale peut offrir un service plus attentif, une flexibilité, des caractéristiques et même des taux d'intérêt plus intéressants à ses clients locaux en raison des relations personnelles qu'elle entretient avec eux et de ce qu'elle peut savoir à leur sujet, réduisant ainsi le risque d'impayés. Dans ce contexte, votre théorie selon laquelle « plus grand est égal à moins cher » était trop générale, c'est la raison pour laquelle elle a conduit à un paradoxe. Ce dernier est une invitation à remplacer la première théorie par une autre, autrement dit à passer à un nouveau cadre mental.

On pourrait avoir, par exemple : « grande surface égal prix plus bas, sauf parfois pour les banques », ou « grande surface égal prix plus bas pour l'alimentation et le bricolage ». Ou peut-être, après plus mûre réflexion : « grande surface égal prix plus bas pour les produits tangibles où la chaîne d'approvisionnement permet des économies d'échelle ». Vous pouvez, bien entendu, en imaginer d'autres. Chaque fois que vous détectez un paradoxe, c'est signe qu'il faut raffiner votre théorie – ou, et c'est beaucoup plus probable, en imaginer une autre, totalement nouvelle.

Dans les affaires, comme dans la vie, quand vos observations de ce qui se passe « devant nous » ne correspondent plus à « notre façon de travailler » ou à « notre manière de voir les choses, dans ce pays », il est sans doute temps de chercher autre chose. Un *Caramba !* et un paradoxe constituent des signes très clairs que cela devient urgent. Vous *savez* qu'un changement s'impose.

Regardez autour de vous : vous verrez que d'innombrables entreprises ou organismes que vous connaissez ont récemment été confrontés à de tels paradoxes. Prenez le cas de Peter Gelb, le patron du mondialement célèbre Metropolitan Opera. Lorsqu'il en a pris les rênes, en août 2006, il était, nous a-t-il raconté, « douloureusement conscient de la nécessité de prendre des décisions radicales » pour résoudre les difficultés financières croissantes, diversifier et rajeunir le public du Met[14]. Adolescent, il y avait été ouvreur, pour se faire de l'argent de poche, et se souvenait qu'à l'époque, le superbe foyer était bondé de spectateurs de tous les âges – il n'y avait désormais plus de jeunes. Il était médusé que l'une des institutions culturelles les plus célèbres, les plus riches et les plus novatrices du monde puisse souffrir d'incertitudes aussi profondes. Le Met offrait des opéras de qualité à des salles combles, mais la situation financière était difficile. Inspiré par ces défis, Gelb conçut toutes sortes de nouvelles mesures pour tenter de revitaliser le public du Met – autrement dit, il se mit en quête d'un nouveau modèle mental.

Il s'efforça de repenser le répertoire en y ajoutant de nouvelles productions d'opéras classiques et contemporains, en faisant parfois appel à des metteurs en scène célèbres de théâtre, de cinéma et de danse dans l'espoir d'attirer des groupes de spectateurs nouveaux (et moins homogènes). Il participa au lancement de la Metropolitan Opera Radio, station spécialisée diffusant 24 heures sur 24 par satellite, soit en direct du Met, soit des enregistrements historiques. Il prit également l'initiative de créer un site Web d'où l'on pouvait télécharger gratuitement, du monde entier, une fois par semaine, les spectacles du Met. Autre idée : il se mit à inviter les spectateurs à assister gratuitement aux répétitions générales et fit projeter sur écrans géants, à Times Square et à la Lincoln Center Plaza, les premières – touristes et New-Yorkais pouvaient ainsi venir y assister gratuitement, en plein air.

Et pourquoi ne pas développer une façon radicalement nouvelle d'envisager les problèmes auxquels le Met était confronté ? Peter Gelb savait que les opéras et les autres institutions artistiques, dans le monde entier, voyaient leurs coûts augmenter plus rapidement que les recettes tirées de la vente de billets – surtout s'ils voulaient que ces derniers restent à la portée du grand public. Cette vérité menait tout droit à des difficultés budgétaires évidentes, que la plupart des institutions géraient en tentant de réduire leurs coûts, en particulier administratifs, et d'accroître leurs autres recettes (par exemple, les dons reçus de fondations et d'autres donateurs individuels).

Peter Gelb se demanda ensuite si le Met pouvait augmenter autrement, et de façon novatrice, les recettes tirées de la vente de billets. Le chiffre d'affaires total étant égal au prix du billet multiplié par le nombre de sièges, pourquoi ne pas augmenter la taille de l'auditorium ? Mais, contrairement aux compagnies aériennes qui bourrent les avions de rangées de sièges supplémentaires, pourquoi ne pas créer une approche encore plus radicale et plus ambitieuse ?

C'est alors que Peter Gelb imagina ce qui peut certainement être qualifié de brillant nouveau concept, lancé sous le nom de *The Met : Live in HD*. Il s'agit de retransmissions en direct, simultanément dans des cinémas du monde entier, des opéras du Met. Des centaines de milliers de personnes peuvent ainsi les admirer à un prix nettement plus modeste que celui de la plupart des billets vendus au Lincoln Center. Les opéras sont projetés en haute définition et les spectateurs ont l'impression d'être dans un fauteuil d'orchestre (voire mieux, puisque la caméra zoome souvent sur les cantatrices et les solistes, mais offre également une vision spectaculaire de l'ensemble de la scène). *The Met : Live in HD* est maintenant projeté sur plus de 1 500 écrans, dans plus de 50 pays, pour un public de 250 000 spectateurs en moyenne – dans six continents. Le Met engrange ainsi 11 milliards de dollars de recettes supplémentaires par an.

Les paradoxes sont presque toujours une invitation à la créativité, une occasion de développer un nouveau modèle mental.

... et aux signaux faibles

Tout au long de ce spectre se manifestent toutes sortes de signaux faibles que vos biais et perceptions rendent difficiles à détecter (même s'ils crèvent les yeux à d'autres personnes, tant à l'intérieur qu'à l'extérieur de votre entreprise). Parmi les plus courants, signalons l'entrée de nouveaux concurrents dans votre industrie ; l'impact de nouvelles technologies, qui inquiètent de plus en plus certains de vos dirigeants ; ou encore des changements, même s'ils paraissent mineurs, de vos principaux indicateurs de performance. Ces signaux faibles, on les remarque parfois, mais on se dit qu'il n'y a pas de quoi fouetter un chat.

Il n'y a pas deux personnes qui voient et interprètent exactement de la même façon un stimulus qu'elles ont sous les yeux. Que ces divers signes soient objectivement évidents ou discrets, les individus, comme les groupes, en voient certains plus clairement et plus vite que les autres, sans doute en raison de leur cadre mental subjectif et unique. C'est la raison pour laquelle vous devez créer votre liste de ces signaux ténus, en vous attachant surtout à ceux qui risquent de vous concerner de plus près, personnellement, au niveau de votre entreprise ou de votre secteur d'activité. Armé de cette liste (et nous espérons que vous continuerez à la consulter et à la réviser), vous pourrez les guetter avec la plus grande attention et prendre des initiatives pour y réagir à l'avance si vous les repérez avant que l'événement lui-même ne se concrétise.

À titre indicatif, voici quelques signaux fréquents :

- *Altération de la proposition de valeur.* Par exemple, la qualité de votre produit ou service est supérieure à celle de la concurrence, mais vous éprouvez des difficultés croissantes à ce que son prix reflète la différence. Disons que vous exploitez une flotte de cars de luxe. Vous vous apercevez un beau jour que plusieurs nouveaux transporteurs proposent des véhicules dont l'aménagement intérieur est nettement moins luxueux que celui des vôtres. Ils embarquent des passagers à un certain nombre d'endroits, dans la rue, et offrent, en ligne, le trajet Manhattan-Washington pour 19 dollars, alors que vous n'avez pas de tarif inférieur à 75 dollars. Autre cas de figure : il existe des versions de substitution pour le même produit que le vôtre, mais à un prix très inférieur (par exemple, vous êtes éditeur et vous constatez que les livres électroniques se vendent moins de la moitié du prix auquel vous vendez vos ouvrages).

- *Nouveaux besoins non satisfaits des consommateurs.* Par exemple, vous produisez des imprimantes laser, mais vous n'avez que des modèles noir et blanc, alors que la plupart des consommateurs aimeraient bien que la couleur soit l'option standard ; vous avez un magasin de fournitures de bureau et, peu après le lancement de l'iPad, vous constatez qu'il n'existe encore sur le marché aucun étui protecteur sympa et bon marché.
- *Nouveaux concurrents ou fournisseurs ; changements menaçant l'activité ou l'offre de vos partenaires directs.* Par exemple, vous exploitez une chaîne de boutiques de prêt-à-porter milieu de gamme et H&M débarque dans votre pays ; vous construisez des appartements de luxe et vous continuez à acheter votre granit dans le New Hampshire alors que vos concurrents importent d'Inde ou d'Italie une pierre de meilleure qualité, mais nettement moins coûteuse ; vous vous appelez Sony Music Entertainment et beaucoup de musiciens dont vous avez longtemps distribué les chansons les vendent maintenant indépendamment, en ligne ; vous êtes spécialiste du jeu vidéo traditionnel et vous réalisez un beau jour que vos concurrents se préparent tous à lancer des versions mobiles de leurs meilleurs jeux alors que vous n'avez pas encore fait le moindre pas en ce sens.
- *Nouvelles avancées technologiques et/ou offres de produits ou services.* Par exemple, votre compagnie aérienne ne propose que des sièges en classe économie, serrés les uns contre les autres, alors que plusieurs de vos concurrents ont une classe éco confort, offrant aux passagers, pour un prix supérieur, le luxe de pouvoir étendre leurs jambes et incliner leur siège jusqu'à l'horizontale ; ou encore, vous continuez à fabriquer des montres classiques, alors que de nouveaux concurrents novateurs offrent des bracelets-montres qui se connectent au wi-fi et, loin de se contenter de donner l'heure, indiquent aussi le chemin grâce à un GPS à reconnaissance vocale et s'éclairent de différentes couleurs pour indiquer la météo de l'endroit où vous vous trouvez.
- *Les indicateurs clés de votre entreprise indiquent de nets changements.* Par exemple, les ventes trimestrielles de votre produit phare ont augmenté ou diminué brusquement, vos stocks stagnent depuis longtemps dans toutes vos catégories de produits ou votre chiffre d'affaires annuel

accuse un net déclin par rapport à l'année précédente. Suivre ces indicateurs est, à nos yeux, à peu près aussi facile que piloter un hélicoptère. Un pilote d'hélicoptère doit avoir l'œil rivé aux nombreux cadrans de son tableau de bord qui affichent les aspects critiques du vol et doivent respecter certains paramètres. Certains sont bien sûr plus critiques que d'autres. Mais d'une manière générale, si un cadran n'est plus conforme aux normes, le pilote doit lui consacrer toute son attention ; si deux cadrans affichent des chiffres inhabituels, l'hélicoptère rencontre peut-être un problème plus large ; si trois écrans, ou plus, sont anormaux, on est sans doute en situation d'urgence. Clairement, les dirigeants ne peuvent opérer de cette façon que s'ils ont une vision claire des « écrans » qu'il convient de suivre de plus près et d'optimiser. Il faut savoir quels chiffres comptent le plus pour pouvoir remarquer qu'ils ne sont pas tout à fait normaux et agir en conséquence.

- *Opportunités manquées, potentiels non exploités.* Vous remarquez parfois, à votre grand étonnement, que quelque chose ne s'est pas encore produit, qu'un besoin n'a pas été satisfait, signe qu'il existe une opportunité – et qu'il faut remplacer vos modèles mentaux. Par exemple, si vous aviez été à la tête d'une chaîne de télévision traditionnelle dans les années 1970 et que, souffrant d'insomnie, vous ayez allumé la télévision, vous vous seriez peut-être demandé pourquoi il n'existait pas de chaîne d'informations en continu, 24 heures sur 24. Vous auriez peut-être alors décidé de remplacer le concept « nous donnons un bulletin d'informations à 18 heures » par « nous couvrons toute l'actu, tout le temps ». Si vous étiez chargé de la planification stratégique d'une entreprise de cars et que vous aviez remarqué que de nombreuses personnes attendaient, en fin de soirée, aux abords d'un nouveau casino situé à 130 kilomètres de Manhattan, n'ayant apparemment aucun moyen de rentrer chez eux après une nuit autour des tapis verts et des machines à sous, vous pourriez décider qu'il est temps de proposer de nouveaux itinéraires à votre entreprise, en particulier pour desservir ce casino et d'autres lieux du même genre.
- *Événements susceptibles de changer la donne.* Il pourrait s'agir, entre autres, d'une nouvelle réglementation, de la délocalisation de l'ensemble de

la production de votre secteur d'activité, d'une sécheresse prolongée ou du changement climatique, de changements macroéconomiques comme l'augmentation durable du prix d'une matière première ou encore de changements sociologiques ou politiques comme la multiplication des manifestations réclamant davantage de démocratie dans le monde arabe.

- *Prémonitions, angoisses et/ou intuitions.* Les signaux sont parfois encore plus subtils, voire insidieux. Votre assistante vous a peut-être fait remarquer que votre téléphone sonne beaucoup moins souvent que par le passé. Plusieurs ouvriers ont signalé que l'eau pénètre les ateliers au niveau des fenêtres, ce qui ravive les inquiétudes que vous inspire l'état des installations de votre entreprise.

À la fin des années 1990, Philips s'est trouvé dans une situation de ce type. Le géant néerlandais fabriquait surtout des cafetières traditionnelles, conçues pour préparer plusieurs tasses de café à la fois grâce à un goutte-à-goutte, alors que les consommateurs, en nombre croissant, souhaitaient désormais se faire chacun leur tasse en choisissant leur arôme préféré, en ayant le sentiment que le café qu'ils savouraient était un produit exceptionnel, de luxe. On n'en était pas encore au *Caramba !*, il n'y avait pas encore de paradoxe très net – mais il commençait à devenir clair que les cafetières Philips ne correspondaient pas aux nouvelles attentes des consommateurs. Le grand cadre mental « le même café fait en même temps pour tout le monde » donnait des signes d'usure et, avec le temps, les dirigeants de Philips auraient pu devenir les Henry Ford de la cafetière domestique, continuant à concevoir et vendre des modèles simples alors que la concurrence était passée à autre chose.

Ce ne fut heureusement pas le cas, car la compagnie se mit immédiatement à développer la Senseo, remarquablement pratique et innovante, en partenariat avec Douwe Egberts, société d'origine hollandaise spécialisée dans la torréfaction traditionnelle depuis 1753. Le fabricant de cafetières et le torréfacteur avaient tous deux remarqué les signaux faibles et décidé d'y réagir ensemble. En 2001, quand la Senseo fut lancée aux Pays-Bas, le marché des cafetières était pléthorique et très concurrentiel, la demande de café en général relativement stagnante, les boissons fraîches ou sans caféine lui prenant de plus en plus de parts de marché[15]. Même pour une entreprise aussi tournée vers l'avenir que Philips, la tentation était sans doute grande de se contenter d'ajouter quelques caractéristiques à un modèle de cafetière existant ou d'en développer un nouveau capable de préparer le café de façon plus efficace ou moins coûteuse. À l'extrême, Philips aurait même pu être tenté d'abandonner carrément toute la catégorie « cafetière ».

Mais Philips avait reconnu un signal assez fort : il s'accrochait au paradigme bien établi de cafetières relativement chères obligeant le consommateur à faire son café lui-même, alors que beaucoup d'entre eux semblaient désormais s'orienter vers des cafetières moins chères, personnalisées et permettant de faire des cafés à la tasse, pratiquement sans rien manipuler.

Philips passa donc à l'action. Exploitant sa vaste expérience en matière de création, de marketing et de distribution de cafetières et autres petits appareils électroménagers et celle de Douwe Egberts en matière de torréfaction, le groupe inventa une expérience totalement novatrice de la confection du café et un nouveau cadre mental appelé à une réussite magnifique.

Les ingénieurs du bureau d'études intégrèrent plusieurs tendances que les fabricants de cafetières ne prenaient pas suffisamment en compte. La première était un penchant de plus en plus fort à se préparer chacun sa tasse de café, quand le consommateur en avait envie (et non plus une cafetière entière, dont une bonne partie du contenu finissait à l'évier), la seconde le désir de personnaliser le goût en fonction des préférences de chacun. Ils avaient également compris que les gens souhaitaient pouvoir se préparer un café beaucoup plus vite et apprécieraient la sensation de savourer un breuvage de luxe, couronné de mousse, à la manière d'un *espresso* italien. Elle bénéficiait aussi d'un design avant-gardiste et, initialement, d'une couleur bleue qui la distinguait au premier coup d'œil de toutes les autres cafetières (elle existe maintenant en plusieurs couleurs) tout en lui conférant une grande élégance qui ajoutait à son aura de luxe. Elle coûtait évidemment moins cher que la plupart des cafetières *espresso* qui se vendaient entre 70 et

130 dollars, selon le modèle[16]. Dans les quatre ans suivant la mise sur le marché, Philips en vendit 15 millions d'exemplaires dans le monde entier et, en 2012, elle demeure leader de sa catégorie en Europe occidentale, malgré un paysage concurrentiel beaucoup plus dur.

L'histoire n'est pas terminée : comme toujours, le monde continue à changer et les tendances les plus récentes reflètent l'attrait du café fraîchement moulu. Et même s'il reste utile, la plupart du temps, de préparer le café tasse par tasse, en certaines occasions les consommateurs veulent pouvoir préparer une cafetière entière, par exemple quand ils ont des invités. Alors, en 2012, Philips, toujours en partenariat avec Douwe Egberts, a lancé la Senseo Sarista aux Pays-Bas. Un seul geste et la Sarista moud les grains avant de faire le café, chose qu'aucune autre machine à café à la tasse ne peut faire. Elle comble ainsi le désir de fraîcheur – mais permet également de préparer une, deux, trois tasses, ou une cafetière entière : il suffit d'appuyer sur un bouton. Le monde change sans cesse, mais l'offre de Philips en matière de cafetières suit.

Hindustan Lever Limited : surmonter les *Caramba !* et apprendre à tenir compte des signaux faibles

En août 1999, John Ripley, directeur chez Unilever, regarda le public et conclut ainsi son exposé : « C'est précisément ce processus d'apprentissage qui a poussé notre entreprise, dans le monde entier, à se réinventer une fois encore. Nous ne cherchons plus à satisfaire les besoins de tel ou tel groupe, mais ceux de tout le monde. Confrontés à un marché et à un paradigme nouveaux, nous ne nous sommes pas posé la question de savoir s'il fallait relever le défi, mais celle de savoir *comment* nous allions le faire. » Il venait de résumer, avant de quitter le podium, tout ce qui s'était passé au cours des années récentes[17].

L'histoire, à cette époque, d'Hindustan Lever Limited (ou « HLL »), la filiale locale d'Unilever en Inde, reflète ce qui peut se passer quand les directions ne captent pas les signaux faibles, mais elle offre aussi l'exemple de la meilleure pratique pour redresser la barre après cette erreur initiale. Armé de « Surf », marque de lessive immensément populaire, HLL dominait en 1965 le marché indien de divers produits de grande consommation, avec notamment 70 % du marché des lessives en poudre. Initialement, la concurrence de HLL n'était pas une autre marque de détergent, mais la pratique indienne traditionnelle de laver les vêtements avec du savon. Pour encourager le changement, HLL avait développé un réseau de commerciaux qui voyageaient dans l'ensemble du pays, montraient comment utiliser la lessive en poudre, dont l'emploi était tellement plus facile que celui du savon. Cette stratégie était renforcée par une importante campagne publicitaire nationale. Des années durant, HLL fut le roi de ce qui s'appelle là-bas le « secteur organisé » des producteurs de détergents de qualité et, manifestement, avait à peine remarqué l'existence d'autres producteurs relevant du vaste « secteur non organisé », spécialisés dans le bas de gamme, qui ne bénéficiaient pas des ressources de la grande entreprise, dont les produits étaient inférieurs et n'inquiétaient donc pas notre leader.

La concurrence émergea dans les années 1970 d'une source inattendue : une marque nommée Nirma, dont la lessive était moins efficace mais beaucoup moins chère. Développée à son propre domicile, à Ahmedabad, par un entrepreneur du nom de Karsanbhai Patel, la lessive Nirma coûtait le tiers du prix du Surf et devint rapidement populaire, même si elle ne contenait pas de parfum, ne ravivait ni le blanc ni les couleurs et n'adoucissait pas le linge. Nirma n'avait aucune force de vente, pas plus que d'organisation commerciale (les premières commandes furent livrées par Patel en personne, qui allait de boutique en boutique à bicyclette. Sa croissance reposait sur le bouche-à-oreille, ainsi que sur une publicité et des promotions extrêmement frustes. La société ne payait pas de TVA, car elle confiait sa distribution à des « agents » payés à la commission ; elle finit par développer un système à base de camionnettes, puis des camions, infiniment plus simple que le système de distribution mis en place par HLL dans l'ensemble du pays.

Nirma rencontra un succès phénoménal – en 1977, c'était la deuxième marque de détergent du pays, avec des ventes représentant près du tiers, en volume, de celles de Surf et une part de marché de 12 % contre 30,6 %.

En grandissant, Nirma conserva une stratégie distincte, par plusieurs aspects, de celle d'HLL. Surf était vendu dans des sacs en papier plus chics, mais aussi plus chers à produire que les sacs de polyéthylène dans lesquels une main-d'œuvre à bas salaires versait la poudre jaune vendue sous la marque Nirma. Cette dernière bénéficia aussi d'un logo novateur représentant la fille de Patel (plus moderne que la ménagère indienne généralement utilisée par les autres petits producteurs de lessive) et d'un slogan (« Nirma lave blanc comme lait ») que connaissent tous les Indiens.

Ses clients avaient de très modestes revenus et n'avaient jamais utilisé le Surf ; ils passaient directement du savon solide et incommode à la poudre jaune assez grossière, mais relativement bon marché et efficace, vendue sous la marque Nirma.

Comme beaucoup d'entreprises qui travaillent dans les marchés émergents, HLL identifiait ses clients potentiels comme étant les consommateurs les plus aisés du pays, c'est la raison pour laquelle il ne remarqua pas immédiatement ce concurrent low cost. Nirma faisait bel et bien partie du paysage mais, faute de *Caramba !*, HLL ne fit rien, des années durant, pour lutter contre sa présence croissante sur le marché. De fait, en 1977, quand S. Sen, alors directeur marketing, commença enfin à la remarquer et écrivit au directeur local d'Ahmedabad pour demander des informations sur l'entreprise, ce dernier lui répondit assez sèchement : « Vous ne croyez tout de même pas que je connais tous les produits minables qui viennent d'Ahmedabad ! »

À ce moment-là, les dirigeants d'HLL étaient trop sûrs de leur position pour remarquer la formidable croissance, jamais démentie, de Nirma sur le marché des détergents. Entre 1977 et 1985, le chiffre d'affaires de Nirma connut une croissance annuelle moyenne de 49 %. À la fin de cette période, la firme vendait 200 000 tonnes de détergent en poudre par an – et sa part de marché était de 58 %, contre 8,4 % seulement pour Surf. HLL n'avait toujours pas pris conscience du danger, car son propre marché se portait encore très bien. HLL continuait à percevoir sa propre cible comme « les consommateurs indiens les plus aisés », la lessive Surf continuait à bien se vendre, confortant ainsi les résultats de la compagnie. HLL n'était pas encore prêt à reconnaître ce qui, rétrospectivement, constitue pourtant un ensemble de signaux faibles très clairs : le marché en croissance rapide des produits de grande consommation destinés aux consommateurs indiens à revenus modestes et la position de plus en plus dominante que s'y était assurée Nirma. HLL conserva donc encore quelque temps sa stratégie et sa vision.

Mais, en 1986, poussant le défi encore plus loin, Nirma annonça qu'il testait un nouveau détergent solide concurrençant directement le savon vendu par HLL sous la marque Rin. Quelque temps après le lancement, M. Sen concéda, paraît-il, en parlant de M. Patel : « Il nous a fait perdre des clients et une partie de nos résultats. » Après s'être voilé la face des années durant, il devenait difficile à HLL de nier la menace posée par Nirma. Il était plus que temps de jeter aux orties les cadres mentaux périmés, qui considéraient les Indiens aisés comme la seule cible possible, les produits haut de gamme comme préférables aux produits bon marché et la commercialisation comme exigeant une force de vente nationale, nombreuse et coûteuse. Et en trouver de nouveaux, permettant si possible de damer le pion à Nirma.

Après ce moment *Caramba !*, HLL prit le taureau par les cornes. Elle réduisit ses coûts en passant de l'emballage carton aux sacs polyéthylène et en simplifiant la méthode de distribution. Elle lança une campagne nationale de publicité pour montrer que le Surf, deux fois plus concentré que Nirma, n'était donc en réalité pas beaucoup plus cher. Elle mit au point une méthode novatrice pour décider exactement où implanter les nouvelles usines en tenant compte d'informations comme la présence de matières premières et le potentiel de vente dans diverses régions du sous-continent. Et, en espérant bénéficier de la même main-d'œuvre à bas salaires qu'avait toujours employée Patel pour Nirma, HLL installa de petites unités de production dans tous les endroits ainsi choisis pour leur caractère optimal. Chacune de ces unités de production était un partenaire indépendant qui pouvait recruter localement, réduisant ainsi au minimum les coûteux conflits du travail.

En outre, HLL avait demandé à son département de recherche-développement d'explorer les besoins des effectifs croissants de consommateurs indiens à faibles revenus. Il mit sur le marché une nouvelle marque de détergents bon marché, baptisée Wheel, soutenue par une campagne de publicité destinée à distinguer nettement Wheel de Nirma, le premier étant présenté comme plus puissant, offrant une mousse plus abondante, « aussi bonne pour la peau que pour les vêtements ». HLL relança également son savon Rin à grand renfort de publicités, affirmant qu'il était moins coûteux à l'emploi et moussait mieux que le produit concurrent de Nirma. HLL ne tarda pas à concurrencer Nirma dans les couches les plus populaires de la population. Peut-être grâce à la vigilance dont il faisait désormais preuve à l'égard de la concurrence, HLL réagit en prenant promptement les devants lorsque, en 1990, Procter & Gamble débarqua en Inde avec Ariel, lessive haut de gamme. Il accrut le budget publicitaire de Rin et de Surf et mit en place un développement de produit accéléré (quatre mois au lieu de deux ans) pour lancer Surf Ultra, nouvelle lessive plus chère et de meilleure qualité. Surf Ultra était plus concentrée : il en suffisait de très peu pour de nombreuses lessives. Les essais en laboratoire, la création du packaging et des matériels promotionnels, le travail sur les parfums, les tests marketing et le développement de modèles de production et de distribution, tout cela fut conduit simultanément pendant ces quatre mois de travail hautement coordonné.

Ces efforts furent largement récompensés. Les nouvelles méthodes de développement de produit, de marketing, de fabrication et de distribution tombaient à point nommé pour faire pièce à l'essor d'Ariel. En 1992, 11 % du marché de la lessive était attribué à des détergents concentrés de marque et HLL dominait ce secteur : il en détenait en effet 7 % à lui tout seul (3 % pour la lessive concentrée Rin et 4 % pour Surf Ultra) ; Procter & Gamble devait se contenter des 4 % restants. Quant à la part de marché totale, en valeur, d'HLL pour les lessives, elle était passée de 39 % à 42 %. L'enseignement le plus précieux qu'il avait retiré de cette période, c'est l'importance de maintenir une vision stratégique réactive, capable d'anticiper et de remarquer les « signaux faibles », puis d'agir en conséquence, au lieu d'attendre, les bras ballants, le prochain *Caramba !* HLL décida alors que le thème dominant, à l'avenir, se résumerait à l'expression « de pointe ». L'entreprise conserverait un temps d'avance sur la concurrence grâce à un « marketing de pointe, une distribution de pointe et à une technologie de pointe ». S. Datta, PDG de HLL à l'époque, déclara : « Si nous avons une nouvelle vision, nous devons revoir nos structures et nos procédures pour les mettre en cohérence avec elle. Si nos méthodes de travail actuelles font obstacle à notre ambition, nous devons les changer. » Et, comme l'a dit John Ripley, HLL se considérait désormais comme étant au service de tous les Indiens, et non plus d'un petit groupe. Il ne s'agissait plus de savoir s'il fallait affronter la concurrence, mais de savoir comment on le ferait.

Restez aux aguets, continuez à douter et à évoluer, même au sommet de la réussite

Nous proposons souvent à nos clients un exercice contre-intuitif : supposons que vous soyez à la tête de l'entreprise parfaite entre toutes, où tout le monde et toutes les fonctions sont admirables d'efficacité, de sorte que vous enregistrez année après année un chiffre d'affaires et des résultats excellents – quel doit désormais être votre rôle, en tant que PDG ? Beaucoup répondent : « Je continue comme avant ! » Ou simplement : « Je prends du recul, zen ! » Notre réponse, dans la perspective de la recherche d'une créativité à la fois robuste et durable, est que votre rôle, en tant que PDG de cette entreprise aussi brillante par ses performances que par la qualité de sa gestion, est de réévaluer sans relâche, de travailler constamment à aider votre entreprise à déterminer *quels* nouveaux modèles mentaux devront remplacer ses modèles actuels et *quand*, précisément, il faudra commencer à le faire. Même quand votre créativité vous permet de générer toutes sortes de nouveaux concepts précieux, de nature à changer les règles du jeu, même quand vous sortez à peine d'un *Eurêka !* triomphal et que vous avez mis sur le marché un nouveau produit très rentable, il faut continuer à se battre. Il est parfois aussi difficile de survivre à une grande réussite que de l'atteindre.

Autrement dit, même quand vous n'êtes pas aux prises avec des paradoxes ou des *Caramba !* évidents et même si vous ne voyez guère de signaux faibles, voire aucun, vous devez à tout prix rester aux aguets. Même quand tout semble aller pour le mieux dans le meilleur des mondes, vous êtes peut-être vulnérable.

Réfléchissez un moment à la légendaire créativité du chef, entrepreneur et innovateur en série Ferran Adrià, qui a présidé aux destinées d'elBulli, restaurant multi-étoilé non loin de Barcelone, qui était, jusqu'à sa récente fermeture, l'un des plus révérés au monde, l'un de ceux où il était le plus difficile de réserver une table[18]. Adrià était célèbre pour l'inventivité avec laquelle il combinait les ingrédients pour créer des plats hors du commun (imaginez : « gaufres aux algues » ou « risotto aux graines de potiron et aux cacahuètes à la gelée de safran, avec un souffle de curry ») qu'il servait dans une salle admirablement décorée, avec une vue spectaculaire sur la côte. Le restaurant n'était ouvert que le soir, ne comptait que cinquante couverts et fermait six mois par an. Cette longue fermeture annuelle était, au départ, dictée par des raisons de saisonnalité, mais Ferran Adrià tint à la conserver quand il aurait très facilement pu remplir son restaurant tous les jours, de façon à pouvoir se renouveler régulièrement. Les dernières saisons, deux millions de personnes se battaient chaque année pour venir y déguster un repas, huit mille personnes seulement ayant eu cette chance[19].

Ferran Adrià et ses collègues devaient leur célébrité non seulement à la qualité de la nourriture, mais à la génération constante d'idées et à la réévaluation constante de tout ce qu'ils faisaient. Dans notre jargon, nous dirions qu'Adrià maîtrisait admirablement la cinquième phase du processus de créativité car il réexaminait constamment ses modèles mentaux. Non seulement tout le monde étudiait et maîtrisait la science culinaire (et la gamme d'approches que peuvent utiliser les chefs pour préparer, combiner et interpréter divers ingrédients), mais Adrià organisait régulièrement des ateliers de créativité avec l'ensemble de son équipe. Ensemble, ils mettaient au point toutes sortes de nouvelles idées de recettes ou de présentation des plats, de menus, et même de nouveaux concepts d'assiettes, de plats et de couverts.

Mais la génération d'idées ne se résumait pas à remplir les cases « nous sommes un restaurant », ni même « nous sommes le meilleur restaurant du monde ». Sans doute conscient que les idées qui sous-tendaient son restaurant (et les repas qu'il y servait) ne resteraient pertinentes (et n'intéresseraient le public) qu'un certain temps, Ferran Adrià travaillait diligemment à élargir – et à revisiter constamment – la vision et le paradigme. « Au début, c'était une stratégie de survie, dit-il, mais ensuite, l'idée maîtresse fut la liberté créative[20]. » Ferran Adrià créa également un traiteur, un cabinet de conseil qui aidait ses clients à développer de nouveaux concepts et une maison d'édition qui publiait des ouvrages luxueusement illustrés sur la philosophie de la cuisine (qui avaient été rejetés par les autres éditeurs).

En 2010, Ferran Adrià décida de fermer son restaurant[21]. « Mon travail, c'est de voir l'avenir, et je voyais que notre concept était à bout de souffle... Il est temps de réfléchir à la suite », dit-il à un journaliste du magazine *Time*[22]. Lors de l'événement organisé pour fêter la fermeture du restaurant en 2011, il expliqua à la presse et aux nombreux chefs célèbres venus pour marquer l'occasion : « Mon frère Albert m'a dit qu'il fallait tuer le monstre, mais je lui ai répondu : "Non, pas le tuer, le dompter[23] !" »

Dans l'esprit de la transformation et de la réévaluation plutôt que la mort, Ferran Adrià annonça vouloir transformer son restaurant en centre international de créativité, financé par une fondation. Afin d'identifier un modèle durable, il parraina un concours d'études de cas destiné aux étudiants en MBA de diverses écoles, dont l'ESADE, Harvard, Berkeley, Columbia, la London Business School et d'autres[24]. Il sollicitait un maximum d'idées pour concevoir la fondation de façon à ce qu'elle diffuse les meilleures pratiques tout en promouvant la créativité et l'innovation. Comme en témoigne Carles Abellàn, ancien membre de l'équipe créative d'elBulli, « [Il] me demandait sans cesse de tout remettre en cause, de tout repenser... Il y avait un impératif : comprendre le "pourquoi" de tout[25]. » Autre post-scriptum créatif à elBulli,

Pepsi annonçait en 2011 un « nouveau partenariat d'innovation » avec Ferran Adrià, qui allait travailler avec PepsiCo à créer de nouvelles méthodes et de nouveaux concepts en mettant l'accent sur des aliments plus diététiques[26].

La cinquième étape de notre démarche de créativité consiste, effectivement, à douter du *statu quo*, à se demander pourquoi votre entreprise connaît actuellement la réussite (au lieu de partir du principe que cela durera toujours), à prendre de nouveaux risques et, peut-être surtout, à s'efforcer de toujours apprendre, comme l'a démontré Ferran Adrià dans son éternelle quête de nouvelles possibilités, tant pour accepter que pour transcender les échecs inévitables.

Considérez, dans cet ordre d'idées, le prix de l'« échec héroïque » remis à certains dirigeants dans les bureaux new-yorkais de Grey Advertising. À en croire le *Wall Street Journal*, Grey le décerne pour récompenser des actes de créativité particulièrement risqués qui, même s'ils ont conduit à des échecs, témoignent d'une inspiration intéressante et d'une volonté manifeste de rompre avec les conventions. Amanda Zolten, senior vice-président de la firme, a donné l'exemple un jour qu'elle essayait de montrer à des clients potentiels les qualités d'une litière pour chats. Elle les avait rencontrés dans une salle de conférences et, à la fin de la réunion, elle leur avait indiqué qu'aucun d'entre eux n'avait remarqué la boîte, totalement inodore, de litière qui était restée sous la table de conférence pendant toute la réunion (ainsi que les crottes de Lucy Belle, la chatte d'Amanda Zolten). Deux des clients potentiels étaient sortis de la pièce et, quand son patron lui accorda le prix de l'échec héroïque pour la récompenser d'avoir pris ce risque extraordinaire, nul ne savait si les autres achèteraient ou non le produit[27].

Prendre des risques, échouer pour réussir et apprendre à reconnaître le moment où le cadre mental qui préside actuellement à vos activités a besoin d'être remplacé, tout cela est fondamental si l'on veut créer une organisation qui non seulement suit, mais se maintient en avance par rapport à la proverbiale courbe*. Toutes les idées ne réussissent pas, c'est normal. En fait, s'il est merveilleux d'avoir une idée novatrice, il s'avère parfois tout aussi précieux de reconnaître que le moment est venu d'ajuster un cadre mental existant ou d'en revivifier un ancien.

La phase 5 suppose avant tout de mettre en place un processus créatif inductif, permettant – et assumant – les incertitudes et la complexité. Restez vigilant. À l'affût du moindre signe de difficulté ou de retard par rapport à la concurrence, vous devez impérativement les reconnaître quand ils se manifestent. Si vous avez la prémonition qu'une révolution est imminente dans votre secteur d'activité, prenez-la au sérieux. Mais ces précautions ne suffisent pas. Pour survivre à la réussite, vous devrez revenir souvent au processus de divergence et de convergence – les cinq étapes décrites dans ces pages – au lieu de vous contenter de reproduire le plan stratégique de l'année précédente et de « décider » (ou plutôt, souvent, espérer) que vous ferez encore une croissance de 10 %.

Plus que tout autre chose, nous pensons qu'il est essentiel de récompenser les personnes qui posent des questions intéressantes et contestent le *statu quo*. Pour votre part, efforcez-vous de rester ouvert au flux constant et inexorable du changement, aux nouvelles visions et tendances, aux nouveaux concepts et à la gamme infinie de nouveaux modèles mentaux envisageables.

* Il est vital de ne pas décrocher par rapport au changement, non seulement pour réaliser des innovations brillantes, mais aussi pour conserver ce qui marche bien chez vous. Comme le dit Tancredi Falconeri dans *Le Guépard*, de Lampedusa, « Pour que tout reste comme avant, il faut que tout change ». Voir http://fr.wikipedia.org/wiki.Le_Guépard

Chapitre 8

De l'inspiration à l'innovation : construire de nouveaux cadres mentaux et les remplir

« Si vous pouvez en rêver, vous pouvez le faire. »

Walt Disney

Imaginez que, revêtu d'une combinaison spéciale équipée d'ailes, vous preniez votre envol, à l'instar d'Icare et, vous élevant à des altitudes impressionnantes, vous atterrissiez ensuite à la destination souhaitée. La chose sera-t-elle jamais possible ? Qu'est-ce qui devrait changer dans vos perceptions pour que ce qui vous avait toujours paru absolument irréalisable devienne soudain *possible* ?

En mars 2012, Remo Läng, célèbre casse-cou de nationalité suisse, sauta d'un avion au-dessus de Verbier à plus de 8 500 mètres d'altitude et se laissa tomber en chute libre[I]. Il portait un *wingsuit* (combinaison à ailes) et parcourut 26 kilomètres au-dessus des Alpes suisses, atterrissant sept minutes plus tard dans la vallée d'Aoste, en Italie.

Source : Marcel Kuhn and Remo Läng

Il se laissa porter à des vitesses atteignant 500 kilomètres-heure, la température descendant à moins 50°, et survola le Grand Combin, sommet qui culmine à 4 314 mètres d'altitude. C'était une première mondiale.

Comment Remo Läng a-t-il pu penser qu'il lui serait possible de voler à plusieurs centaines de kilomètres-heure au-dessus d'une dangereuse chaîne de montagnes, revêtu d'une simple combinaison ? Comment est-il passé de la peur à la confiance ? Que s'est-il produit, exactement, dans sa tête, avant qu'il n'accepte de se lancer dans son premier vol en solitaire ?

À en croire notre théorie, il a fallu qu'il commence par remplacer le modèle mental : « Les êtres humains ne peuvent pas voler seuls, c'est impossible » par un autre : « Bien sûr que si, les êtres humains peuvent voler, pourquoi pas ? » *. Une fois accompli ce changement spectaculaire dans sa façon de penser – passant du très vaste cadre « impossible » à un autre, tout aussi vaste, « possible » –, il a ensuite réussi à créer

* Souvenez-vous que tout cadre mental que vous créez sera toujours une *simplification* ou une réduction de la réalité. C'est la façon de votre esprit de créer une nouvelle catégorie, un nouveau concept ou une nouvelle vision pour tenter de comprendre le monde que vous avez devant vous. L'idée que quelque chose est « impossible » est aussi une simplification mais il en va de même de l'idée que c'est « possible » ! En passant de l'une à l'autre, vous changez une photographie de la réalité contre une autre.

des paradigmes légèrement plus étroits, mais encore d'une ampleur (et d'un optimisme) considérable comme : « Les êtres humains peuvent voler seuls... comme des oiseaux » ou : « Les êtres humains peuvent voler seuls... comme des avions. »

Aucun de ces changements de perception, au moins au début, ne représentait une hypothèse parfaite. Un avion ne s'envole pas de la même manière qu'un oiseau – et un être humain revêtu d'une combinaison ailée ne s'envole ni comme un oiseau ni comme un avion. De fait, quand les ingénieurs ont développé les ailes et les autres technologies qui permettent aux avions de voler, ils n'ont pas pu reproduire servilement le corps ou l'aérodynamique des oiseaux. Il leur a fallu du temps pour comprendre, par exemple, que les avions ne battraient pas des ailes. En pratique, un avion n'est pas, et ne peut pas être, une réplique d'oiseau. De la même manière, un canon n'est pas une version améliorée de la catapulte et une ampoule électrique n'est pas une bougie améliorée.

Souvenez-vous que créer de nouveaux cadres mentaux, surtout quand ils changent les paradigmes, est une saga, une quête de liberté. Toujours plus de liberté. Quand les ingénieurs qui ont créé le premier modèle mental sur la voie du développement de l'avion ont dit « Il *est* possible de voler en aéroplane », ils ont ensuite été libres d'envisager l'idée selon laquelle « les aéroplanes peuvent voler comme des oiseaux ». Il leur a pourtant fallu abandonner cette hypothèse initiale pour développer un véhicule dans lequel des passagers accepteraient de voler.

De la même manière, une fois que Läng et d'autres amateurs de défis ont vu quelques possibilités pratiques à l'idée selon laquelle « les êtres humains peuvent voler seuls... comme des oiseaux » ou « les êtres humains peuvent voler seuls... comme des avions », ils ont ensuite pu utiliser ces sources d'inspiration pour imaginer et expérimenter toutes sortes de nouveaux moyens de les concrétiser. Läng et ses camarades étaient bien entendu soumis à la contrainte de certains principes fondamentaux de l'ingénierie et de la physique (qui régissent les oiseaux comme les avions). Mais il leur fallait aussi remettre en cause certains protocoles existants avant de pouvoir décider, en fin de compte, que l'approche la plus réalisable et la plus attrayante était de créer le *wingsuit*.

Une fois que Läng et son équipe eurent développé ce nouveau modèle, « les êtres humains peuvent voler s'ils portent un *wingsuit* », puis perfectionné la technologie afin de la rendre aussi sûre et performante que possible, ils purent envisager toutes sortes d'expérimentations courageuses. Chacune de ces idées (« Je pourrais sauter du toit d'un monument », « Je pourrais sauter de la fenêtre de l'un des plus hauts gratte-ciel du monde », « Je pourrais sauter, en chute libre, d'un avion survolant les montagnes suisses enneigées ») n'est qu'un cadre plus petit s'emboîtant dans le grand cadre « les êtres humains peuvent voler s'ils portent un *wingsuit* ».

Les cadres mentaux, il y en a de toutes les formes et de toutes les tailles et l'on peut y caser un nombre apparemment infini d'autres cadres qui s'y emboîtent, presque comme les poupées russes.

Vous découvrirez vite ces emboîtements successifs quand vous commencerez à utiliser notre processus en cinq étapes. Et les cadres de plus en plus spécifiques que vous créerez vous conduiront à des objectifs plus précis et à des idées plus utiles*.

En passant d'un niveau à l'autre, vous devrez constamment revenir aux cinq étapes pour réexaminer et modifier constamment votre raisonnement. Chaque fois que vous créez un nouveau cadre mental – ou un cadre à l'intérieur d'un autre –, vous modifiez votre perception au moins une fois, si ce n'est plusieurs. Ces changements sont le carburant de la créativité.

Dans ce chapitre et dans le suivant, qui porte sur les scénarios, nous présentons certaines des applications les plus utiles du processus qui conduit à *la* bonne idée. On nous demande souvent : « Sur quoi allons-nous fonder notre prochaine grande réussite ? Comment exploiter

* Vous finirez par vous trouver engagé dans le processus séparé, mais lié, de l'innovation, quand vous prendrez, avec vos collègues, un cadre mental précis – comme une idée spécifique, l'amélioration d'un processus ou une application – que vous transformerez en réalité en procédant à un certain nombre d'itérations. Au fil du temps, d'autres changements, d'autres d'améliorations y seront ultérieurement apportés.

plus largement la valeur de notre marque ? Créer une nouvelle vision audacieuse ? »

Construire un nouveau cadre mental après avoir posé ce type de questions peut entraîner un changement de stratégie spectaculaire ou, au contraire, relativement subtil. Parfois, le nouveau cadre, très proche du précédent, permet cependant de pousser l'entreprise vers de nouvelles activités ou une nouvelle orientation au sein de son domaine. Michelin et IBM ont changé de cadre mental quand ils sont passés d'une orientation produit ou technologie à une orientation services ou solutions – sans abandonner pour autant leurs produits ou technologies. Michelin, le fabricant de pneumatiques, s'est transformé en spécialiste de la sécurité routière, ce qui l'a conduit à devenir éditeur de guides de voyage, tandis qu'IBM s'est lancé dans le conseil. Ces exemples montrent que la mise en place de nouveaux cadres mentaux peut compléter le cœur de métier – et, si nécessaire, le remplacer.

Parfois, cependant, la révision du cadre mental (et de la nature de l'entreprise) est plus fondamentale. Prenez le cas de Danone, qui a modifié profondément la façon dont il se définit, abandonnant une vision fondée sur le goût des aliments pour donner la priorité à la santé. Après ce changement total de vision stratégique, Danone a vendu ses filiales spécialisées dans la bière, les biscuits et les sauces pour se concentrer sur les aliments pour bébés, les yaourts et autres lignes de produits diététiques.

Apple, initialement constructeur d'ordinateurs personnels très populaires, a décidé d'exploiter son expertise pour s'étendre au multimédia. Au départ, il n'avait aucune raison évidente de s'attaquer à Sony et à son Walkman. Mais une fois qu'il eut créé ce nouveau cadre mental, il se vit à travers un prisme totalement différent, se considérant désormais comme une entreprise multimédias, spécialiste des circuits et des bytes – la notion de lecteur de musique numérique devenait parfaitement logique. Ce type de changement de paradigme démontre les limites des études de marché (sans pour autant en nier la valeur). Steve Jobs a déclaré un jour : « Les clients ont du mal à vous dire s'ils veulent un produit quand ils n'ont jamais rien vu qui y ressemble de près ou de loin[2]. » Il parlait de la gestion de vidéos sur un ordinateur personnel, mais sa remarque aurait été tout aussi vraie appliquée à l'iPad ou à l'iPhone*.

Dès lors qu'un grand cadre mental est créé, notre système permet également de le « remplir », à l'instar de BIC remplissant de briquets et de rasoirs la case « objets jetables en plastique ». Les cinq étapes permettent de générer de nombreuses idées susceptibles d'élargir la mission ou la vision stratégique.

« Cela fait longtemps qu'il n'y a pas eu d'innovation intéressante dans notre secteur, nous dit-on souvent. Comment faire en sorte que la prochaine vienne de chez nous ? » Ou encore : « Nos concurrents développent toutes sortes de nouveaux produits et business models, et nous, qu'est-ce qu'on peut faire ? » ou enfin : « Nous avons inventé une nouvelle technologie géniale. Quelles applications spécifiques, relativement faciles et rapides à mettre sur le marché, pouvons-nous développer ? »

Dans chacun de ces cas de figure, nous prenons un « grand » cadre mental et nous aidons l'entreprise à voir les « petits » qui pourraient s'y emboîter.

Imaginons, par exemple, qu'un groupe de dirigeants de l'entreprise fictive « Happy Coffee » nous disent : « Nous sommes l'une des plus grandes chaînes de cafés du monde. Comment pouvons-nous vendre plus de café dans nos magasins ? » Ils pourraient organiser une séance de brainstorming, sans pour autant trouver l'idée miracle. Cela montre à quel point il est difficile de sortir d'un cadre existant – dans le cas de Happy Coffee, « grand distributeur de café ».

Considérons maintenant ce qui pourrait se passer si l'équipe de direction commençait par se demander ce qu'est, précisément, la chaîne Happy Coffee. Quels genres de nouvelles offres de produits et de services auraient-ils pu imaginer si, grâce au processus en cinq étapes, ils avaient trouvé des réponses inattendues à cette question ? S'ils s'étaient amusés à en envisager beaucoup, en avaient rejeté quelques-unes, avaient adopté et

* On prête souvent une phrase similaire à Henry Ford : « Si j'avais demandé aux gens ce qu'ils voulaient, ils m'auraient dit : "des chevaux plus rapides" », mais, à en croire Patrick Vlaskovitz, il semble qu'il n'ait jamais tenu ces propos. Voir http://blogs.hbr.org/cs/2011/08/henry_ford_never_said_the_fast.html

raffiné les autres avant de fixer leur choix sur quelques grands cadres d'où auraient jailli des idées de nouveaux produits et services, comme « Happy Coffee vous sert dans le plus grand bureau du monde », ou « Nous louons une quantité phénoménale de mètres carrés » ou encore « Happy Coffee est le lieu de rencontre privilégié des jeunes cadres dynamiques ».

L'équipe aurait alors pu développer toutes sortes d'offres ingénieuses permettant un réel renouvellement. Par exemple, dans le cadre du « plus grand bureau du monde », elle aurait pu envisager de mettre à la disposition de ses clients du matériel de téléconférence de type Skype, des scanners, de l'impression à la demande, des chargeurs rapides d'iPad et d'ordinateurs portables et même des salles de conférences insonorisées. Un éventail similaire de nouveaux produits et services potentiels aurait pu être imaginé pour chacun des autres grands cadres identifiés par l'équipe de direction. De fait, nous avons récemment lu un article consacré à un café, à Moscou, où les boissons, l'utilisation des imprimantes et de la wi-fi sont gratuits – les clients ne paient que le temps qu'ils y passent.

Comment Nintendo, qui au départ fabriquait des cartes à jouer, s'est-il transformé en leader mondial des consoles vidéo et des jeux et applications correspondants ? Comment Tiffany, à l'origine spécialisé dans la papeterie, est-il devenu un grand joaillier ? LG, lui, produisait à l'origine des produits chimiques. Qu'est-ce qui a changé dans la tête de ses dirigeants pour qu'ils décident de devenir le fabricant d'appareils électroniques novateurs que nous connaissons aujourd'hui ? Aucune de ces transitions radicales n'aurait été possible si leurs dirigeants n'avaient pas commencé par modifier largement une ou plusieurs de leurs hypothèses de base.

Cela fait, ils pouvaient créer un nouveau cadre mental immédiatement exploitable ou, comme cela arrive plus souvent, qui allait en inspirer plusieurs autres, puis d'autres encore, les premiers contenant les deuxièmes et ainsi de suite*.

* L'*Eurêka !* peut survenir au tout début du processus créatif (par exemple, à la faveur du développement d'une nouvelle vision extraordinairement imaginative donnant rapidement naissance à de brillantes idées de nouveaux produits, comme dans le cas de BIC) ou, beaucoup plus tard, comme à La Poste, et même après que vous avez parcouru les cinq étapes non pas une ou deux fois, mais à de nombreuses reprises.

Le vieux paradigme de créativité peut certes produire de bonnes idées. Mais si les dirigeants de Nintendo s'étaient assis autour d'une table et avaient dit : « Nous sommes fabricants de cartes à jouer, il faut trouver quelque chose de nouveau, qu'est-ce que ça pourrait être ? », ils auraient sans doute tourné en rond dans leur modèle mental existant (« nous sommes fabricants de cartes à jouer »), car ils étaient enfermés dans la prison de leurs vieux biais et postulats, l'idée qu'ils se faisaient de Nintendo.

Le processus en cinq étapes – qui commence par l'étape essentielle consistant à *douter* des modèles mentaux qui vous définissent (« Qu'est-ce que Nintendo ? », « Qu'est-ce qu'un jeu ? », « Quel genre d'enfants ont envie de nos jeux ? ») – est une bien meilleure façon de modifier votre façon de penser, de sorte que vous aurez l'esprit suffisamment libre pour générer des idées géniales comme la Wii ou le jeu Super Mario Bros*.

Il faut changer pour s'ouvrir de nouvelles pistes

Il existe des modèles mentaux de toutes les tailles, et il en va de même des changements qui peuvent et doivent se produire dans votre tête. Certains de ces changements cognitifs peuvent être plus provocateurs que d'autres. Certains peuvent vous aider à identifier soudain de nouvelles opportunités (pratiquement à n'importe quel moment du processus en cinq étapes), d'autres infléchissent votre perspective, stimulant ainsi votre créativité ; dans un cas comme dans l'autre, vous devrez continuer à utiliser le processus jusqu'à ce que vous trouviez le prochain grand cadre mental que vous et votre équipe déciderez d'adopter pour la suite.

---

* Comme nous le rappelons volontiers, il faut impérativement tout faire pour « survivre à sa propre réussite » en reprenant les cinq étapes afin de réévaluer sans cesse ses cadres mentaux et les remplacer le cas échéant. Malgré la réussite initiale extraordinaire de la console Wii, Nintendo a récemment été confronté à une concurrence croissante, en particulier celle de designers et de distributeurs de jeux et d'autres applications destinées aux tablettes, smartphones et autres. Voir http://www.gamesdiviner.com/nintendo-struggles-against-mobile-games.html

Le changement porte parfois carrément sur le seuil de perception – on passe ainsi de l'impraticable (la leucémie guérit *rarement*) à quelque chose de plus positif (la leucémie guérit *souvent*) ; d'une règle absolument rigide (la musique doit impérativement suivre les règles de base de la tonalité) à une attitude plus ouverte (la musique peut ignorer ces règles et être atonale). Dans chacun de ces cas, on brise un biais ou un postulat, on foule aux pieds une règle apparemment « absolue », on a l'audace de percevoir une situation de façon radicalement nouvelle.

Les changements de perception peuvent être plus précis ou subtils, ou au moins le paraître. Vous pouvez passer d'une approche assez simple et singulière (nous faisons des hamburgers 100 % pur bœuf) à une conception légèrement plus complexe ou variable (nous faisons des plats à base de hachis). Cette légère modification de votre vision peut, cependant, permettre à votre restaurant de tripler son chiffre d'affaires car des clients férus de diététique se bousculent pour déguster vos hamburgers aux champignons, à la dinde, au poulet ou aux lentilles. Vous pouvez également changer vos perceptions de sorte qu'au lieu de voir deux choses comme étant sans aucun lien et incompatibles, vous les considérez désormais comme liées et complémentaires – ce qui vous permet de créer un nouveau cadre mental extraordinairement excitant et lucratif.

En voici quelques exemples :

- traditionnellement, les constructeurs d'ordinateurs commençaient par fabriquer le produit, puis ils le vendaient. Dell, lui, a décidé de commencer par les vendre avant de les fabriquer ;
- l'Apéricube a fait basculer le cadre mental européen traditionnel : « le fromage se déguste en fin de repas » à « le fromage peut aussi se manger avant les repas » grâce à une campagne marketing qui l'avait présenté comme un produit d'apéritif ;
- les pêcheurs du Groenland, dépités par le réchauffement climatique et la raréfaction du poisson, ont soudain réalisé qu'ils pouvaient se lancer dans l'exploitation minière, puisque le sol était moins gelé qu'il ne l'avait été des générations durant ;

- la plupart des gens diraient que le modèle mental d'une chaîne de télévision consiste à distraire les téléspectateurs ou produire des programmes intéressants. Patrick Le Lay, PDG de TF1, a dit un jour : « Notre boulot, c'est d'aider les annonceurs à vendre leurs produits. »

D'innombrables changements de perception peuvent vous conduire à créer de nouveaux cadres mentaux qui se révéleront précieux. Presque dans tous les contextes, changer de perspective permet de créer un nouveau modèle mental, comme le montre le tableau ci-après :

Avant	Après
À côté de la plaque/invendable, non prioritaire (personne ne voudrait lire un livre sur un écran)	**Pertinent, hautement prioritaire** (la moitié des ventes de notre best-seller ont été réalisées par les livres électroniques... au fait, qui dirige notre stratégie numérique ?)
Ridicule (quel culot il a, ce Stravinsky, d'avoir composé cette horreur ! Pas étonnant que les spectateurs aient jeté des œufs aux musiciens !)	**Admirable** (programmons *Le Sacre du printemps*, cela plaît toujours !)
Difficile, voire inacceptable (les femmes, dans l'armée américaine, ne sont pas autorisées à participer aux combats)	**Sans problème, tout à fait acceptable** (certains des meilleurs tireurs d'élite, en Afghanistan, étaient des femmes)
Ça marche pour d'autres produits, pas pour les nôtres (les microprocesseurs sont des composants indispensables pour les ordinateurs et les téléphones mobiles)	**Ça marchera très bien chez nous** (les microprocesseurs peuvent aider notre entreprise de biotechnologie à séquencer le génome humain)
Ça ne peut être que comme ça (nous ne pouvons fabriquer que des jumelles utilisables en plein jour)	**Ça peut être le contraire** (nous pourrions en créer un autre type, qui fonctionnerait même dans le noir)

Trop risqué (nous ne pouvons pas intervenir pour libérer les otages. On perdrait la face si l'on échouait)	**Trop risqué, trop important pour ne pas tenter le coup** (si les otages restent aux mains des ennemis, ils nous feront chanter indéfiniment. Envoyons les services spéciaux. Nous serons des héros !)
Ça ne relève pas de nos activités, c'est prématuré (nous ne sommes pas un site vidéo et les consommateurs possédant la technologie nécessaire pour télécharger des vidéos personnelles ne sont pas assez nombreux)	**C'est exactement ce qu'il faut faire, et c'est le meilleur moment** (créons un service, appelons-le YouTube. Les internautes ne tarderont pas à y venir et les opportunités ne feront que croître et embellir !)

Nous espérons que vous serez inspiré, que vous penserez à toutes sortes de changements cognitifs qui vous aideront à libérer votre créativité. Selon le contexte au sein duquel vous essayez de construire un nouveau cadre mental, vous pouvez envisager l'une des suggestions mentionnées ci-dessus, voire davantage, ou réfléchir à partir de votre propre liste. Il peut fort bien y avoir, quelque part, quelque chose qui a toujours semblé dépourvu d'intérêt mais pourrait se révéler sans prix. Ce que vous avez toujours pris pour une blague est peut-être aujourd'hui à la fois sérieux et urgent. Là où il vous est arrivé de dire : « jamais ! », vous dites peut-être, aujourd'hui : « toujours ! », « parfois » ou « un jeudi sur deux ». L'important, c'est d'ouvrir la voie à la créativité.

Natura : d'une vision personnelle à une vision collective

Si vous avez la chance de visiter le siège de Natura, en pleine campagne, non loin de la petite ville de Cajamar, dans la région de São Paulo, l'une des premières choses que vous verrez en entrant dans le superbe immeuble de verre, c'est le slogan gravé sur un mur de pierre : « *Bem Estar Bem* », ce qui se traduirait littéralement par : « Le bien-être en faisant le bien. »

Le siège comporte plusieurs bâtiments dotés de grandes baies vitrées qui permettent au personnel de profiter, même de l'intérieur, de l'environnement luxuriant – collines herbeuses, palmiers, forêts d'eucalyptus.

Le Brésil, avec une population de 200 millions de personnes, dont une énorme proportion de jeunes, fait partie du petit groupe de pays qui jouissent actuellement d'une forte croissance. Le système éducatif souffre cependant de sérieux problèmes : 3,7 millions d'enfants d'âge scolaire ne sont actuellement pas scolarisés et moins de 50 % des lycéens terminent leurs études secondaires. La qualité de l'enseignement, en particulier dans les grandes classes, est médiocre. Par comparaison avec soixante-cinq autres pays, ce sont les élèves brésiliens qui obtiennent les plus mauvais résultats en termes d'acquisition des notions les plus élémentaires de lecture et de mathématiques.

Natura Cosméticos est le plus grand vendeur de cosmétiques du Brésil et, si le lien entre les cosmétiques et l'enseignement n'est pas évident, la firme travaille inlassablement à changer les perceptions et à faire une authentique différence en termes de résultats et de normes scolaires dans son pays.

Natura fabrique, met sur le marché et distribue des produits cosmétiques essentiellement à base d'ingrédients naturels et organiques dont elle calcule l'impact écologique (une « charte » environnementale figure sur l'emballage de chaque produit). Elle s'efforce de réduire son « empreinte carbone » en limitant les emballages et en proposant de nombreux produits dans des conditionnements réutilisables.

Au lieu de vendre dans des magasins, Natura pratique la vente directe. La firme ne compte que 7 000 salariés, mais travaille avec plus d'un million de « conseillères » réparties sur l'ensemble du territoire. Fondée en 1969, elle a connu une croissance importante et, en 2010, réalisait un chiffre d'affaires de plus de 3 milliards de dollars.

Natura semble sincèrement attachée à servir ses salariés, ses conseillères, ses clients, ses fournisseurs et leur communauté avec un soin et une attention extraordinaires. Les dirigeants proclament que « *Bem estar bem* » est la raison d'être de leur entreprise. La phrase montre que le bien-être dépend en grande partie du « bien se comporter », autrement dit se préoccuper non seulement de soi-même, mais aussi de la société et de la planète. Natura s'engage à n'utiliser que des produits naturels, respectueux de l'environnement, à ne faire poser pour ses publicités que des femmes normales et non des top-modèles (stratégie que devait reprendre Dove dans sa campagne « True Beauty ») et à travailler en liaison intime avec ses fournisseurs et les communautés locales de façon à minimiser l'impact de ses activités sur l'environnement et à promouvoir le développement durable. Elle encourage et soutient en outre les efforts de ses salariés en matière de bénévolat local, en particulier à Cajamar.

Cet engagement à bien traiter son personnel et la communauté de façon à ce qu'ils puissent à leur tour faire le bien autour d'eux a conduit Natura à créer en 2010 une organisation à but non lucratif, le Natura Institute.

Cette fondation supervise un certain nombre d'initiatives sociales comme la construction de logements et les efforts en faveur du développement durable, ainsi que l'amélioration de l'enseignement dans les villes et les villages, sur l'ensemble du territoire brésilien. Dès avant la création de cette fondation, Natura avait plusieurs projets importants liés à l'enseignement, financés par les ventes d'une ligne de produits spéciale, « *Crer para Ver* » (Croire, c'est voir). Natura Institute en gère désormais tous les profits, ce qui représente un investissement important dans l'éducation publique au Brésil.

En 2011, les dirigeants de Natura nous ont demandé de les aider à clarifier la vision stratégique de leur fondation. Les opinions étaient partagées, nous a-t-on dit, sur la façon dont elle pouvait être le plus efficace ; notre tâche consisterait essentiellement à aider ses dirigeants et ses principaux partenaires (en particulier les institutions gouvernementales concernées) à se mettre d'accord sur son identité fondamentale, sa vocation et sa vision.

Autrement dit, on nous demandait d'aider ces divers personnages importants à modifier leurs perceptions, à passer du « je » au « nous », de plusieurs visions individuelles à une vision collective. Parmi les participants, il y avait deux des trois fondateurs de Natura, le président de la fondation et un ancien secrétaire à l'Éducation de l'État de São Paulo. Nous savions qu'étant d'origines très différentes, ces personnes contribueraient de façon très intéressante à la phase de divergence. Chacune aurait certainement une conception personnelle de l'enseignement. Certaines s'intéressaient surtout aux fondamentaux de l'éducation primaire et secondaire au Brésil – à l'amélioration des méthodes pédagogiques, des procédures d'évaluation et des ressources mises à la disposition des enseignants. D'autres avaient une perception plus philosophique de l'éducation, qu'elles voyaient comme la somme de toutes les manières dont chacun développe sa connaissance du monde – et se développe soi-même en tant qu'individu – toute sa vie durant.

Nous avons conduit un ambitieux audit des convictions (et rencontré longuement les fondateurs et le PDG de la fondation), ce qui nous a permis d'identifier les modèles mentaux des participants concernant « l'éducation au Brésil ». Nous leur avons demandé de réfléchir aux questions suivantes : quelle est la mission de la fondation ? À quoi s'est-elle initialement attachée ? Quels principes guident son action ? Comment comptez-vous pérenniser son impact et sa pertinence ? Quelles orientations potentielles susciteraient votre enthousiasme ?

Beaucoup nous ont dit souhaiter vivement que la fondation soit une extension de Natura, dont elle devait refléter les valeurs, prolonger la mission et la vision. À leurs yeux, elle devrait prendre des initiatives susceptibles d'encourager tous les groupes impliqués dans l'enseignement au Brésil à collaborer afin d'en améliorer la qualité. Elle devrait s'intéresser tout spécialement aux problèmes des communautés locales, du renouveau et de l'environnement durable.

Les participants qui voyaient ces problèmes sous l'angle gouvernemental se faisaient une idée beaucoup plus traditionnelle de l'éducation ; ils cherchaient surtout à voir plus clairement comment faire bénéficier le plus de personnes possible des ressources qui y étaient consacrées. Ce qui les passionnait par-dessus tout, c'était de faire en sorte que les jeunes Brésiliens atteignent tous un niveau acceptable en lecture, en écriture et en mathématiques et que les écoles, les manuels, les enseignants et d'autres composantes essentielles soient répartis équitablement dans l'ensemble du pays.

Comment allions-nous aider ces deux groupes à élaborer une vision collective ?

Nous avons commencé par passer en revue des monceaux de données primaires et secondaires sur l'enseignement au Brésil : qualité et performances des écoles, bien-être des enfants, surtout les premières années. Nous avons invité plusieurs experts à faire des présentations. Nous avons ainsi pu quantifier les problèmes et découvrir l'amplitude et l'intensité des difficultés auxquelles le système éducatif brésilien était confronté. Ces intervenants nous ont également décrit les divers programmes éducatifs qui s'étaient révélés le plus efficaces dans d'autres pays. Ils nous ont parlé des meilleures pratiques pour soutenir les écoles et les communautés vulnérables, du recours à la technologie pour stimuler l'apprentissage et le travail en équipe, des meilleurs moyens de motiver et former les enseignants et d'impliquer les parents de façon efficace et permanente.

Nous avons organisé une journée de travail dans le bureau des fondateurs à São Paulo et déjà, au terme des phases de doute et d'exploration, tout le monde est tombé d'accord pour dire qu'il fallait commencer par améliorer l'école primaire au Brésil et développer des programmes multi-locaux, ciblant toutes les zones où travaille Natura. Quand nous avons tenté de cerner plus précisément l'idée que se faisaient les participants de la fondation, ils ont constaté qu'ils avaient beaucoup en commun. Ils estimaient tous qu'il était important d'avoir une vision holistique de l'éducation, d'impliquer de nombreux acteurs interdépendants dont les enseignants, les élèves, les parents et les autres membres de la famille, les administrateurs, les politiques et les notables locaux. Tous souhaitaient que Natura ait une présence « sur le terrain » et ne se contente pas de travailler avec le ministère de l'Éducation dans les capitales des divers États et à Brasilia.Tous s'accordaient à dire que s'il est essentiel de gérer efficacement l'éducation, il faut aussi privilégier une approche entrepreneuriale. Il était important aussi, pensaient-ils, de demander aux directeurs d'école et au personnel administratif d'adopter une perspective unifiée, plus progressive, de l'éducation au Brésil, mais aussi de sensibiliser et mobiliser l'ensemble de la société.

Ces premières conversations ont permis de faire prendre conscience aux dirigeants de Natura de ce qu'ils attendaient de leur fondation, de ce qu'elle pouvait et devait accomplir. L'objectif n'était bien entendu pas de critiquer ces notions, mais de les rendre plus apparentes à toutes les parties concernées. Nous espérions qu'en jouant la transparence, il serait possible de surmonter les principales différences – et d'énoncer une nouvelle vision susceptible d'unir la direction du Natura Institute.

Nous avons ensuite engagé une discussion intéressante sur les modèles mentaux qu'utilisaient les participants quand ils pensaient à l'éducation au Brésil. Pour stimuler la conversation, nous avons posé une question ouverte : « Enseigner, qu'est-ce que cela veut dire, en fait, dans le monde d'aujourd'hui ? » Nous avons aussi passé une courte vidéo sur Sugata Mitra, qui doit sa célébrité à l'expérience éducative menée à partir de 1999 dans les bidonvilles de Delhi. Il avait inséré un ordinateur dans un mur et observé des enfants pauvres, non scolarisés, apprendre seuls à utiliser un ordinateur et à surfer sur le Net[3].

Il s'était ensuivi un débat vigoureux sur la nature de l'éducation moderne. Qui en étaient les acteurs principaux ? Certains trouvaient la vidéo ridicule, estimant que les enseignants étaient et seraient toujours une partie essentielle de l'équation. D'autres étaient intrigués par la possibilité d'aider des enfants pauvres à apprendre en autodidactes. Certains ont évoqué la variété des matériels et outils utilisés dans la plupart des salles de classe (des manuels, cahiers et classeurs aux iPads et aux tableaux blancs interactifs) et la différence entre les programmes classiques et les programmes « radicaux ». Ils ont ensuite réfléchi à ce qu'il faudrait faire pour changer la mentalité des Brésiliens de façon à ce qu'ils se demandent moins ce que le gouvernement et les écoles peuvent faire pour les enfants et plus comment développer une conscience profonde de la richesse stimulante d'une éducation se poursuivant tout au long de la vie. Après avoir abordé plusieurs thèmes, la conversation aboutit finalement à un constat partagé : si l'éducation était naguère essentiellement une relation entre maîtres et élèves, ces derniers apprenaient également beaucoup aujourd'hui en « échangeant » des informations et des idées avec des *écrans*. L'éducation a donc changé, passant d'une relation à double sens (professeur/élève) à une relation à triple sens entre élèves, professeurs et écrans. Cette réalisation, ce nouveau modèle mental, nous a conduits à porter un regard différent sur la situation. Les participants se sont demandé si, à l'avenir, les élèves compteraient surtout, si ce n'est exclusivement, sur les écrans, les enseignants se contentant de faciliter le processus. Tous convenaient, en tout état de cause, qu'il fallait remplacer le modèle mental traditionnel maître/élève par d'autres schémas prenant en compte la pertinence croissante de l'enseignement guidé par ordinateur, sur des écrans. Ils convenaient également que les concepts d'éducation, d'enseignant et d'élève devraient tous être redéfinis.

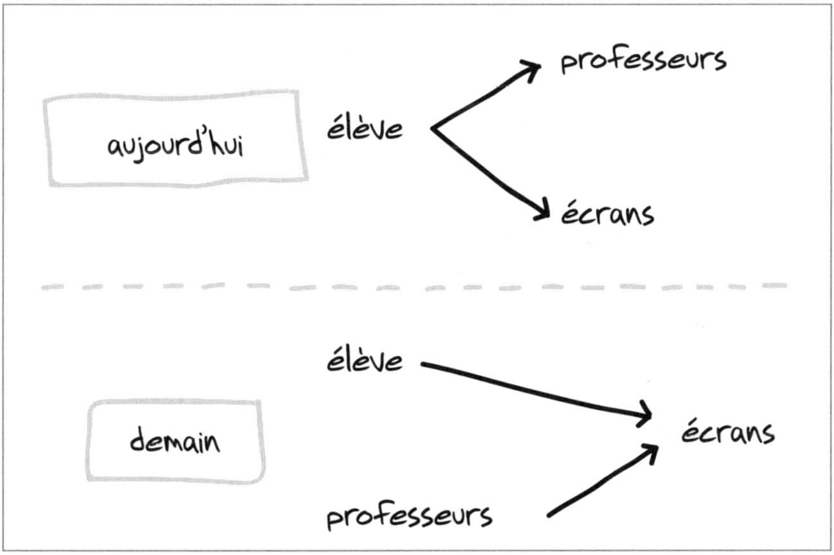

Dans le futur, enseigner consistera à développer chez l'enfant une pensée critique

Et, dans cette première partie de la phase de divergence, nous avons commencé à générer toutes sortes d'idées sur le sens futur des mots « enseigner » et « apprendre ». Elles ont donné lieu à des débats animés. En fait, quand nous nous sommes séparés pour le déjeuner, nous ne savions pas très bien comment nous pourrions rassembler tout cela en phase de convergence. L'après-midi, nous avons cependant continué à diverger sur la vision stratégique de la fondation, en réfléchissant aux mots précis qui pourraient figurer dans son énoncé.

Nous tenions, spécifiquement, à rassembler la matière première dont nous aurions besoin lors de l'étape suivante, la convergence, pour aider les participants à élaborer une phrase exprimant parfaitement et de façon persuasive la vision du Natura Institute. Cette partie de la divergence a été divisée en trois phases :

1. la phase « faire » : il s'agissait de trouver le *verbe* décrivant le processus éducatif ;
2. la phase « acteur » : consistant cette fois à identifier et nommer le sujet de ce verbe ;
3. la phase « impact » : définissant les résultats qui, idéalement, découleraient des actions du sujet ; autrement dit, l'objet du verbe.

Durant la première phase, les participants ont proposé des mots comme « changer », « connecter », « promouvoir », « améliorer », « créer », « rendre capable » et, enfin, « enchanter ».

Pendant la deuxième phase, ils ont réfléchi à ces mots en se plaçant successivement dans diverses perspectives – celle de l'enseignant, de l'élève, du gestionnaire, du gouvernement, de la fondation, et enfin du peuple brésilien tout entier.

Puis, pendant la troisième phase, ils ont identifié un certain nombre de résultats potentiels désirés et de critères de réussite en essayant de le faire de façon surprenante (et non plus simplement « meilleurs résultats aux contrôles » ou « meilleures notes »). Cela reposait sur l'espoir que : 1) les Brésiliens seraient de plus en plus nombreux à vouloir aider d'autres personnes à apprendre ; 2) les élèves seraient plus nombreux à vouloir apprendre ; 3) de plus en plus de bons élèves voudraient devenir enseignants ; 4) les Brésiliens montreraient davantage de respect aux enseignants, qui auraient une meilleure estime de soi et 5) un beau jour, il n'y aurait plus d'échec scolaire au Brésil.

Une fois cette série d'idées sur la table, nous avons encouragé les participants à commencer à converger afin de décider la direction spécifique que prendrait la nouvelle vision de la fondation.

Pour commencer la phase de convergence, nous avons repris quelques grands éléments qui semblaient faire l'unanimité. Le groupe tomba très vite d'accord sur deux grands objectifs : 1) l'importance de *montrer* au Brésil ce qu'il était possible de faire en matière d'éducation et 2) faire appel à *des volontaires* pour aider à connecter la demande de personnes compétentes avec la vaste réserve de talents divers et variés.

Nous avons ensuite abordé la question centrale : « Que pensez-vous que la fondation Natura devrait faire ? » Les participants ont répondu par un seul mot ou par des phrases entières. Une personne a dit « catharsis » et « catalyser ». Une autre : « créer les conditions d'une éducation de qualité ». D'autres participants souhaitaient surtout que « les enseignants et les parents deviennent des éducateurs » ou estimaient qu'il fallait « changer les perspectives d'âge, de temps et de lieu... l'acquisition de connaissances étant un processus continu ».

Mais quand l'un des fondateurs de Natura a évoqué une « communauté d'apprentissage », il s'est passé quelque chose. Cela a été un moment magique, il y a eu un soulagement palpable quand nous avons commencé à explorer ce que cela pourrait vouloir dire et comment cela pouvait aider non seulement à fédérer les idées de tous les participants, mais aussi à différencier la fondation Natura de toutes les autres.

À la fin de la réunion, le groupe est parvenu à la conclusion qu'il voulait réellement que la fondation Natura influence le processus d'apprentissage et l'éducation au Brésil, en interprétant ces deux mots de façon très large. Tout le monde s'accordait à penser que l'institution devrait incarner une conception moderne de l'éducation tenant compte de la vitesse à laquelle tout change sur les plans social, culturel et technologique. Il fallait donc remplacer l'enseignement « taille unique », dogmatique, par des systèmes plus réactifs, tenant compte des différences individuelles. La fondation devrait également contribuer à la formation de « citoyens protagonistes », conscients de l'impact de leurs actes non seulement sur leur communauté immédiate, mais sur l'ensemble de la planète. De même que Natura Cosméticos avait été fondée sur le socle d'une conception philosophique de l'individu relié à la nature au sein d'un système, le Natura Institute devrait respecter et encourager l'étude de la relation entre l'individu et la création de connaissance.

Ensuite, quand nous avons réfléchi aux mots qui décriraient le mieux cette vision, nous avons voté six fois. Le premier scrutin était difficile : il s'agissait de s'accorder sur le verbe. Chaque participant pouvait voter deux fois, mais n'avait pas le droit de voter pour le verbe qu'il avait proposé lui-même. Au terme de ces deux tours, nous avions notre verbe : « créer ». Il avait un sens important aux yeux des participants, qui le préféraient à « permettre », « connecter » ou « améliorer ». Ils étaient tous d'accord pour que la fondation se mette au service d'un changement fondamental, qu'elle crée quelque chose de nouveau.

Ensuite, ils ont tenté de converger sur le sujet, autrement dit *qui* bénéficierait des efforts de la fondation. Après en avoir débattu, ils ont décidé de ne pas se limiter aux élèves ou aux enseignants de l'école primaire – la fondation travaillerait pour l'ensemble des citoyens, « le peuple brésilien ». Un jour, décidèrent-ils tous ensemble, il n'y aurait plus d'échec scolaire dans le pays.

Après plusieurs autres votes, les participants sont parvenus à la conclusion que la fondation s'efforcerait de transformer le Brésil en une « communauté apprenante », chacun ayant vocation à apprendre tout au long de sa vie. Conformément à cette conclusion, la direction décida donc que l'énoncé de la vision spécifique de la Fondation serait : « *Créer les conditions pour que le peuple brésilien devienne une communauté apprenante.* » Si, au début, les participants avaient des idées personnelles relativement rigides, ils avaient finalement réussi à créer une vision collective.

Quelques mois plus tard, la fondation avait élaboré un plan stratégique. Ses programmes viseraient non seulement à améliorer mais à *changer* l'éducation. Elle aiderait les gens à « apprendre à apprendre », à reconnaître et développer leurs talents personnels. Et elle encouragerait tout le monde à prendre conscience que l'acquisition de connaissances ne découle pas nécessairement de l'acte d'enseigner – elle se fait souvent loin des salles de classe, par le truchement de l'expérience humaine.

La nouvelle vision et le nouveau plan stratégique du Natura Institute inspireraient l'action de ses dirigeants. Désormais, tout, y compris les projets en cours, devrait s'y conformer. Peu après, le ministère de l'Éducation du Brésil accepta d'étendre à l'ensemble de la population le bénéfice d'un programme de lecture et d'écriture destiné aux écoles élémentaires. L'institut avait lancé ce programme dans 310 écoles, collaborant avec elles pour renforcer le matériel utilisé en salle de classe et améliorer la formation des enseignants. Le projet fait aujourd'hui partie de la politique éducative publique de l'ensemble du pays et est mis en place dans plus de 2 000 villes. Il atteindra bientôt 72 000 écoles, 14 000 enseignants et plus de trois millions d'enfants dans l'ensemble du Brésil – le potentiel du concept de la communauté d'apprentissage semble immense.

Créer une nouvelle vision stratégique

Comme le montre le cas de Natura, l'une des applications les plus communes de notre processus en cinq étapes est le développement d'une nouvelle vision stratégique – bel exemple de changement de perspective.

On a beaucoup écrit sur la meilleure manière de définir une vision stratégique (et sur ce qui la distingue de la mission, de la vocation ou de l'identité de l'entreprise) ; l'ouvrage que vous avez entre les mains ne tentera pas de résoudre cette discussion. À l'instar de beaucoup de nos collègues sur le terrain, nous définissons généralement la vision stratégique comme *une image ambitieuse d'un état futur de l'entreprise généralement préférable à son état actuel (ou une alternative nécessaire à ce dernier)*[4]. Notre expérience de consultants nous conduit à penser que la vision d'une entreprise doit s'appliquer à tous les aspects de ses activités et par conséquent à chacun de ses salariés. Une bonne vision stratégique est à la fois assez simple et assez large pour que tout le monde puisse la comprendre, tout en étant assez riche et profonde pour que ses implications en termes d'action soient claires à tous les niveaux de l'entreprise.

Nous avons vu de nombreuses entreprises dont la « vision » était hélas une variation de ce qui suit :

> Notre vision est de maximiser la valeur pour l'actionnaire en dépassant les attentes des clients de nos (insérer ici le produit ou le service) et d'offrir à nos salariés l'opportunité de se réaliser tout en respectant l'environnement et la communauté dans laquelle nous sommes insérés.

Il n'y a pas de quoi susciter un enthousiasme délirant ! Un tel énoncé peut, à la rigueur, satisfaire provisoirement certaines parties prenantes de l'entreprise, mais ce n'est pas une image claire de l'avenir et ce n'est pas cela qui vous distinguera des autres. Votre vision ne doit pas être un texte que votre concurrent (et encore moins une entreprise prise au hasard dans un secteur pris au hasard, comme dans le cas de la vision fictive citée ci-dessus) pourrait s'approprier en se contentant d'y insérer son nom.

Voici deux exemples qui satisfont ces critères : la vision des laboratoires AT&T était, fin 2012, de « concevoir et créer, au cours de la présente décennie, le nouveau réseau mondial, ainsi que les processus et les plateformes de service maximisant l'automatisation et permettre, de ce fait, un redéploiement des ressources humaines vers des tâches plus complexes et productives[5] ». Et la vision de Boeing, dans les années 1950, au moment où le monde se préparait à entrer dans l'ère du transport aérien commercial, était de « devenir l'acteur dominant dans l'aviation commerciale et d'entraîner le monde dans l'ère du jet ».

Les éléments clés d'une vision stratégique

Les éléments les plus importants d'une vision correctement exprimée sont les suivants : 1) la *vision* elle-même – les aspirations essentielles de la firme pour l'avenir ; 2) les *valeurs* sur lesquelles reposent l'entreprise et sa vision ; 3) les *promesses* qu'elle souhaite faire à ses salariés, à ses clients et à ses autres partenaires.

1. La vision

Une vision stratégique est un cri de ralliement destiné à motiver un groupe de personnes nombreuses et diverses (surtout les salariés et les clients de l'entreprise). Il est facile de la confondre avec la « mission » ou avec la « vocation » de l'entreprise – autres modèles mentaux séminaux ayant effectivement des caractéristiques communes avec la vision. Mais nous considérons généralement cette dernière (ce que nous souhaitons devenir, réaliser et créer) comme *découlant de* la mission de l'entreprise (ce que nous représentons, la raison pour laquelle nous existons)[6]. À nos yeux, la mission ou la vocation de l'entreprise sont généralement plus statiques, elles changent très lentement, imperceptiblement, comme si elles étaient connectées intrinsèquement à l'essence même de l'entreprise, son « ADN ». La vision, elle, serait plutôt l'orientation que l'équipe dirigeante voudrait lui imprimer à relativement court terme ou à moyen terme (il y a ainsi des visions stratégiques à cinq, à dix ou à vingt ans). Une vision permet de répondre à des questions comme : « Où avons-nous vraiment envie d'aller, maintenant, mon entreprise et moi ? » C'est le grand cadre mental passionnant que nous pouvons créer aujourd'hui et que mon équipe et moi-même pourrons remplir demain de nombreuses idées intéressantes.

2. Les valeurs

Une vision doit représenter les valeurs essentielles sur lesquelles l'entreprise repose. Voici les plus souvent citées : l'intégrité, la satisfaction du client, l'esprit d'équipe, l'authenticité. La vision d'Avis Budget Group, dont les valeurs fondatrices sont le dévouement, l'intégrité et la responsabilité, est ainsi libellée : « Nous deviendrons leader de la location de véhicules en privilégiant les clients, les salariés, la croissance, l'innovation et l'efficacité. Tous ces éléments permettront la réussite financière et montrent qu'Avis et Budget sont plus forts ensemble qu'ils ne pouvaient l'être seuls[7]. »

Pour vous aider à commencer à réfléchir à votre firme ou organisation, nous avons dressé ci-après une liste de valeurs. Quand vous réfléchirez à votre vision et aux valeurs qui devraient l'informer, commencez par regarder attentivement cette liste afin d'en tirer les trois, cinq ou dix valeurs qui, selon vous, correspondent le mieux à votre entreprise *à l'heure actuelle* (nous explorerons plus tard celles que vous voudriez qu'elle incarne à l'avenir).

Innovation	Vitesse	Performance	Différenciation	Service
Intégrité	Loyauté	Humanisme	Attitude globale	Enthousiasme
Satisfaction client	Efficacité	Création de valeur	Simplicité	Partenariat
Esprit d'équipe	Combativité	Excellence	Transparence communication	Disponibilité
Respect	Ouverture	Succès	Clairvoyance	Développement personnel
Qualité	Plaisir	Adaptabilité	Authenticité	Savoir-faire
Esprit d'entreprise	Compétitivité	Confiance	Talent	Pluralisme
Responsabilité	Passion	Proximité	Fierté	Courage
Liberté	Ambition	Inventivité	Bien-être	Initiative
Professionna-lisme	Humilité	Responsabilité sociale	Réflexion	Tradition
Accessibilité	Durabilité	Égalité	Détermination	Confidentialité

Vous pourriez également passer un certain temps avec votre équipe – et même, à dire vrai, organiser une séance de divergence-convergence – à dresser votre propre liste de valeurs et voir lesquelles vous correspondent le mieux.

Une autre façon de réfléchir aux « valeurs » essentielles de votre entreprise est de vous poser des questions comme : « Pour quoi moi et mon entreprise serions-nous prêts à *nous battre* ? » « Quels aspects essentiels de mon entreprise est-ce que je voudrais transmettre à mes enfants ? » « Quel souvenir est-ce que j'aimerais que laisse mon entreprise ? » « Quels éléments essentiels de mon entreprise, s'ils venaient à disparaître, m'ôteraient toute raison de vouloir y travailler ? »

À l'évidence, même si vous vous livrez à cette réflexion en profondeur et en tirez une liste des valeurs auxquelles vous êtes le plus attaché, vous ne pourrez pas forcément obtenir un consensus sur leur sens et leurs conséquences sur votre vision. Chacune de ces valeurs peut en effet avoir un sens différent pour les différents groupes de parties prenantes. Mais, en vous efforçant d'identifier un ensemble de valeurs partagées, vous commencerez à comprendre non seulement où en est votre entreprise aujourd'hui, mais aussi ce que vous considérez comme son « état futur radicalement préférable » ou « une vue radicalement préférable de son avenir ».

3. Les promesses

La phrase énonçant votre vision doit aussi exprimer les promesses que vous souhaitez faire à tous les partenaires de votre entreprise. Quels sont vos grands projets ? Vos ambitions les plus chères ? Qu'espérez-vous réaliser, dans quel délai ? La compagnie d'assurances automobile Progressive affirme que sa vision est de « réduire le traumatisme humain et les coûts économiques associés aux accidents d'automobile. Nous offrons donc à nos clients des services conçus pour les aider à remettre leur vie en ordre aussi vite que possible[8] ». Quant à General Motors, il formule une promesse très précise : « Voilà cent ans que GM est leader dans l'industrie automobile mondiale. Les cent prochaines années, ce sera encore vrai. GM est fermement décidé à garder sa place de leader quand l'automobile se convertira aux énergies renouvelables. »

Votre vision est bonne si :

- *elle change la façon dont vous et vos collègues percevez votre organisation.* Sony, par exemple, avait à un moment donné une vision dont l'énoncé est resté célèbre : « Devenir l'entreprise connue pour avoir changé l'image de médiocre qualité qu'avaient les produits japonais dans le reste du monde. » La compagnie imaginait une rupture nette par rapport au passé, un « avant » et un « après » évidents ;
- *elle est facile à comprendre, évocatrice, crédible et réalisable.* Le meilleur exemple en est peut-être la vision de 3M : « Résoudre de façon novatrice des problèmes non encore résolus » ;
- *elle est facile à partager par tous ceux qu'elle concerne, motivante pour les parties prenantes.* Voici par exemple la première vision de Microsoft : « Un ordinateur sur chaque bureau, dans chaque maison. » Une telle

phrase est supérieure, et de loin, à des déclarations comme : « Nous voulons être le numéro un mondial de la chaussure » ou « Nous travaillerons toujours à être le premier dans la production nationale de cloisons de plâtre. » Microsoft décrivait très précisément ce qu'il espérait réaliser (et en donnait une image marquante). Être le numéro un ou le numéro deux est sujet à l'interprétation et ambigu, car la phrase s'articule sur le verbe être. Qu'est-ce que cela veut dire, exactement, d'être numéro un ou deux ? Un certain niveau de chiffre d'affaires ? de part de marché ? Nous encourageons les entreprises à utiliser des verbes d'action dans l'énoncé de leur vision afin que ce qu'elles veulent accomplir soit absolument clair ;

- *elle différencie l'entreprise de ses concurrents de façon très précise.* Ben & Jerry, par exemple, se considère comme ayant une « mission produit » : ses glaces sont fabriquées avec des ingrédients de qualité, ainsi qu'une « mission économique » : une croissance rentable, durable, offrant des opportunités à ses salariés. Mais le facteur le plus différenciateur, c'est sa « mission sociale » : initier des façons nouvelles d'améliorer la qualité de la vie localement, nationalement et internationalement ;
- *elle contient des éléments qualitatifs et des critères de réussite qui vont au-delà des indicateurs classiques.* Par exemple, on ne se contentera pas de dire « doubler notre part de marché » ou « franchir la barre du milliard de dollars de chiffre d'affaires ». La phrase historique décrivant la vision de Sony était particulièrement persuasive à cet égard : au lieu de fixer un repère financier, la compagnie faisait la promesse remarquablement audacieuse et inhabituelle de changer la perception mondiale de la qualité des produits fabriqués au Japon ;
- *elle peut être validée par les principales parties prenantes de l'entreprise.* Par exemple, elle est éthiquement acceptable, économiquement viable et contribue à unir et à inspirer toutes les personnes concernées, car elle repose sur les valeurs qui vous tiennent le plus à cœur. Comme nous l'avons montré tout au long de ce livre, un nouveau modèle mental, s'il est bon, peut contribuer à fédérer tout le monde, à l'intérieur comme à l'extérieur de votre entreprise, car il unifie les perspectives autour d'un thème, d'une idée, d'un sens du possible commun.

Forger une vision collective est un immense défi car cela requiert non seulement de la créativité, mais aussi une grande discipline ; il faut réfléchir, descendre dans les détails. Quand vous vous embarquez dans ce processus avec votre groupe, la destination est encore inconnue. Ce processus s'avère souvent particulièrement ardu pour les personnes, au sein de votre entreprise, qui sont souvent (voire toujours) amenées à travailler et à raisonner de manière déductive, logique, en s'attachant à ce que l'on peut prouver. En outre, la priorité si souvent accordée au court terme crée des incitations nettement favorables à la pensée analytique et convergente. Or, pour développer une vision, il faut avoir recours à l'induction comme à la déduction, s'habituer à la pensée prospective, s'attacher aux possibilités à long terme et, au lieu de se demander uniquement ce que l'avenir vous réserve, imaginer comment vous pourriez le façonner vous-même.

Chapitre 9

Imaginer l'avenir

« *La science-fiction d'aujourd'hui est souvent la réalité de demain.* »

Stephen Hawking, physicien, écrivain et cosmologiste

Les scénarios sont une application forte et élégante du processus de raisonnement par nouveaux modèles mentaux que nous avons exploré. On leur reconnaît en général un fantastique potentiel d'amélioration de la réflexion stratégique et de la planification à long terme ; pourtant, ils demeurent largement sous-employés. Nous expliquerons dans ce chapitre ce que nous entendons par « scénarios », un mot que nous avons vu bien des gens utiliser différemment de nous dans les entreprises, puis nous montrerons comment piloter les cinq étapes de manière à créer et utiliser des scénarios, et donc à mieux se préparer à ce qu'on ne peut prédire.

Comment imaginer de multiples futurs possibles

Imaginez que vous êtes l'un des dirigeants de la grande chaîne de salles de cinéma AMC, réuni avec vos collègues dans un bureau luxueux au siège de la société pour une journée de séminaire sur l'avenir du cinéma. Les habitudes de fréquentation des salles subissent des bouleversements tectoniques, et la société s'inquiète pour ses revenus. Des millions de personnes qui fréquentaient naguère les mégaplexes locaux ne sortent plus de chez elles et paient un « billet » unique *via* des services comme Netflix. Imaginez qu'en fin de séminaire votre groupe doive avoir trois ou quatre scénarios – différentes hypothèses d'avenir possibles mais peu probables – quant à ce que pourrait vivre le spectateur dans une salle de cinéma en l'an 2025 !

À la manière des films projetés par AMC, les scénarios relatent des histoires bien particulières et proposent des visions de l'avenir largement différentes. À la fin de votre atelier, l'un des scénarios mis au point s'intitule « Le monde de la famille en forme » ; il décrit un avenir où la priorité absolue sera de garder toute la famille dynamique et en bonne santé. Dans ce scénario, « aller au cinéma » pourrait ne plus être une activité sédentaire et deviendrait très bénéfique pour le tonus et la culture physique de la famille tout entière. Un autre scénario s'appelle « Le monde du loisir sur mesure » : il envisage un nouvel univers du divertissement entièrement personnalisé de manière à satisfaire les goûts et désirs individuels. Dans ce scénario, AMC proposerait peut-être des projections multisensorielles et personnalisées, adaptées aux goûts et intérêts de chaque spectateur tout en restant organisées dans un cadre collectif. Les spectateurs verraient le film de leur choix sans avoir à se mettre d'accord avec leurs amis ou leur famille. Doté peut-être d'un casque de réalité virtuelle personnalisée (et autres nouveaux équipements sensoriels restant à inventer), chacun sélectionnerait et savourerait ses propres expériences audiovisuelles, fortement personnalisées. Un gardiennage serait assuré pour les enfants en bas âge afin de libérer les parents, tandis que dans toutes les salles les heures de début et de fin des expériences personnelles seraient aménagées de telle sorte que les familles arrivent au mégaplexe et le quittent au même moment.

Prenez un moment pour songer à d'autres scénarios possibles de ce que vivra le cinéphile vers 2025. Pouvez-vous en imaginer un ou deux autres, osés et néanmoins plausibles ?

Ce genre de réflexion par scénarios est l'une des applications les plus passionnantes et les plus dynamiques de notre nouvelle approche.

Elle consiste à bâtir de nouveaux cadres mentaux (ou à renforcer des cadres existants) pour se préparer à l'avenir. Les gens brûlent souvent de poser des questions du genre : « D'où la prochaine crise va-t-elle venir ? Comment m'y préparer ? » Ils veulent comprendre où se dirigent les marchés importants pour leur organisation mais ne savent comment établir un vaste éventail d'hypothèses. « Mon avenir est-il seulement dans les marchés émergents ? Mon organisation a-t-elle encore un potentiel à domicile ? »

Dans ces situations, nous organisons souvent des exercices de planification par scénarios à base de « que se passerait-il si... » et de « mais si jamais... » – des versions de l'avenir basées sur des hypothèses lointaines – pour esquisser de nouveaux modèles mentaux et tester ceux existants. Nous serons tous confrontés dans l'avenir à des développements inattendus, voire étranges : les nouveaux modèles les plus robustes doivent donc être capables d'aider les entreprises à survivre – et prospérer – dans des conditions hautement imprévisibles. Les exposer à l'éventail des événements les plus divers qui puissent se produire vous permet de les renforcer pour le présent comme pour l'avenir.

Quand les attentats terroristes du 11 septembre 2001 ont bouleversé l'industrie du transport aérien, par exemple, plusieurs grandes compagnies aériennes avaient très peu de marges de manœuvre : US Airways, dont le taux de couverture des frais financiers était faible, a fait faillite en 2002, et d'autres ont suivi. Southwest, en revanche, avec un niveau d'endettement faible et une abondante trésorerie disponible, se trouvait davantage « préparée » aux variations inattendues de la demande et des prix du carburant qui se sont alors produites. Autrement dit, elle doutait, elle était prête à se remettre en question, ce qui lui a permis de rester dans le vert en 2001-2003 et d'étendre sa présence à l'ensemble des États-Unis. Les scénarios sont un outil susceptible d'aider n'importe quelle organisation à mieux se préparer.

Un ensemble de scénarios en comporte d'ordinaire trois ou quatre, bien nets et distincts. Aucun d'eux n'a de chances de se réaliser dans tous ses détails – en fait, le « vrai » futur contiendra probablement des éléments de chacun d'eux. Tous sont plausibles pourtant, de sorte que vous pouvez essayer d'envisager comment les choses changeraient pour vous et votre organisation dans chaque scénario. Et chacun d'eux éveille des pensées différentes et suggère des opportunités et des menaces différentes. En envisageant cet éventail d'avenirs possibles, votre perception de ce qui pourrait se produire deviendra plus large, plus riche et plus imaginative. En créant ces scénarios – dont chacun peut être considéré comme un nouveau « modèle mental » -, vous pouvez aider votre organisation à prendre des décisions meilleures et plus robustes. Les scénarios vous permettent aussi de développer avec vos collègues un langage et une perspective communs, un modèle mental commun plus expansif qui vous dira à quoi réfléchir ensemble pour évoquer et préparer l'avenir.

Une fois concentré sur quelques scénarios, vous pouvez guider la stratégie de votre organisation – et vous préparer considérablement mieux aux événements futurs – en discutant et en élaborant les différents moyens par lesquels elle pourrait réagir à chacun d'eux et en tirer parti. Avec « Le monde de la famille en forme », par exemple, vous pourriez créer des salles de cinéma équipées de vélos d'entraînement fixes, ou peut-être concevoir un stade énorme avec une piste en plein air entourée d'écrans sur lesquels serait projeté un film qu'on regarderait tout en courant.

Dans notre vocabulaire, un scénario est un nouveau cadre, ou modèle mental, concernant un avenir distinct et un peu « forcé ». C'est un futur imaginé dans ses grandes lignes, accompagné d'un récit esquissant le parcours suivi pour y arriver, et non une solution ou un résultat particulier. Mais de tels scénarios peuvent être très pratiques et précieux pour les particuliers, entreprises ou autres qui s'en servent comme des cadres et des points de référence à partir desquels imaginer des stratégies, produits et démarches spécifiques, et autres innovations. Ainsi, si le nouveau cadre est le scénario intitulé « Le monde de la famille en forme », les vélos d'exercice, le stade révolutionnaire associant cinéma et course sont des exemples de ce qu'une organisation (dans notre exemple, la chaîne de salles de cinéma AMC) pourrait faire pour y réagir et en tirer parti. Et, comme on l'a souligné plus haut, il est probable en fait que vous utiliserez (et rejetterez) différents éléments de tous vos scénarios. En tant que dirigeant d'AMC, vous déciderez peut-être de concevoir une expérience future du spectacle cinématographique reposant par exemple sur deux scénarios distincts (ou davantage). Vous pourriez recommander (pour « Le monde de la famille en forme ») de proposer à tous les spectateurs de choisir entre différents exercices dans toutes les salles, tout en préconisant de mettre au point des sensations de réalité virtuelle très personnalisées pour tous les spectateurs des cinémas (d'après « Le monde du loisir sur mesure »).

Étant donné la tendance à la complexité du monde moderne et les changements et problèmes toujours nouveaux nés des recoupements entre ses grandes évolutions, les scénarios apportent souvent un sentiment bienvenu de simplicité et de clarté. Il est très difficile d'observer, mettons, vingt ou trente évolutions à la fois, et plus encore d'imaginer toute la diversité des résultats possibles selon que les unes ou les autres s'avéreraient plus importantes et plus influentes. Les scénarios, en revanche, comme on le verra, « incorporent » les tendances qui vous paraissent déjà les plus pressantes ainsi que votre analyse des éventualités les plus extrêmes susceptibles de conditionner leurs effets dans les prochaines années. Et en fin de compte, chaque scénario raconte une *histoire* particulière quant aux étapes à franchir pour que le nouvel univers qu'il décrit puisse devenir réalité. Le scénario du « monde de la famille en forme », par exemple, pourrait être basé sur votre analyse de tendances telles que l'urbanisation, l'obésité infantile et les technologies vertes et sur quelques-uns des événements hors du commun, mais peu probables, qui pourraient se produire à la lumière de ces évolutions.

Le monde (et l'histoire) des scénarios

Utilisés de longue date par les militaires, les scénarios ont été introduits dans le monde des affaires par Pierre Wack, chez Royal Dutch Shell, dans les années 1970. Comme beaucoup de ses concurrents, Shell avait été surpris par la montée en puissance du cartel de l'OPEP et la première vague de l'écologie militante. Le pétrolier désirait se doter d'un éventail d'options stratégiques et, pendant des années, ses dirigeants, qui utilisaient des scénarios (par exemple pour pressentir une surcapacité dans le domaine du transport maritime pétrolier), ont été régulièrement mieux préparés que leurs homologues à réagir aux variations permanentes de leur marché.

Progressivement, une série d'autres organisations, depuis General Electric jusqu'à divers organismes de conseil, ont mis en œuvre en interne différents scénarios. Des constructeurs automobiles ont imaginé des fourchettes de résultats en cas d'accident. Des constructeurs de moteurs d'avion ont éprouvé l'efficacité de leurs produits face aux risques les plus divers : eau, vent, vols de mouettes. Des parfumeurs ont placé des cobayes humains dans des laboratoires de test reproduisant le climat de la Sibérie, de la jungle amazonienne ou du Sahara pour apprécier la tenue de différentes senteurs. De nombreuses entreprises ont réalisé des exercices perfectionnés de « planification par scénarios » exigeant des semaines, sinon des mois, de calculs et d'études détaillés.

Différentes raisons nous amènent cependant à penser que les scénarios sont sous-utilisés. Certains dirigeants considèrent qu'ils coûtent trop cher en temps et en argent. D'autres affirment que l'évolution des marchés est trop rapide pour qu'ils apportent grand-chose. Il en est pour qui le mot « planification » accolé à « scénario » connote trop le déductif, alors que les scénarios ont pour rôle d'élargir les réflexions. Mais par-delà toutes ces raisons, nous croyons que beaucoup de dirigeants se sentent mal à l'aise devant la nature exploratoire et provocatrice des scénarios : il y a des gens qui refusent qu'on élargisse leurs perceptions. Et même ceux qui l'acceptent s'inquiètent des incertitudes inhérentes à l'utilisation des scénarios, du fait que ceux-ci sont davantage art que science. Vous ne pouvez pas *prouver* par déduction l'exactitude ni l'intérêt d'un scénario. Vous ne pouvez pas savoir quel sera son véritable effet, ni s'il se réalisera mieux qu'un autre. Il faut laisser passer du temps avant de distinguer ce qu'il implique vraiment.

Mais pour ce qui est de raisonner par nouveaux modèles mentaux, les scénarios de fantaisie, indéterminés, que nous vous apprendrons à créer auront presque toujours, croyons-nous, un énorme intérêt. Vous en viendrez non seulement à admettre leurs attributs les plus flous mais à vous enthousiasmer pour eux, à les considérer comme une clé qui ouvre une série de nouveaux modèles mentaux et de nouvelles opportunités. Les scénarios que vous imaginez imprégneront votre esprit et les stratégies que vous poursuivez, ils vous aideront à prendre des décisions collectives globalement meilleures. Nous avons vu bien des entreprises se préparer beaucoup mieux à l'avenir en créant des scénarios, même les plus utopiques, en les pondérant et en y réagissant. Pour être clair, ce qui crée de la valeur en fin de compte, ce ne sont pas les scénarios eux-mêmes, c'est le fait de poser des questions, de chercher des réponses efficaces et de mieux se préparer à ce qui pourrait se produire dans l'avenir, le « raisonnement par scénarios » et le lien avec la *stratégie*.

La création des scénarios ne réclame pas nécessairement beaucoup de temps. Il vous faudra les préparer à l'avance, et nous vous conseillons de réserver au moins une demi-journée aux exercices décrits dans ce chapitre ; un suivi sera ensuite requis. Mais notre démarche est un processus relativement efficient*.

Plutôt que de confier la création des scénarios à une équipe spécialisée travaillant en vase clos, nous vous invitons à y faire participer les membres de votre équipe ou de votre organisation habilités à prendre les décisions capitales et responsables de leur exécution. Nous avons constaté qu'en réunissant les personnes clés (c'est-à-dire en vous dispensant des études et des analyses intensives, chronophages, de la planification par scénarios traditionnelle), vous gagnerez en impact ce que vous perdrez peut-être en rigueur. Si les scénarios sont l'œuvre de vos collègues et de vous-même, votre sentiment d'appropriation s'accroîtra considérablement. Ce qui veut dire que vous serez bien plus disposé à en tirer une valeur pratique. Nous croyons que cela est vrai pour de

* En matière de scénarios, il existe plusieurs démarches. Par exemple, établir des axes d'incertitude spécifiques et générer des scénarios à partir des différents quadrants, ou bien suivre une démarche « morphologique » consistant à décrire des incertitudes spécifiques avec une plage de conséquences possibles pour chacune d'elles. Bien connues dans les cercles des scénarios, ces démarches sont différentes de celle que nous décrirons ici, mais nous plaidons avec ferveur pour que la créativité et la réflexion expansive y soient aussi introduites.

nombreux types d'organisations et d'institutions, comme le PDG et son comité de direction, les cadres d'une unité opérationnelle ou les dirigeants d'une PME ou d'une entreprise familiale.

Quant à l'intérêt des scénarios, soyez patient. Nous avons constaté que leurs effets positifs sont rarement immédiats ou évidents et ne découlent pas de quelque prédiction explicite. Leur intérêt vient plutôt de ce que vous apprendrez en les développant puis en explorant leurs implications pour votre monde. « L'esprit humain, une fois élargi par une idée neuve, ne retrouve jamais ses dimensions d'origine », disait un jour Oliver Wendell Holmes, juge à la Cour suprême des États-Unis. Il y a aussi une autre différence entre les approches de scénarios les plus traditionnelles et celle du raisonnement par nouveaux cadres mentaux : les éléments centraux et les plus cardinaux de la plupart des démarches classiques sont les megatrends et leur analyse, tandis que notre démarche attache autant d'importance aux *coups du sort* et aux possibilités extrêmes découlant des megatrends. À cet égard, considérez la question suivante :

Quelle est la probabilité que, dans cinq ans, vous deviez payer vos recherches Google ?

« Zéro », répondront la plupart des gens.

À présent, envisagez une variante de cette question. Supposez que, dans cinq ans, vous *devrez* payer vos recherches Google. Pourquoi cela ? Les mêmes gens proposeront aussitôt un éventail d'hypothèses : les États sans le sou ont dû trouver de nouvelles recettes fiscales, les prix de l'énergie se sont envolés en raison d'une pénurie mondiale de carburant et Google a dû facturer ses services pour financer ses énormes parcs de serveurs. Ou peut-être un algorithme révolutionnaire permet-il à Google de faire payer des résultats de recherche exceptionnels.

En un instant, l'impossible devient réalité. Et si vous posez à nouveau la première question, les réponses des gens auront changé : le raisonnement par scénarios repousse les frontières des possibilités dans notre esprit*.

* Cet exercice de réflexion ré-illustre aussi la distinction prédictif/prospectif explorée plus haut, en termes de pondération de l'avenir de manière soit déductive soit inductive.

Développez vos propres scénarios

Pour développer vos propres scénarios, vous recourrez au processus en cinq étapes, sans hésiter à réitérer certaines d'entre elles aussi bien au stade de la préparation des scénarios qu'à celui de leur production effective. Il vous faudra probablement quelques jours, voire deux ou trois semaines (ou même plusieurs mois dans certaines circonstances), pour effectuer vos recherches et pratiquer quelque brainstorming préliminaire.

Pour établir des scénarios, on utilise quatre matériaux essentiels.

1. *Des intrants, tels que des tendances* — de grandes et vastes évolutions de long terme, hautement probables et affectant votre industrie, des phénomènes comme l'essor des réseaux sociaux et la numérisation des informations, la rareté de certaines ressources naturelles, le réchauffement global, la croissance exponentielle prévisible des marchés de la main-d'œuvre et de la consommation dans des pays comme le Brésil, la Russie, l'Inde et la Chine. Certaines d'entre elles peuvent aussi être appréhendées par le biais des études de clientèle, de la veille concurrentielle ou d'autres outils.
2. *Des coups du sort ou éventualités extrêmes* — des facteurs qui, quoique très improbables, auraient des conséquences importantes pour une tendance donnée, par exemple le risque d'un accident nucléaire catastrophique, l'éventualité d'une scission des États-Unis en deux pays, le risque d'une envolée des prix du pétrole telle que tous les transports publics devraient utiliser le gaz naturel, la possibilité que 75 % des dirigeants d'entreprise les plus puissants soient des femmes en 2025, le concept d'une avancée scientifique qui permettrait à tout le monde de vivre centenaire, un essor de la puissance asiatique tel que presque toutes les communications mondiales se feraient en mandarin. De tels faits imprévisibles vous servent par essence à « tester » l'importance et la pertinence des megatrends que vous envisagez.
3. *Des variables* — des situations exceptionnelles de la vie réelle dans lesquelles les megatrends critiques joueraient probablement. Par exemple, si votre organisation est un quotidien national et que les megatrends

essentielles sont entre autres celles mentionnées au point 1 ci-avant, l'une de ces variables pourrait être « Assister à une conférence de presse présidentielle en 2025 », une autre « Annoncer la météo du jour en 2025 » ou encore « Embaucher des journalistes et des correspondants de presse en 2025 ».

4. *Des hypothèses* — des possibilités (retenues après brainstorming) quant à ce qui pourrait se produire et s'ensuivre dans chaque situation. Par exemple, pour la variable « Annoncer la météo du jour en 2025 », une hypothèse pourrait être désignée comme « le monde en 4D » ; elle ferait intervenir un globe multidimensionnel animé, un hologramme qui jaillirait de votre iPad ou autre tablette et vous permettrait de voir quel temps il va faire, n'importe où sur terre, en posant votre doigt sur l'endroit qui vous intéresse. Peut-être l'hologramme comporterait-il des signaux d'alerte en cas de phénomène climatique dangereux et de risques à long terme comme El Niño. Nous incitons généralement les participants à trouver quatre hypothèses pour chaque variable.

Pour vous préparer à développer des scénarios en suivant l'approche des nouveaux modèles mentaux, vous dresserez une liste de tendances et de coups du sort à partir de laquelle vous et/ou une petite équipe de collègues esquisserez une série de variables. Puis, avec tous les participants impliqués, vous développerez une série d'hypothèses relatives à chaque variable et, après remue-méninges et discussion, vous les organiserez en scénarios approximatifs. Ensuite, vous affinerez davantage les « matériaux bruts » des scénarios autant que nécessaire, vous établirez les histoires complètes et les documents de communication, et vous déterminerez ce que les scénarios impliquent pour votre organisation en termes de stratégie et de grandes décisions.

Il y a beaucoup de souplesse dans notre modèle. Vous pouvez juger nécessaire de consacrer plusieurs heures à l'une des parties du processus ou trouver des moyens de gagner du temps ailleurs. Vous pouvez accomplir le travail de préparation avec deux ou trois collègues puis organiser un « atelier scénarios » avec un petit groupe de personnes en qui vous avez confiance avant d'explorer les implications. Certains clients choisissent d'organiser une série de deux, trois, voire quatre ateliers, l'un, par exemple, pour fouiller les tendances, un autre pour développer les scénarios bruts, d'autres pour donner corps à une vision des implications et des actions à mener. Si vous organisez un atelier, il est important de charger quelqu'un d'animer les discussions plénières ; la personne choisie présentera la méthodologie et, plus tard, animera les débats lors du développement des scénarios. Elle devra bien connaître la démarche et vos préparatifs. Elle devra aussi être capable d'animer des groupes et, dans l'idéal, ne pas être concernée par le projet (elle viendra par exemple d'un autre secteur de l'entreprise, ou même de l'extérieur).

L'essentiel est que ceux qui auront à utiliser les scénarios participent d'une certaine manière à leur élaboration effective, au minimum en contribuant à la détection des tendances et à l'exploration de leurs implications, mais dans l'idéal en participant aussi aux aspects créatifs de cette démarche.

Planification par scénarios avec l'UNIFE

En 2008 et au début de 2009, la crise financière et la récession qui a suivi ont soumis la quasi-totalité des activités à des contraintes sans précédent. Des gouvernements sont tombés, des compagnies d'assurances ont fait faillite et, si vous travailliez dans la finance, vous n'étiez peut-être pas très sûr que votre entreprise existerait encore quelques semaines plus tard. Si vous étiez impliqué dans le transport ferroviaire, vous pouviez lire dans les grands journaux que les volumes de fret étaient en baisse de 25 %[1] et que l'activité voyages allait chuter de 10 à 20 %[2]. Plus largement, il semblait probable que les courants d'échanges commerciaux allaient être bouleversés, que de nouveaux concurrents allaient apparaître, que les pouvoirs publics allaient durcir les réglementations, que les dépenses discrétionnaires des consommateurs allaient stagner encore davantage. En bref, il fallait réagir et se mobiliser pour répondre à la crise, mais aussi réfléchir de manière créative.

Dans l'immédiat, vous vous efforceriez d'augmenter le trafic fret et passager pour amortir la crise. En réfléchissant à un peu plus long terme, vous voudriez comprendre les megatrends cardinales concernant l'industrie du rail et la manière dont elles pourraient vous affecter. Et à un horizon encore plus lointain, vous seriez vraiment désireux d'appréhender les moyens qui permettraient à l'industrie de continuer à se développer jusqu'en 2025 : à quoi votre monde pourrait-il ressembler ? Pour le savoir, l'UNIFE (Union des industries ferroviaires européennes) avait besoin de scénarios. L'UNIFE représente les entreprises européennes qui conçoivent, fabriquent, entretiennent et rénovent les systèmes de transport ferroviaires et leurs équipements connexes. Parmi ses adhérents figurent de grandes entreprises privées comme Alstom, Bombardier ou Siemens ; beaucoup de grands organismes ferroviaires nationaux comme la Fédération des industries ferroviaires (FIF) en France, ZVEI en Allemagne ou les Chemins de fer fédéraux suisses y siègent en tant que membres associés.

L'UNIFE a réuni un petit groupe de travail formé de dirigeants de plusieurs grandes sociétés ferroviaires européennes. Ce groupe s'est donné quatre semaines pour préparer un atelier de scénarios d'une journée dont il nous a confié l'animation. Nous avons travaillé avec l'UNIFE en observant comme suit les cinq étapes du nouveau modèle mental.

Première étape : douter

Dans le monde du voyage ferroviaire, la certitude est capitale. Les trains doivent partir à l'heure et rien ne peut être laissé au hasard. À certains égards, la planification par scénarios en est l'exacte antithèse. Elle propose l'incertitude et invite au doute.

Comme toujours, la première étape du raisonnement par nouveaux modèles mentaux consiste à douter de tout – il nous semble d'ailleurs qu'accepter de s'embarquer dans un processus de planification par scénarios connote déjà un certain niveau de doute. En réfléchissant à ce qui pourrait se passer en relation avec de multiples avenirs possibles, vous admettez au fond qu'il y a des choses que vous ne pouvez prévoir, mais auxquelles vous aimeriez quand même vous préparer – que votre perception de l'avenir est imparfaite.

Avec l'UNIFE, nous avons d'abord interrogé des parties prenantes essentielles afin de comprendre leur vision de l'avenir et commencer à travailler en dépassant leurs modèles mentaux et leurs contraintes existants. Nous avons présenté le processus des « nouveaux modèles mentaux », expliqué avec soin notre approche de la planification par scénarios, puis fait appel à des casse-tête, des illusions d'optique et d'autres exercices pour inciter les participants à remettre en question leurs perceptions et commencer à « douter ». Puis nous avons tenté de « déstabiliser » les participants de l'UNIFE en leur demandant d'envisager un monde futur (disons en l'an 2025) où les gens refuseraient partout de monter à bord des trains ! Bien que cette situation ne fût guère probable aux yeux de la plupart d'entre eux, nous les avons ainsi aidés à « débloquer » leur esprit en analysant comment on en serait arrivé là et ce que cela signifierait pour eux et leur entreprise.

Deuxième étape : explorer

L'objectif principal de cette phase est de détecter les megatrends pertinentes et de commencer à réfléchir à des « coups du sort », c'est-à-dire à certains des facteurs les plus surprenants, les plus abracadabrants, susceptibles d'influencer la manière dont ces tendances pourraient se manifester. Avant l'atelier, nous avons invité l'UNIFE à désigner différentes tendances présentant selon elle un degré de probabilité relativement élevé, durables par nature et qui auraient un impact sur l'ensemble du système social. Au cours de l'atelier, nous avons demandé aux participants de débattre des megatrends ainsi que de l'importance et de l'impact probables de chacune d'elles (puis de se concentrer sur quelques-unes d'entre elles).

Au nombre des megatrends figuraient par exemple l'urbanisation, le vieillissement de la population, la raréfaction des combustibles fossiles, le développement de la mobilité, la mondialisation et l'évolution des barrières commerciales, la personnalisation des produits, la montée en puissance des pays en expansion rapide, l'essor rapide des technologies de la communication, les énergies alternatives et la crainte croissante du terrorisme.

Pourquoi est-il si important de détecter des tendances pour développer des scénarios ? Les tendances aident à enraciner les scénarios dans la réalité et suscitent des réflexions supplémentaires sur une palette de sujets utiles. Mais un ensemble de tendances, si large soit-il, n'est pas suffisant pour bâtir des scénarios, car il est certain que quelque aspect de l'avenir nous échappera. De plus, même si nous couvrions toutes les éventualités par une série plus ou moins « complète » de tendances, celle-ci serait quand même affectée par les biais de nos perceptions et de nos jugements. Aucun regard sur aucune tendance de cette série ne peut être parfaitement objectif – nous devrons toujours interpréter. De plus, lors du développement de scénarios, il convient de conserver une marge pour les coups du sort, les possibilités extrêmes et ce que nous appelons des « ruptures de continuité hypothétiques ».

Ces dernières comprennent des risques de perturbations telles que de nouvelles alliances commerciales ou une modification des règles du jeu, l'incidence de projets connexes comme la délocalisation des établissements industriels d'un concurrent vers un pays à bas coût, des incertitudes majeures comme l'apparition de nouvelles maladies, l'éventualité de nouveaux attentats terroristes à grande échelle et l'aggravation des effets des ouragans et des inondations.

Vient alors le moment d'exercer son imagination en commençant à agiter des idées sur toutes sortes de situations à probabilité faible mais à impact fort. Vous devriez aussi vous demander quelles « grenouilles dans la marmite » (ces changements lents qu'il est facile d'ignorer) ou quels « éléphants dans la salle » (ces problèmes connus de tous et pourtant passés sous silence) pourraient affecter vos perceptions.

À l'UNIFE, les participants ont considéré plusieurs coups du sort à forts enjeux, comme ce qui pourrait se passer si la coopération entre États européens échouait et si chaque pays récupérait individuellement ses prérogatives, ou si certains pays d'Afrique adoptaient le yuan en raison de l'influence croissante des Chinois sur le continent.

Une fois que vous avez sondé le possible en examinant de nombreuses tendances et en désignant celles qui paraissent les plus significatives, vous pouvez passer à la troisième étape. Mais, nous devons le souligner, il est souvent compliqué de mettre tout le monde d'accord sur les tendances et coups du sort précis que votre organisation devrait privilégier. Il est probable que tout le monde ne sera pas du même avis, c'est pourquoi il nous arrive souvent d'effectuer des sondages ou de faire voter les participants sur les différentes tendances afin de cerner celles qui semblent les plus importantes. Vous pourriez aussi rechercher les megatrends les plus controversées, c'est-à-dire celles que les uns jugent extrêmement importantes et les autres beaucoup moins. Ainsi, il nous est arrivé d'interroger des décideurs sur les tendances et des coups du sort qui auront selon eux le plus d'effets (ou auxquels leur organisation et eux-mêmes sont le moins bien préparés) puis de retenir pour les étapes 3 et 4 ceux qui faisaient l'objet des plus vifs *désaccords*. Ces tendances très controversées, même si elles peuvent paraître improbables et tirées par les cheveux, s'avèrent quelquefois les plus pertinentes lors du développement des scénarios. Pour comprendre pourquoi, imaginez combien il aurait été intéressant pour les dirigeants des grandes compagnies d'aviation, voici quelques années, d'envisager lors d'un exercice de planification par scénarios que la circulation aérienne pourrait être perturbée pendant des semaines à cause d'un panache de cendres volcaniques. Considérer le « réveil des volcans » comme une tendance critique aurait probablement paru absurde à l'époque. Mais, on le sait, ce possible coup du sort s'est bel et bien produit : au printemps 2010, les éruptions du volcan Eyjafjallajökull en Islande ont perturbé les déplacements en Europe occidentale et septentrionale pendant plus d'un mois. Les compagnies aériennes se sont efforcées d'établir des dessertes de rechange et ont essuyé de lourdes pertes financières.

Troisième et quatrième étapes : diverger et converger

Un point distinctif essentiel dans l'application aux scénarios de la nouvelle approche par modèles mentaux est qu'il existe trois cycles distincts de divergence et de convergence. Au premier, on trouve les variables, au deuxième, on joue avec elles et l'on génère plusieurs hypothèses pour chacune d'elles, au troisième, on utilise ces hypothèses pour développer les scénarios eux-mêmes, comme suit :

Diverger et converger — Premier acte : développer des variables

Les variables sont essentielles car l'imagination humaine fonctionne mieux avec des images. Or pour éveiller la créativité, il est essentiel d'avoir des images précises avec des contraintes claires. À partir du travail effectué lors de l'étude des tendances et de la réflexion sur les coups du sort et les possibilités extrêmes, il vous faudra dégager des variables qui vous aideront (vous-même et tout autre participant) à visualiser les choses, à imaginer à quoi elles ressembleraient dans la situation évoquée par telle ou telle variable particulière. Par exemple, compte tenu des tendances actuelles de l'urbanisation, du vieillissement de la population et de l'importance croissante des marchés émergents, nous avons fait intervenir dans un récent exercice avec un client une variable intitulée : « un repas de famille à Bangalore en 2020 ». Cela a permis non seulement de lancer une discussion clairement inspirée par les megatrends pertinentes, mais aussi d'amener les participants à visualiser la famille et à imaginer un éventail de possibilités concernant ce que pourrait être la réalité de ces gens et de leur repas.

Nous avons commencé par envisager des tendances et sujets en rapport avec le contexte global au sens large : les changements que devraient connaître la géopolitique, la démographie et l'économie. Puis nous avons examiné la forme générale de l'industrie du transport. Enfin, nous avons exploré l'organisation des fournisseurs de produits importants. Nous avons développé dix ou douze candidats pour les variables (divergence), puis nous avons convergé en nous mettant d'accord sur quatre variables destinées à stimuler les réflexions créatives, telles qu'elles apparaissent sur la figure de la page 269.

Pour le facteur environnement/géopolitique global, au sens le plus large, les participants ont décidé de considérer en guise de variable la couverture du numéro de Noël de *The Economist* dans quinze ans. Ils se sont aussi demandé à quoi ressemblerait l'arrivée à Manhattan par la gare de Penn Station en 2025. Pour évaluer les changements possibles du secteur du transport dans son ensemble, ils se sont interrogés sur les conditions du transport de bananes entre Harare et Barcelone en 2025. Et concernant les changements propres à l'industrie du rail, ils ont considéré comme variable les informations et facteurs qui seraient probablement inclus dans une réponse à un appel d'offres pour un grand projet ferroviaire lancé en 2025 (c'est-à-dire le document dans lequel une compagnie ferroviaire propose et décrit la manière dont elle réaliserait le projet, ses honoraires et autres coûts à couvrir, les jalons de la réalisation du projet, etc.).

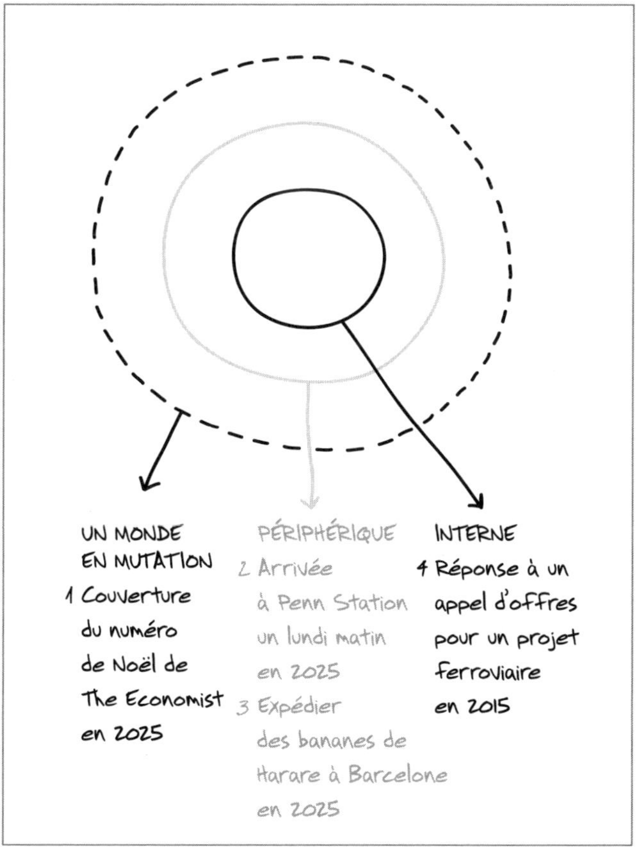

Une sélection de quatre variables pour les scénarios UNIFE

Dans le cas de l'UNIFE, il n'aurait pas été efficace de retenir de multiples variables en relation avec la société dans son ensemble (par exemple, la couverture de *The Economist* comme variable 1 de la page 269, aux côtés de ce à quoi ressembleraient un repas de famille à Bangalore et une grève générale en Allemagne). En effet, un brainstorming sur ces variables n'aurait pas donné des résultats assez pertinents pour l'UNIFE. Il n'aurait pas été plus efficace de ne retenir que des variables se rapportant au secteur du transport, avec le risque d'obtenir des résultats trop insulaires (deux sur quatre, comme montré page 269, est probablement une bonne proportion). Nous conseillons en général de prévoir une variable focalisée sur le cercle extérieur de la page 269, celui de l'environnement global, deux variables centrées sur l'industrie concernée et une sur l'entreprise/le groupe en question, comme dans le cas de l'UNIFE. Enfin, il n'aurait pas été efficace que trop de variables soient liées à la même série de données (qu'elles portent toutes sur la démographie ou sur les énergies alternatives, par exemple), car il est essentiel de s'ouvrir à une série de tendances large et diversifiée pour étendre le domaine du possible.

Diverger et converger — Deuxième acte : développer des hypothèses à propos de chaque variable

Au deuxième acte, la divergence/convergence fait appel à un brainstorming autour des variables, pour les affiner ou développer de nouvelles hypothèses « extravagantes » (avant d'aboutir en fin de compte aux scénarios). À partir de l'étape précédente, vous vous attacherez à soumettre chaque variable à des hypothèses audacieuses (H1, H2, H3, etc.) représentatives de limites extrêmes, de points de rupture, d'excès d'optimisme, de chaos, de booms, etc. Chaque hypothèse doit être plausible mais incertaine. Une liste idéale comprendra des hypothèses variées et contrastées.

Pour cette partie du processus, chaque variable sera confiée à un groupe de trois à six personnes (en fonction du nombre de personnes concernées, les groupes traiteront éventuellement plus d'une variable chacun). Celui-ci débattra des tendances pertinentes, établira un éventail d'options (divergence) puis, après plus ample discussion, choisira quatre ou cinq hypothèses pour chaque variable (convergence). S'il y a lieu, ces hypothèses pourront ensuite être exposées à l'ensemble des participants.

Pour chaque variable, vous veillerez à soulever toutes sortes de questions. Prenons par exemple la deuxième variable de l'UNIFE : l'arrivée à Manhattan un lundi matin de 2025. À quoi les trains ressembleront-ils ? À quel point la gare sera-t-elle animée ? Quelles seront les villes desservies ? À quels modes de transport le train sera-t-il interconnecté ? Quelle sera la démographie des passagers ?

Au cours de notre travail avec l'UNIFE, lors du débat sur la troisième variable – à quoi pourrait ressembler le transport de bananes à travers le monde ? – plusieurs hypothèses ont été émises. L'une portait sur un boom économique africain dû aux investissements et aux échanges commerciaux des pays plus riches. Il pourrait en résulter une nette amélioration des transports, ferroviaires en particulier, grâce à une technologie chinoise peu coûteuse. Autre hypothèse, les voyages aériens à bas coûts deviendraient encore plus courants, remplaçant le rail dans bien des cas. Dans l'avenir, on n'imaginerait plus guère de transporter par le rail, comparativement coûteux, une marchandise périssable comme les bananes. Ou peut-être le voyage aérien sera-t-il étroitement limité pour réduire les émissions de carbone ; le réseau de transport de l'avenir serait formé de trains fonctionnant à l'énergie solaire. Ou peut-être, changement climatique aidant, cultivera-t-on des bananes en Europe, au détriment de la banane africaine.

Une fois les hypothèses développées, donnez-leur des noms brefs, faciles à retenir, pour que les images s'inscrivent mieux dans l'esprit des participants (au moins temporairement).

Diverger et converger — Troisième acte : utiliser les hypothèses pour créer des scénarios

Le dernier acte de divergence et de convergence porte sur l'écriture des scénarios. On présentera les hypothèses sous forme d'une matrice visuelle afin que les participants puissent y distinguer les thèmes communs et commencer à déterminer quelles visions possibles de l'avenir elles suggèrent quand on les croise entre elles. Les briques essentielles des scénarios sont les hypothèses, mais ce troisième acte de divergence et de convergence est important aussi. Dans le cadre de la session plénière, tout le monde a besoin de multiplier les divergences et les discussions en commun, partager des idées et considérer différentes théories sur l'aspect du monde futur. Ensemble, vous vous attacherez à développer des récits spécifiques ficelant une hypothèse (ou plusieurs) à partir de chaque thème des variables. Chaque chaîne d'hypothèses logique et cohérente deviendra donc le matériau brut d'un scénario.

Pour convertir des hypothèses variées en des scénarios utiles et signifiants, il n'existe qu'un moyen : se lancer et avancer. Il faut que quelqu'un propose une première pensée, un récit cohérent reliant plusieurs hypothèses. Ce récit sera ensuite ajusté au cours d'une conversation avec le groupe, à coups de « oui, et... » divergents, jusqu'à ce que soit exprimée une autre idée, totalement différente. En fin de compte, on devrait voir apparaître les matériaux bruts d'environ quatre scénarios et une convergence pourra se produire.

Le schéma de la page 273 montre comment l'UNIFE a réuni ses hypothèses pour former des scénarios. Certaines hypothèses ont été utilisées deux fois, d'autres pas du tout, et quelques-unes ont été regroupées ou ajustées. Cela semble parfois contre-intuitif, mais ce sont les scénarios qui forment l'objectif final (les hypothèses et variables seront dépassées avant longtemps). Une fois que vous avez arrêté des scénarios, il convient de leur donner des titres originaux et évocateurs. Il est important aussi de les tester individuellement. Un bon scénario doit être coloré et surprenant. Il doit être pertinent, cohérent, plausible, convaincant, lourd de conséquences, transparent et facile à décrire.

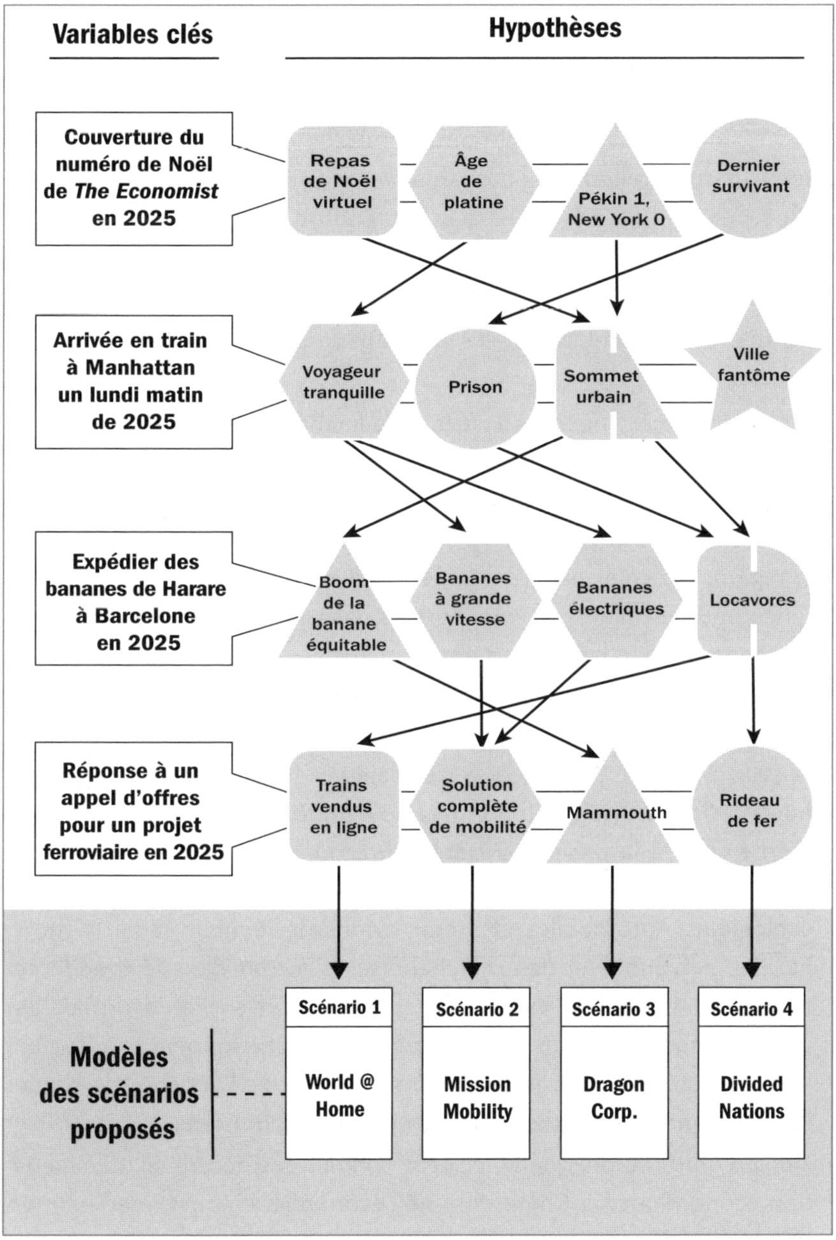

Hypothèses de combinaison des variables pour construire quatre scénarios

Toute votre énergie créative de constructeurs de scénarios devrait s'investir dans le développement de scénarios réalistes et cohérents découlant d'une combinaison astucieuse des hypothèses.

La série de scénarios idéale comprend trois ou quatre narrations, différentes structurellement ou qualitativement, et non simples variantes d'un scénario. Elle doit couvrir un maximum d'hypothèses futures et varier les feuilles de route y conduisant. Elle doit révéler la diversité des tensions et problèmes, et présenter un éventail de projets.

Dans le cas de l'UNIFE, les participants ont développé les quatre scénarios suivants :

- *World @ Home*. Une fois passé la crise financière, le monde connaît un boom des technologies de communication. L'univers virtuel devient la colonne vertébrale de la société : on communique virtuellement dans le monde entier. L'urbanisation s'accroît et le contraste entre villes riches et régions agricoles pauvres s'accentue. La mobilité perd de son importance pour le public ; le transport de passagers décline tandis que le transport de marchandises s'accroît. Il recule néanmoins pour certains biens comme les produits alimentaires car, plus que jamais, on achète « local ».
- *Mission Mobility*. Une découverte majeure de la science de l'énergie ouvre la voie d'une révolution technologique « propre » et met fin du même coup à la crise financière. Le recours illimité à l'énergie verte conduit au développement accéléré d'une technologie de transport écologique. Automobiles et même avions deviennent verts, la mobilité des personnes et des marchandises s'accroît dans le monde entier. L'industrie du rail évolue, fortement concurrencée désormais par d'autres modes de transport : les opérateurs développent et associent l'air, la route et le rail, le ferroviaire rivalise avec l'aérien et le routier pour devenir plus rapide, moins cher et plus commode.
- *Dragon Corp*. Tandis que l'Occident connaît des décennies de stagnation économique, la Chine domine l'économie, l'industrie et les marchés financiers mondiaux. Le pays attire les meilleurs esprits et possède les meilleures universités du monde, ses entreprises géantes

exploitent les ressources de l'Afrique et de l'Amérique du Sud et son gouvernement rachète de grandes sociétés grâce aux énormes surplus financiers d'une économie en plein essor. Les compagnies ferroviaires chinoises mènent le monde ; les compagnies occidentales luttent pour leur survie en baissant les prix et en proposant plus de services.

- *Divided Nations.* Après des décennies de faible croissance, l'esprit protectionniste se répand dans de nombreuses parties du monde. Des facteurs économiques causent la disparition de l'Union européenne et du Fonds monétaire international, le nationalisme devient l'idéologie politique dominante dans le monde, les économies se réorganisent au niveau local et national. L'écart entre riches et pauvres se creuse dans le monde. Les transports sont surtout locaux en raison des nouvelles barrières entre les nations. Le trafic international est minime, sans interopérabilité. Les fournisseurs sont locaux et subventionnés.

Une fois que vous avez un titre et un résumé pour chaque scénario, ses matériaux bruts deviennent clairs (si ce n'est pas le cas, quelques itérations et resserrements peuvent être nécessaires). Vous augmenterez et enrichirez ensuite chaque nouveau scénario, chaque nouveau modèle mental, pour donner de la chair à son récit et à ses implications potentielles. Ce faisant, explorez le contexte global dans lequel le scénario se déroule et comment il est relié aux megatrends envisagées. Essayez de comprendre quel effet il produirait sur les différentes parties de votre organisation et quelles conclusions en tirer en termes d'opportunités, de bénéfices et d'avantages potentiels en regard de ses problèmes, risques et inconvénients. Que peut-on ajouter au récit pour rendre le scénario encore plus convaincant ? Quel « déclencheur » (qui pourrait être un cygne noir ou une évolution plus naturelle des événements) provoquerait la réalisation effective de ce scénario ? Faites appel à votre imagination pour visualiser les situations, les événements et les contextes susceptibles d'entraîner la matérialisation d'un ou plusieurs des scénarios.

Dans notre travail avec l'UNIFE, nous avons donné chair aux scénarios sous forme de récits, avec les déclencheurs susceptibles de les mettre en branle.

- *World @ Home.* Le récit est centré sur une grande ville européenne, hyperconnectée et pleine de gratte-ciel, avec une description détaillée des modes de vie en 2025. *Le déclencheur* : eBay rachète Wal-Mart.
- *Mission Mobility.* Le récit se situe sur un campus universitaire « branché » sur la culture verte et sur celle des énergies de substitution. *Le déclencheur* : des ingénieurs mettent au point une nouvelle batterie verte à bas coût.
- *Dragon Corp.* Tourné principalement vers l'Afrique, où les Chinois sont omniprésents, ce récit illustre les nouvelles forces économiques qui pèsent sur le monde. *Le déclencheur* : la Chine dépasse Intel dans la production de biens électroniques.
- *Divided Nations.* Ce récit explore trois grandes capitales européennes, Bruxelles principalement, où les hommes politiques débattent de l'avenir de l'Union européenne et du multilatéralisme. *Le déclencheur* : trois régions de pays européens différents déclarent simultanément leur indépendance.

Nous avons également imaginé les principales conséquences pour chacune des parties prenantes.

1. World @ Home – Principales conséquences pour le rail

Consommateurs	▪ Les communautés virtuelles sont au centre de la vie quotidienne, les gens voyagent beaucoup moins mais comptent sur la livraison de leurs achats à domicile ▪ Forte « conscience verte », désir d'alimentation locale
Pouvoirs publics	▪ Baisse des aides publiques au rail, qui ne rapporte pas de suffrages ▪ Seules les liaisons financièrement viables sont conservées
Opérateurs	▪ Passagers : petit marché, segment premium ▪ Fret : très grande vitesse, services urbains et souterrains ▪ Grands acteurs intermodaux et spécialistes souples du dernier kilomètre
Fournisseurs	▪ La baisse du marché global accélère la concentration ▪ Les acteurs chinois prospèrent sur leur vaste marché national ▪ La standardisation est essentielle, les trains sont des produits de base vendus en ligne

Technologies	▪ Systèmes de communication intégrés ▪ Systèmes automatisés dans tous les segments du rail ▪ La R&D se concentre sur le fret : rapidité, productivité, coût, « vert »
Business models	▪ Chaîne logistique super-efficiente ▪ Concentrations dans un but de taille et d'économies d'échelle ▪ Caractère essentiel de la gestion des informations et intermodale

2. Mission Mobility – Principales conséquences pour le rail

Consommateurs	▪ Les passagers veulent des solutions intégrées et sur mesure, des services de mobilité totale associant tous les modes de transport ▪ Forte concurrence entre le rail et les autres modes
Pouvoirs publics	▪ Les États se sentent moins poussés à soutenir le rail que d'autres modes de transport : plus de problèmes de CO^2 ▪ Globalement, engagement minimal de l'État
Opérateurs	▪ Fret : concentration internationale et intermodale ▪ Pressions croissantes sur les fournisseurs pour qu'ils améliorent l'interopérabilité, la vitesse, la qualité, les niveaux de coût
Fournisseurs	▪ Les fournisseurs occidentaux ont un avantage du premier intervenant dans l'intermodalité jusqu'à ce que la Chine développe des concepts de rupture qui lui donnent un nouvel avantage
Technologies	▪ Open source, interopérabilité, convergence entre modes, logiciels de planification horaire intégrés ▪ Innovations très rapides : la capacité à innover vite est essentielle
Business models	▪ De nouveaux acteurs, provenant même d'autres industries, entrent sur le marché à tous les niveaux ▪ La capacité à intégrer plusieurs modes de transports est essentielle

3. Dragon Corp. – Principales conséquences pour le rail

Consommateurs	▪ Demande de solutions à petit prix pour le fret et les passagers ▪ Banalisation de l'offre, faible personnalisation et bas niveau de service
Pouvoirs publics	▪ Forte libéralisation et concurrence entre opérateurs ▪ Les solutions à bas prix et standardisées accroissent la rentabilité ▪ Les aides financières publiques diminuent
Opérateurs	▪ Nouveaux acteurs avec un service de transport élémentaire banalisé ▪ Les opérateurs mondiaux profitent de leur grande taille grâce à la standardisation ▪ Baisse du fret dans les pays développés
Fournisseurs	▪ Les fournisseurs chinois construisent du matériel roulant à bas prix ▪ Les fusions et acquisitions chinoises en Occident exacerbent la concurrence ▪ Les rares acteurs occidentaux privilégient le service et la qualité
Technologies	▪ Les fournisseurs chinois accèdent à des technologies de pointe *via* des fusions et acquisitions ▪ La Chine développe de nouvelles technologies et fixe des normes mais abaisse le niveau d'innovation d'une manière générale
Business models	▪ Les entreprises chinoises de tous les segments de la chaîne logistique (fournitures ferroviaires, exploitation) rachètent des actifs existants ▪ Des trains à bas coût permettent le développement de services de location-vente

4. Divided Nations – Principales conséquences pour le rail

Consommateurs	▪ Demande de mobilité locale et régionale, non internationale ▪ Demande de sécurité dans les transports et les espaces publics ▪ Écart de richesse et de demande entre les pays matures et les pays pauvres

Pouvoirs publics	▪ Moins de libéralisation, montée des actions protectionnistes ▪ Les États soutiennent leur secteur ferroviaire local et public ▪ Les pouvoirs publics se soucient des problèmes de sécurité dans les transports
Opérateurs	▪ Baisse de l'expansion locale, moins de fret à longue distance ▪ Retour à l'ère des champions titulaires locaux, avec un opérateur pour chaque segment
Fournisseurs	▪ Implantation locale requise, pour des raisons protectionnistes ▪ Les acteurs mondiaux ne réussissent qu'en acquérant des entreprises locales ▪ Coûts élevés/inefficiences à cause des normes locales
Technologies	▪ Forte différenciation de la technologie d'un pays à l'autre ▪ Baisse globale de l'innovation (pas d'incitation) ▪ Développement de technologies répondant aux problèmes de sécurité
Business models	▪ Davantage d'acteurs locaux et pressions en faveur de contenus locaux ▪ Seuls survivent les acteurs nationaux protégés ▪ Faible croissance du secteur dans son ensemble

Le récit complet de chaque scénario peut comprendre jusqu'à plusieurs milliers de mots[3]. Mais point trop n'en faut ! Une fois les scénarios créés, il est essentiel de les faire connaître succinctement et de les utiliser de manière efficace et convaincante, car dans la plupart des organisations modernes il ne servirait à rien de diffuser un traité de quatre mille mots pour les décrire (il se pourrait d'ailleurs que la sous-utilisation de la planification par scénario classique soit en partie due à de tels excès). Une présentation claire, distrayante, facile à saisir, est bien plus efficace pour faire bénéficier de l'exercice tous ceux qui n'y ont pas participé directement.

L'UNIFE a finalement inclus ses scénarios dans son rapport annuel ; d'autres les gardent confidentiels mais les font connaître en interne à l'aide de faux journaux de 2020 et autres moyens. Quelle que soit votre approche, il est essentiel, une fois les scénarios mis au point, de soigner la manière de les communiquer et de les mettre en œuvre.

Rappelez-vous que les scénarios ne sont pas des plans d'action. Ils devraient plutôt servir à promouvoir des processus intellectuels constructifs, opportuns et souvent nécessaires d'urgence au sein de votre organisation. Dans l'idéal, ils deviennent un précieux point de référence pour tout le monde, à tous les niveaux de l'organisation, chaque fois qu'on s'interroge sur l'avenir ou ce qui pourrait se passer. Ils servent à expérimenter plus facilement des méthodes de management, à remettre en question des perceptions, à vérifier que la vision stratégique est aussi robuste que possible et à évaluer la logique de stratégies appliquées à des situations complètement différentes ou même exceptionnelles.

Quand vous vous penchez sur les implications pratiques des scénarios, quels qu'ils soient, vos collègues décideurs et vous-même vous poserez des questions du genre :

- Si vous saviez que ce scénario va se réaliser, à quelles menaces et quelles opportunités seriez-vous confronté ?
- Quelles stratégies mettriez-vous en œuvre, et en quoi cela modifierait-il votre démarche actuelle ?
- Par quels signaux ou grands indicateurs seriez-vous alerté en cas de réalisation imminente de ce scénario ?
- De quoi auriez-vous besoin pour fonctionner avec succès dans cet environnement ? Quel en serait l'impact sur les différentes parties de votre organisation ? sur vos clients ? sur vos concurrents ?
- Que devez-vous faire aujourd'hui pour vous y préparer ?

À partir de ces questions, vous pouvez utiliser les techniques présentées dans ce livre. Par exemple, vous adopterez le point de vue de différentes parties prenantes (concurrents, clients, organismes de tutelle, etc.) pour comprendre comment chacune d'elles serait susceptible de réagir à chaque scénario. Vous pourriez engager une nouvelle phase de divergence, par exemple au moyen de l'exercice des joint-ventures, pour dresser une liste d'éventuelles opportunités de nouveaux produits ou services qui se présenteraient dans chaque avenir potentiel.

Dès que vous commencerez à utiliser les scénarios comme autant de nouveaux « cadres » raisonnés, votre organisation deviendra moins vulnérable aux surprises ; vos capacités d'adaptation progresseront. Vous serez plus susceptible de vivre un *Eurêka !* qu'un *Caramba !* L'organisation verra s'élargir ses modèles mentaux, elle comprendra son environnement de manière plus complète. Et vos collègues et vous disposerez d'un langage commun, utilisable chaque fois que vous chercherez à anticiper et préparer un avenir incertain.

Aux prises avec un monde en changement, les membres de l'UNIFE ont trouvé les scénarios stimulants et pratiques. À la suite de ce travail, l'UNIFE a effectué des analyses « en immersion profonde » sur six thèmes : l'essor rapide de concurrents comme la Chine, l'avenir des réglementations publiques, les technologies nouvelles et de rupture, l'évolution du paysage des opérateurs, les changements potentiels du modèle économique, la demande de services de transport intégrés et sur mesure. Les adhérents individuels ont pu considérer différemment et plus profondément leurs propres opportunités commerciales, les scénarios et les immersions profondes devenant de précieux intrants pour leur stratégie : ils se concentrent à présent sur des segments où les barrières à l'entrée sont plus élevées pour les acteurs des marchés émergents, ils élargissent le champ de leur offre de maintenance, ils adaptent leurs processus de R&D pour réduire les délais de mise sur le marché, etc. À la fin de l'exercice, lors d'une grande conférence organisée à Varsovie, les vingt personnes qui avaient participé à l'atelier ont présenté les scénarios et les analyses en immersion profonde à près de deux cents dirigeants de tout le secteur, y compris la plupart de ses PDG.

« Nous utilisons encore les scénarios pour faire de la planification stratégique, note Jürgen Meyer, directeur de la stratégie de la division systèmes ferroviaires de Siemens, et aussi dans notre activité quotidienne pour voir si nous passons à côté de quelque chose et comment chaque scénario se déroule. Il est clair que cela a changé notre manière de réfléchir à l'avenir. »

Cinquième étape : réévaluer

Comme tout modèle mental, un scénario, fût-il le plus brillant, le plus perspicace, ne sera pas valable éternellement. Au cours de l'exercice de l'UNIFE, les participants ont en général considéré que le scénario Dragon Corp. était trop extrême. Selon sa description détaillée, « les entreprises ferroviaires chinoises dominent le monde, s'emparant des meilleurs marchés grâce à des technologies de pointe ainsi qu'à des économies d'échelle imbattables. Les sociétés occidentales luttent pour leur survie en proposant des services ». Ce scénario a néanmoins été utile pour les compagnies ferroviaires européennes qui se préparaient à affronter un monde en évolution – à la suite de notre atelier en commun, beaucoup d'entre elles ont cessé de considérer les incursions chinoises sur leur territoire comme sans importance et négligeables.

Après les exercices du scénario UNIFE, d'ailleurs, de nombreux éléments de Dragon Corp. sont devenus réalité. La Chine a récemment investi plus de 300 milliards de dollars dans la création d'un réseau de trains « obus » à grande vitesse qui devrait réduire, de moitié parfois, la durée de ses trajets interurbains. La facilité et la rapidité accrues des voyages devraient favoriser les échanges commerciaux et stimuler des industries comme le BTP, les services publics et le tourisme[4]. Les 1 300 kilomètres de la ligne Shanghaï-Pékin sont déjà avalés en cinq heures (les trains de bien d'autres pays en réclameraient dix-huit) ; on estime que le projet sera achevé d'ici 2020[5]. La Chine participe aujourd'hui à la construction de lignes à grande vitesse en Turquie, au Venezuela et en Arabie saoudite, et elle étudie des projets dans sept autres pays, dont les États-Unis[6]. Les dirigeants américains envisagent de construire des corridors ferroviaires à grande vitesse au Texas, en Floride et en Californie, et plusieurs adhérents de l'UNIFE s'y intéressent de près : la fourniture des technologies nécessaires à la construction et à l'exploitation des lignes pourrait leur valoir de juteux contrats. Et comme l'envisageait Dragon Corp., les constructeurs de trains à grande vitesse chinois sont de redoutables concurrents qui risquent fort de donner du fil à retordre aux adhérents européens de l'UNIFE.

Pourtant, même si l'on peut se dire que Dragon Corp. se réalise à certains égards, le conseil que nous donnons aux adhérents de l'UNIFE – et à vous-même lorsque vous développerez divers scénarios au service de votre organisation – est de toujours rester sur leurs gardes. Comme tout autre modèle mental, chaque scénario que vous développez risque d'être un jour dépassé, incomplet ou simplement obsolète. La cinquième étape vous enjoint de réévaluer inlassablement vos modèles actuels et de garder un œil sur l'évolution des tendances, les éléphants dans la salle, les grenouilles dans la marmite ou autres inflexions ou changements radicaux à venir.

Attention : ne manquez pas d'admettre *Caramba !* si *Caramba !* il y a. Si par exemple Boeing crée des « avions-trains » - des avions pas chers, efficients, super-rapides, attachés à des lignes ferroviaires et qui foncent aussi vite ou plus vite que les TGV actuels – et s'arroge grâce à cette nouvelle technologie mirifique 75 % du secteur du transport de masse auparavant détenu par le train à grande vitesse en Chine et dans d'autres pays, l'heure sera venue de remplacer Dragon Corp. par une nouvelle série de scénarios plus spécifiques.

Surveillez aussi les paradoxes. Les adhérents de l'UNIFE seraient sans doute bien avisés aujourd'hui de se demander : y a-t-il de plus en plus de gens en Chine et ailleurs qui optent pour les compagnies aériennes à bas coût malgré la construction de nouveaux réseaux de TGV ? Les tarifs des trains rapides sont-ils prohibitifs pour de nombreux clients au point de les pousser massivement vers le voyage ferroviaire traditionnel (à petite vitesse) et les moyens de transports alternatifs comme les autocars express ?

Tâchez en outre de ne pas perdre de vue les « signaux faibles » qui vous avertiraient que les scénarios auxquels vous vous fiez aujourd'hui devraient être ajustés ou remplacés. Par exemple, quels que soient les énormes succès remportés d'emblée par la Chine dans ce projet, l'installation de son réseau ferroviaire à grande vitesse n'a pas été sans problèmes. Ces derniers pourraient à juste titre être considérés comme autant de signaux faibles annonçant que Dragon Corp. ne tardera peut-être pas à passer au second plan pour les adhérents de l'UNIFE par rapport à d'autres nouveaux scénarios possibles. Outre les coûts de construction massifs et difficiles à amortir des nouveaux réseaux ferrés chinois, de nombreux observateurs extérieurs font déjà état de soupçons de corruption liée au projet, de problèmes de qualité des technologies et d'inquiétudes sérieuses quant à la sécurité des voyageurs. Il n'est pas absurde d'y voir le signe que Dragon Corp. n'est, après tout, qu'un cadre, un modèle mental, qui à un certain point deviendra moins réaliste et moins utile que d'autres scénarios neufs.

L'évolution du monde peut certes vous amener à douter de megatrends que récemment encore vous considériez comme importantes et pertinentes, et des scénarios que vous avez développés pour y répondre. L'un des moyens de remédier à cette incertitude consiste à écarter vos scénarios actuels et à les remplacer par de nouveaux. Mais vous pouvez aussi partir d'un scénario existant pour en tirer plusieurs autres, spécifiques, qui contribueront à mieux éclairer les choses. Par exemple, les compagnies ferroviaires adhérentes de l'UNIFE en savent beaucoup plus sur l'industrie du rail chinoise aujourd'hui que lors de la création de Dragon Corp. Certaines d'entre elles risquent de s'apercevoir à présent que la référence à Dragon Corp. n'est pas suffisante en soi ; il leur faudra peut-être creuser certains aspects spécifiques des conséquences probables des progrès chinois sur leur propre activité. En créant des « cadres » supplémentaires à partir du scénario Dragon Corp., elles pourraient générer trois ou quatre scénarios nouveaux, très spécialisés, offrant une série d'éclairages bien plus spécifiques et granulaires.

Vous devrez aussi observer de près les nuances des indicateurs de performance de votre organisation. Aux commandes de votre hélicoptère métaphorique, voyez-vous de nombreux cadrans essentiels commencer à signaler l'approche d'un danger ? Si vous êtes l'un des dirigeants d'une entreprise de transport ferroviaire à grande vitesse adhérente de l'UNIFE, vous surveillerez sans doute avec attention des indicateurs tels que :

- la part de votre entreprise dans le marché international global des projets de construction de lignes ferroviaires à grande vitesse ;
- les revirements dans les décisions des principaux clients des pays les plus engagés dans la construction de réseaux ferroviaires à grande vitesse (achètent-ils de plus en plus des ensembles de produits et technologies fournis par des tiers plutôt que par votre entreprise ?) ;

- les coûts des capitaux et autres coûts en augmentation sensible ou constamment très élevés pour votre entreprise en comparaison de ceux supportés par vos concurrents.

Si plusieurs de ces « cadrans » s'affolent en même temps, vous vous direz sans doute que l'heure est venue de remplacer Dragon Corp. par un modèle mental entièrement nouveau. Enfin, même si tous les signaux qui sont devant vous paraissent merveilleusement positifs, nous espérons que vous ne tomberez pas dans l'autosatisfaction ! Même si vos scénarios montrent actuellement que vous êtes parfaitement dans la cible, vous devez continuer à les surveiller de très près, en les modulant au fur et à mesure des changements qui se produisent. Rappelez-vous qu'une idée n'est jamais bonne éternellement.

Écoutez le conseil d'Einstein : n'en faites pas trop !

« Comment Shell *savait*-il que le transport pétrolier maritime allait être en surcapacité ? » nous demandent nos clients lors de la préparation d'exercices de scénarios. Ou encore : « Comment les adhérents de l'UNIFE *savaient*-ils que la Chine allait "doubler la mise" dans le ferroviaire ? » La réponse, dans les deux cas, est qu'ils n'en savaient rien. En réalité, ils ont utilisé les scénarios comme des modèles pour mieux se préparer à ce qu'ils ne pouvaient prévoir en détail. La planification par scénarios n'est jamais un moyen magique pour *connaître* l'avenir. Il est important de jouer de l'ambiguïté, ou au minimum de l'accepter, et d'admettre que vos modèles mentaux (en l'occurrence vos scénarios) représentent une réponse inductive à cette ambiguïté.

Le diagramme de la page suivante (qui reprend les idées de celui de la fin du chapitre 4) montre comment, en suivant les cinq étapes du processus de planification par scénarios, vous pratiquez une induction répétée à partir de ce qui se trouve « devant vous » afin de converger sur des constructions mentales qui se trouvent « en vous ».

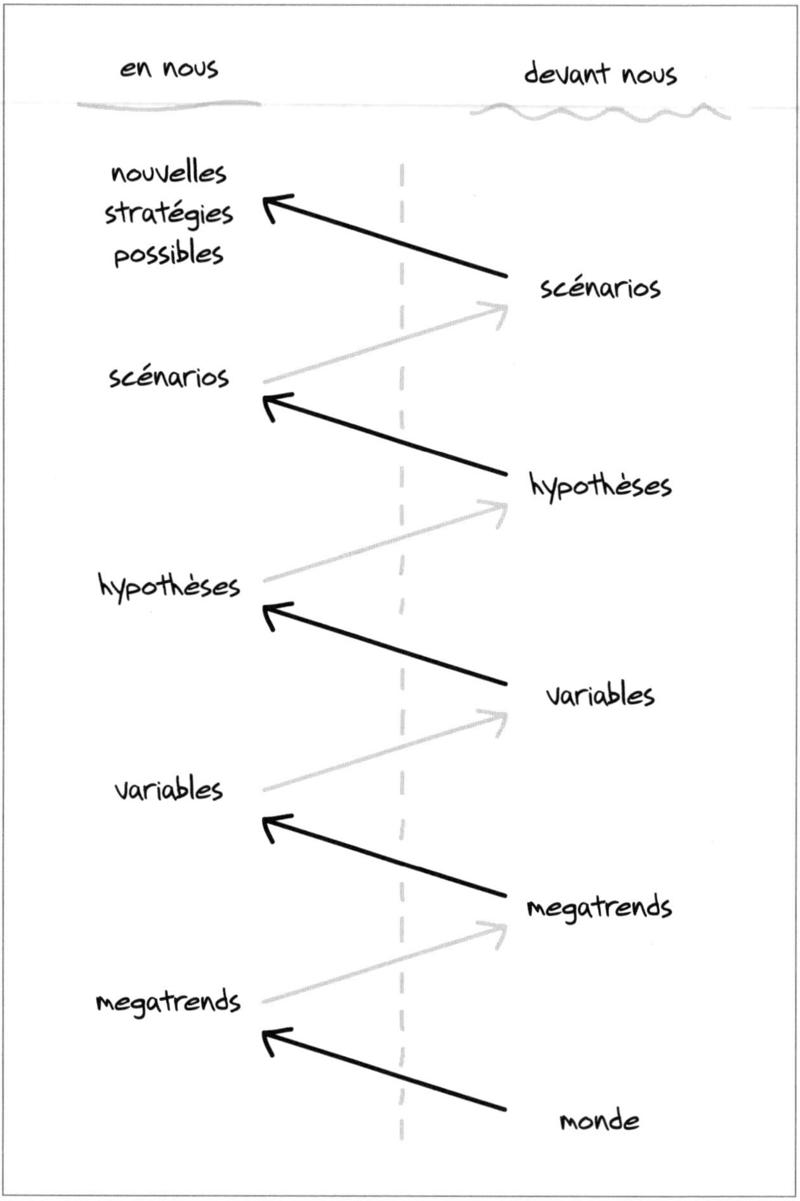

La méthode des scénarios rend les entreprises plus robustes

Dans l'idéal, ce processus est simple : vous faites de votre mieux pour aller des megatrends vers les variables, puis vers les hypothèses à propos de ces variables, puis vers les scénarios et enfin vers la création de vos stratégies, produits, idées, modèles et autres cadres nouveaux. Vous ne tentez pas de trouver « la » réponse : vous développez des modèles mentaux larges, ouverts, souples, des idées directrices qui pourront ensuite être interprétées, affinées et mises en pratique. Ou, comme nous aimons à le dire, vous créez des cadres que vous « remplirez » ensuite.

Nous savons bien pourtant que certains esprits préfèrent la complexité et les nuances. Il nous arrive souvent de collaborer avec des clients très analytiques, qui ont du mal à s'accommoder de l'ambiguïté inhérente à une démarche simplificatrice, à n'utiliser que *quelques* megatrends, variables, hypothèses et scénarios. Même si leur organisation s'est engagée dans un exercice de scénarios, ils essaient d'imposer l'ordre partout où ils le peuvent. Ils se sentent souvent obligés de passer énormément de temps sur les tendances, ils dressent des listes de centaines de tendances dans des dizaines de catégories, avec force détails et références pour chacune d'elles. Cela peut être utile, mais avec des rendements décroissants à partir d'un certain point, en particulier parce qu'il existe inévitablement des « inconnues inconnues » qui rendent futile l'espoir de détecter « toutes les bonnes tendances ».

Dans la phase de divergence, quand ils doivent développer des variables, au lieu d'admettre l'ambiguïté inhérente à la réduction de leur liste de tendances et de coups du sort, ces gens tentent parfois de hiérarchiser leur liste exhaustive, puis de développer « les meilleures variables ». C'est souvent chronophage et inefficient, même s'ils obtiennent ainsi une bonne série de variables. Puis, pendant les actes de divergence destinés à développer des hypothèses puis des scénarios, la crainte de passer à côté de quelque chose d'important les conduit souvent à une forme de paralysie : ils redoutent de se lier les mains avec une série d'hypothèses et de scénarios donnés. De ce fait, il leur arrive souvent de retenir un plus grand nombre de scénarios (par exemple six ou dix au lieu de trois ou quatre). Ils peuvent alors avoir beaucoup plus de mal à se focaliser, surtout quand ils tentent de déterminer ce que serait leur stratégie ou autre réponse pratique à l'égard de chaque scénario. Soyons clairs : les scénarios restent précieux même s'ils sont plus de quatre – et nous croyons qu'il vaut bien mieux faire ainsi que de *ne pas* réaliser du tout l'exercice des scénarios.

Mais d'une manière générale, nous vous invitons à ne pas en faire trop. L'esprit et la mémoire humains sont incapables d'absorber huit scénarios à la fois, et l'on constate que la démarche la plus raisonnable et la plus efficace est plutôt d'en développer environ trois ou quatre. Tenter de retenir à coup sûr les meilleurs scénarios possibles dans la foule des possibilités est comme essayer de prouver que sept est une meilleure réponse que huit si l'on vous demande combien un arc-en-ciel contient de couleurs. C'est se donner beaucoup de mal sans en tirer de bénéfices supplémentaires. La planification par scénarios devrait vous aider à admettre l'ambiguïté et l'incertitude au lieu de vous en effrayer. Nous souscrivons à la phrase fameuse d'Albert Einstein : « Tout devrait être rendu aussi simple que possible, mais pas plus. » Autrement dit, quand vous êtes engagé dans le processus de planification par scénarios, il vous faudra maintenir les choses aussi simples qu'il est possible sans renoncer aux détails essentiels. Simplifier à bon escient signifie conserver la complexité qui est absolument nécessaire tout en admettant qu'il faut rogner par ailleurs – laisser tomber certaines bonnes idées, par exemple.

En fin de compte, la valeur et l'effet des scénarios ne résident pas dans leur perfection. Ils résident dans votre manière de les interpréter, dans l'appui que vos collègues et vous-même pouvez y trouver pour vous montrer créatifs, pragmatiques et productifs face au changement et affronter les risques et les opportunités passionnantes qui vous attendent.

Nous considérons notre approche des scénarios en tant que nouveaux cadres comme un moyen puissant pour étendre, remettre en question et enrichir vos stratégies. Développer des scénarios n'est pas un processus très dispendieux réclamant précision et irrévocabilité. C'est plutôt un moyen relativement peu coûteux mais très rentable d'étendre votre perception du possible, d'échapper aux contraintes de votre manière habituelle de traiter les choses, afin de cultiver à la place des manières nouvelles, très créatives, entrepreneuriales et résistantes de vous préparer aux menaces potentielles et de saisir les opportunités qui se présentent.

Chapitre 10

Un nouveau commencement : comment adapter les cinq étapes à votre situation

Puisque vous connaissez à présent les cinq étapes et que vous comprenez l'ampleur de leurs applications possibles, nous aimerions vous proposer quelques principes généraux.

Le processus fonctionne bien en solo mais mieux à plusieurs

Nous sommes conscients que vous vous préparez peut-être à une session en solo – et vous pouvez bien sûr utiliser vous-même n'importe laquelle des techniques originales conseillées dans ce livre. Ce travail indépendant peut s'avérer particulièrement utile si vous essayez de trouver des idées applicables à une situation spécifique qui vous affecte à titre personnel sans concerner votre organisation dans son ensemble. Mais même dans un tel cas, c'est probablement en faisant appel à l'aide « divergente » de quelques amis ou collègues que vous parviendrez aux meilleures solutions. Souvent, nous animons pour nos clients des ateliers réunissant de nombreux participants, mais nous avons aussi vu des choses étonnantes se produire avec des petits groupes de trois ou quatre personnes. En réalité, il n'y a pas de minimum ; simplement, si vous réunissez des gens, vous ferez appel à l'énergie de multiples esprits pour produire un éventail d'idées aussi large que possible. L'une des conditions les plus importantes d'une créativité durable étant de générer en permanence beaucoup d'idées neuves – ou de nouvelles perspectives sur des idées anciennes –, nous vous conseillerions en général d'essayer de vous entourer pour mettre en œuvre les cinq étapes.

La diversité et la communication ouverte sont essentielles

Que vous organisiez une session de créativité en suivant notre méthode ou que vous tentiez juste quelques exercices avec deux ou trois amis, vous serez bien avisé de faire le maximum pour réunir un assortiment de gens différents par leurs origines et leurs perspectives. La diversité des expériences et des opinions (des gens de différents niveaux et occupant différents postes dans votre entreprise, des gens de sexe, d'âge et de formation différents) aboutira à des idées plus nombreuses et plus diversifiées, et donc à un surcroît global d'imagination et de productivité. Votre conjoint et vos amis les plus proches peuvent être utiles, mais votre propre point de vue risque de leur être trop familier. Et, au travail, le simple fait qu'il existe une équipe de dirigeants ou que Tristan dirige la R&D et Josette les ressources humaines ne signifie pas qu'ils sont nécessairement les meilleurs ou les mieux placés pour trouver de nouvelles idées.

Cultiver une communication ouverte dans l'intérêt de la créativité signifie instaurer un climat dans lequel chacun, quel que soit son statut ou sa place dans le groupe que vous avez réuni, pourra s'exprimer et être écouté. Si vous organisez une session formelle de type atelier, attention à ne pas y mettre trop de gens relevant de la même ligne hiérarchique : la présence de la hiérarchie risque de brider la génération des idées, sauf si, éliminant toute préséance, vous donnez à tous la liberté d'exprimer leur avis sans retenue. La meilleure façon d'y parvenir est de procéder prudemment et délibérément à l'occasion de quelque exercice d'échauffement ou de prise de contact. Et dans la première partie de votre atelier, nous vous incitons à dire expressément à tous les participants (ou à le faire dire par la personne la plus haut gradée) qu'ils devront temporairement essayer d'oublier leurs différences de niveau ou de statut, donner à tous les mêmes chances de s'exprimer, et admettre et respecter toutes les idées proposées.

De plus, chaque fois que possible, il est bon de faire participer les hauts dirigeants, par tout moyen à votre disposition. Si votre organisation est petite, vous pouvez même demander à tout l'effectif ou presque de participer aux réunions, mais en tout cas, dans une perspective de gestion du changement, les idées ont bien plus de chances de porter leurs fruits si les décideurs ont participé à leur genèse.

Préparez-vous en convenant à l'avance de vos objectifs – et posez la bonne question

En pratique, si vous ignorez votre destination générale, vous n'aurez aucune chance de trouver votre chemin parmi les différentes voies qui y mènent. Avant même d'entamer le processus créatif proprement dit, l'un des préalables les plus importants est de se mettre d'accord à l'avance sur vos objectifs spécifiques. Pour ce faire, vous pouvez réfléchir avec soin en vous aidant d'une feuille de papier vierge ou interviewer des personnages clés de votre organisation et présenter une « déclaration d'intention » qu'ils pourront affiner au mieux de leur réflexion. Vous pouvez ensuite choisir de publier un résumé des interviews ou d'une étude réalisée dans la phase « exploratoire », ou même une série de thèmes de réflexion, en guise de lecture préalable pour tous les participants. Quelle que soit votre approche, l'essentiel est de dire clairement ce que vous espérez le plus réaliser.

En termes de *résultat*, allez-vous essayer d'obtenir une longue liste d'idées qui pourront être hiérarchisées plus tard, ou est-il essentiel de réduire les résultats aux cinq meilleures idées (c'est-à-dire de pratiquer la divergence et la convergence au sein du même atelier) ?

En termes de *thématique*, allez-vous essayer de trouver de nouvelles idées de produit, un remplaçant pour un produit donné ou un nouveau projet d'entreprise ? Espérez-vous améliorer le fonctionnement de votre organisation, sa productivité, votre modèle économique d'ensemble ?

Autrement dit, avant de vous lancer pour de bon dans le processus créatif, vous devrez savoir à quelles questions vous essayez vraiment de répondre et vérifier que vous les avez cadrées (comme on l'a vu tout au long de ce livre) d'une manière qui aidera à susciter un maximum d'idées. Par exemple, si les dirigeants de BIC arrivent à une session de divergence en se disant que la question essentielle est : « Comment trouver davantage d'idées de stylos-bille ? », ils n'aboutiront probablement qu'à cela (des stylos avec des caractéristiques spéciales, de différentes couleurs, avec des formes et des tailles variées, etc.). Sans doute en aurait-il été autrement s'ils s'étaient plutôt demandé : « Que fabriquons-nous aujourd'hui chez BIC ? » puis : « Comment modifier ou redéfinir ce que nous faisons chez BIC de sorte que dans cinq ans nos produits soient présents dans tous les bureaux de tabac, kiosques à journaux, épiceries et pharmacies du monde entier ? » De telles questions auraient invité à une réflexion prospective qui aurait très bien pu déboucher sur un changement de paradigme, « l'entreprise qui produit des stylos-bille jetables à petit prix » devenant « l'entreprise qui fabrique toutes sortes de produits jetables à petit prix », un modèle plus expansif (et qui s'avère plus rentable).

Être aussi clair et précis que possible sur ce que vous recherchez, avoir une vision claire des contraintes clés et des critères pertinents, déterminer ensemble à l'avance « à quoi le succès ressemblera », cela vous aidera à définir votre emploi du temps et la manière de procéder. Demandez-vous sans cesse, ainsi qu'à tous ceux qui vous accompagnent dans l'aventure : « Posons-nous les bonnes questions ? » Les sessions d'idéation, fussent-elles les plus brillantes, les plus créatives et les mieux préparées, ne donneront pas grand-chose si leurs multiples idées, stratégies ou démarches nouvelles répondent à un problème ou à une question sans pertinence ou importance réelle, ou qui vous enferme dans un cadre dépassé et de plus en plus déphasé.

Instaurer un environnement matériel propice

Le cadre le plus propice au développement de nouveaux modèles mentaux se trouve d'ordinaire hors site, il est confortable et aussi inhabituel que possible pour vous et ceux qui se joignent à vous. Un environnement nouveau apporte une perspective nouvelle et contribue ainsi à stimuler les réflexions neuves. Si vos moyens vous le permettent, vous pourriez vous réunir dans l'hôtel d'un lieu plaisant et intéressant, un refuge en pleine nature verdoyante, l'espace privé d'un stade ou tout simplement un restaurant sympathique des environs. Nous avons animé des ateliers dans la jungle du Botswana, dans les montagnes du Pakistan, dans des auberges de montagne sur des pentes enneigées et bien d'autres endroits moins romantiques (ainsi que dans nos bureaux, qui apportent du moins une perspective nouvelle à nos clients). Si vos moyens sont plus limités, ce qui sera souvent le cas, cela ne doit pas vous dissuader de travailler en un lieu inhabituel – vous pourriez vous réunir dans un endroit tranquille, dans un parc ou un jardin des environs, au domicile de quelqu'un, dans une partie différente et inattendue de vos bureaux, ou peut-être dans un espace intéressant d'un musée local.

Permettre aux gens de s'échapper de leur décor habituel et de « faire le vide » contribuera souvent à nourrir leur imagination.

De nos jours, qui plus est, il ne s'agit plus seulement de sortir matériellement du quotidien : tout moyen d'interdire pour de bon les appareils électroniques et les appels téléphoniques serait le bienvenu. Plus vous aiderez les gens à échapper aux pressions, obligations et distractions du quotidien, mieux ce sera.

Maîtrisez la logistique

Si vous êtes accompagné d'un groupe, essayez de réfléchir à l'avance aux aspects logistiques. Deux considérations essentielles : d'abord, vous chercherez à enregistrer les idées exprimées de manière à permettre aux participants de les observer et d'y réfléchir tout en progressant.

Prévoyez des Post-it et des marqueurs (pour que tous mettent leurs idées à eux sur le mur), des tableaux blancs effaçables et réutilisables, des ordinateurs portables ou des iPad et autres contenants pour les idées. Deuxièmement, nous vous incitons à essayer de diversifier vos approches et à utiliser des documents qui aideront à arracher les participants à leurs conventions et à leurs attentes quotidiennes, et peut-être même à les bousculer un peu ! Par exemple, au lieu de présenter les informations de base à l'aide de diagrammes et de mémorandums analogues à ceux qu'ils sont habitués à voir chaque jour dans votre organisation, vous pourriez en faire une bande dessinée, un livre auto-édité avec des photos de tous les participants ou une pièce de théâtre jouée par vous-même et quelques collègues courageux.

Quand nous animons une session, nous aimons utiliser des tableaux de papier (pour expliquer les concepts et suivre les idées) ainsi que PowerPoint et un projecteur (pour montrer des images, rappeler au groupe les tendances et autres intrants essentiels, afficher les résultats intermédiaires et illustrer le consensus du groupe autour d'idées diverses pendant la convergence). Toutes les suggestions ci-dessus découlent d'un conseil général : rendre les choses visuelles. Il n'y a pas mieux pour influencer ce qui se passe dans notre esprit lorsque nous développons de nouveaux modèles mentaux.

Donnez-vous suffisamment de temps

Quant au budget temps à consacrer au processus, notre conseil essentiel est celui-ci : évitez de brusquer les choses. Souvent, certaines des meilleures idées apparaissent vers la fin des séances de créativité, et vous obtenez bien plus d'idées utiles si vous consacrez, disons, trente ou quarante minutes à une question que si vous lui en réservez dix. Cela dit, nous avons vu des sessions efficaces de deux heures et des sessions merveilleuses d'une semaine entière. Il est bon aussi de laisser les choses « infuser » en vous pendant des semaines, si vous n'êtes pas limité par les dates fixées pour les ateliers ou par votre emploi du temps personnel.

En général, la plupart de nos clients qui empruntent le chemin de l'atelier consacrent une journée entière aux quatre premières étapes du processus, en réservant au moins trois heures pour la divergence et une à deux heures pour la convergence (qui se poursuivra souvent une fois l'atelier terminé). En cas de doute, accordez-vous au moins une demi-journée (ou une journée entière si vous en avez les moyens) afin de creuser aussi profond que possible dans le processus créatif et de donner à tous suffisamment de temps pour émettre toutes sortes d'idées sur tous les grands thèmes et problèmes à traiter.

Voici l'une des raisons clés pour lesquelles il vous faut allouer au processus – et surtout à la divergence – une quantité de temps suffisante : dans les entreprises, ceux qui participent au processus s'y engagent généralement à reculons. Ils se sentent souvent un peu forcés, comme si la manière la plus efficace et la plus raisonnable de gérer la situation était de maintenir le *statu quo*. Des ateliers et des brainstormings stériles, tout le monde en a connu – et c'est d'ordinaire, à notre avis, parce qu'on a sauté la phase du « doute », ce qui signifie qu'on n'a pas mis les gens suffisamment en appétit pour qu'ils comprennent et remettent en question leurs modèles mentaux. Avec le temps, cependant, ils se détendent et commencent à voir des choses qu'ils n'avaient pas forcément remarquées auparavant. Ils baissent la garde. Ils se libèrent. Les idées ne tardent pas à affluer.

Le nouveau paradigme – et le défi à relever

Raisonner avec de nouveaux modèles mentaux revient à changer votre manière de penser ou, plus précisément, à mieux prendre conscience de la manière dont, tous, nous créons et utilisons ces modèles. C'est un nouveau paradigme de la créativité, par la vertu de la focalisation sur l'interaction entre les grands modèles nouveaux et les cadres plus petits qu'ils contiennent. Il n'y a pas de limite au pouvoir des cinq étapes que nous avons présentées, ou à ce que vous pouvez accomplir avec elles.

C'est pourquoi le défi à relever est celui-ci : vous ouvrir vous-même à l'inattendu, à l'étonnement et à la surprise. Vous remettre en question pour prendre des risques créatifs et permettre à votre entourage, au travail ou à la maison, d'en faire autant. Vous libérer des entraves de vos modèles mentaux existants et favoriser un environnement dans lequel ceux-ci seront constamment réévalués avec prudence, dans lequel une saine dose de doute permettra à de nouvelles possibilités de prendre racine. Et si vous réussissez pendant quelque temps, bravo, mais il vous faudra quand même pratiquer un réexamen inlassable pour continuer à réussir.

Nous avons commencé ce livre avec Sartre, le chien assoiffé de liberté, et nous le terminerons sur une citation de Sartre le philosophe : « La liberté est ce que vous faites de ce qu'on vous a fait. » Notre monde ne manque pas de problèmes : du changement climatique et des déficits des comptes publics au cancer et au simple rhume, de la lutte contre le dopage dans le sport aux moyens de moins vous disputer avec votre conjoint, ou de gagner votre premier million (ou le suivant). Quel que soit votre but, ce sont votre esprit et vos modèles mentaux qui vous y mèneront. Et le plus merveilleux est que cela signifie que vous avez l'occasion, la liberté même, de moduler l'avenir, pour vous-même, votre entreprise et le monde entier, en vous libérant de vos contraintes et en jetant un regard neuf sur le monde qui s'étend devant vous.

À quels défis êtes-vous confronté ? Et comment changerez-vous ce monde qui est devant vous en utilisant l'énergie des modèles mentaux qui sont en vous ? Quelle sera votre contribution ?

Nous espérons que vous saisirez toutes les occasions possibles de raisonner par nouveaux modèles mentaux, et que vous chercherez ainsi à changer le monde. Et, désireux de réévaluer nos propres modèles mentaux, nous serons toujours heureux et reconnaissants de recevoir vos avis sur TINBcomments.com.

Remerciements

Nous exprimons notre reconnaissance au Boston Consulting Group : en tant qu'institution, il est notre domicile professionnel depuis bien des années. Cela dit, le BCG est par essence un rassemblement d'individus étonnants, et nous sommes particulièrement redevables à certains d'entre eux.

En premier lieu, Matthew Clark nous a servi de guide pendant des années dans tout ce qui concerne le marketing et les publications, depuis notre tout premier avant-projet jusqu'à la lecture des premiers brouillons de tous les chapitres. S'ils ont parfois été rudes, ses commentaires ont toujours été profonds, et, sans ses avis, le produit final aurait été beaucoup moins bon. Nous exprimons aussi une gratitude toute particulière à Mike Deimler et Lisa Ellis, respectivement leader et manager du centre d'expertise « Stratégie » du BCG, qui ont tant influencé notre monde, ainsi qu'à Knut Haanaes, successeur de Mike et continuateur de son œuvre.

Simon Targett, directeur éditorial du BCG, est depuis longtemps un diffuseur de nos idées, un lecteur de nos projets et un ami de la créativité. Bien d'autres personnes ont aimablement servi de partenaires à nos réflexions pour tel ou tel thème ou récit de ce livre, et nous ne sommes pas moins reconnaissants à ceux qui ont apporté des idées ou esquisses non retenues dans sa version finale. Parmi ces personnes prodigues de leur temps dans le véritable esprit du BCG figurent Agnès Audier, Wendi Backler, Aaron Brown, Guillaume Charlin, Olavo Cunha, Filiep Deforche, Philip Evans, Thomas Gaissmaier, Jean-Christophe Gard,

Marin Gjaja, Aurélie Granger, Michael Greenway, Gabrielle Halpern, Emmanuel Huet, Ashish Iyer, Nicolas Kachaner, Simon Kennedy, Matt Krentz, Florian Kuehnle, Zhenya Lindgardt, Claire Love, Hubertus Meinecke, Antonella Mei-Pochtler, Crista Merendino, Mark Ostermann, Kes Puckorius, Deepak Ravindran, Martin Reeves, Nneka Rimmer, Enrique Rueda-Sabater, Alison Sander, Mark Shaner, Larry Shulman, Abheek Singhi, George Stalk, Andrew Taylor, Brenda Thickett, Jorge Tomaz et Doug Woods. Karen Gordon, Antoine Gourevitch, Nicolas Harlé, Beth Hoffman, Chris Howe, Rich Lesser et Amyn Merchant ont aussi été des mentors et guides précieux au cours de ce travail.

Nous sommes reconnaissants également envers les nombreuses personnes qui gèrent en coulisses les réalisations du BCG. Ce groupe comprend Katherine Andrews, Gary Callahan, Dan Coyne et Gerry Hill, pour leur aide concernant nos travaux publiés par le BCG ; Beth Gillett, Eric Gregoire et Corrie Maguire, pour tout ce qui se rapporte à la promotion et au marketing du livre ; Dave Fondiller, Lexie Corriveau et Madeleine Desmond pour les relations presse ; Kelley Kossakoski pour la formation d'Alan à Twitter et aux médias sociaux ; Deborah English et Jennifer Marden du centre d'expertise Stratégie ; David Littleton de notre équipe de création, cheville ouvrière de la préparation des figures du livre ; et Martin Saiva qui a dessiné les schémas conceptuels.

Nous exprimons notre gratitude envers tous les associés et consultants avec lesquels nous avons collaboré auprès de clients très divers, et à tous les clients pour qui nous sommes intervenus, en particulier ceux mentionnés dans ce livre – merci de nous avoir donné ces occasions. Nous espérons n'avoir oublié de mentionner personne dans ce livre ; à tous, nous sommes très reconnaissants.

En dehors du BCG, nous avons une dette particulière envers Todd Shuster et Esmond Harmsworth, de l'agence littéraire Zachary Shuster Harmsworth. Ils ont d'abord été des guides précieux dans le monde de l'édition de livres en nous aidant à rédiger une proposition en anglais qui a intéressé Random House et en nous incitant à recadrer notre propre mentalité en fonction de ce que réclamerait le lecteur type. Todd est ensuite intervenu comme partenaire et collaborateur de nos réflexions tout au long du processus d'écriture du manuscrit, en nous aidant à rédiger chaque récit et chaque chapitre de manière aussi captivante que possible, devenant en même temps un ami qui a toute notre confiance. Bob Roe nous a aussi aidés à corriger notre premier manuscrit en apportant un œil neuf (et une disposition à pratiquer des coupes claires) au moment où nous en avions le plus besoin, et Catherine Cuddihee a de son côté apporté une série de corrections et d'améliorations ultimes. Tonu, de CartoonBase, a créé le dessin du chapitre 1.

Enfin, nous éprouvons une profonde reconnaissance envers Will Murphy et toute l'équipe de Random House pour s'être intéressés au potentiel qu'ils ont vu dans notre livre, pour nous avoir fait part de leurs commentaires avisés et pour les formidables équipes de marketing, de promotion et de relations publiques qui viennent d'entrer en action à la date où nous écrivons ces lignes. Will est une personne d'une brillante perspicacité, un éditeur incisif et un avocat débordant d'enthousiasme. De tout cœur, nous remercions Ben Steinberg pour les corrections, et Steve Messina, chef de production, ainsi que Susan Kamil, Tom Perry, Theresa Zoro, Sally Marvin, Leigh Marchant, Erika Greber, Kate Childs, Maria Braeckel, Melissa Milsten, entre autres, côté marketing et relations publiques. En tant qu'auteurs, nous avons constaté le vif intérêt de Random House pour la réflexion en nouveaux modèles mentaux – plus importante que jamais dans cette période difficile pour l'édition de livres. Nous sommes profondément reconnaissants que ce livre ait le soutien d'un éditeur aussi créatif, puissant et visionnaire.

Notes

Chapitre 1 - Des cadres mentaux neufs pour une réalité nouvelle

1. Genèse, I-26.

2. Concernant les sources de l'expression « *Think Outside the Box* », voir http://en.wikipedia.org/wiki/Thinking_outside_the_box, www.phrases.org.uk/meanings/think-outside-the-box.html, et John Butman.

Chapitre 2 - Les cadres mentaux : fabrication et mode d'emploi

1. Une analyse détaillée du mécanisme induction-déduction est présentée dans : Luc de Brabandere, *Les Mots et les choses de l'entreprise*, Mols, 2012.

2. Parmi les sources de la comptabilité à double entrée, citons Michael Chatfield, *A History of Accounting Thought*, New York, Dryden Press, 1977 ; http://en.wikipedia.org/wiki/Double-entry bookkeeping_system ; et Regina Libina, « The Development of Double-Entry Bookkeeping and Its Relevance in Today's Business Environment », Honors College Thesis, Pace University, 2005.

3. Yoshinori Fujikawa, « Case Study : Kumon Institute of Education », *Korea Times*, 31 juillet 2011, http://www.koreatimes.co.kr/www/news/bizfocus/2011/08/34291956.html. Kumon compte actuellement 1 400 sites rien qu'aux États-Unis, qui concurrencent des établissements aussi reconnus que les Sylvan Learning Centers ou le Huntington Learning Center. Missy Sullivan, « Behind America's Tutor Boom », *Smart Money*, 20 octobre 2011, http://www.smartmoney.com/spend/family-money/behind-americas-tutor-boom-1318016970246/

4. Syed Muazzem Ali, « Rise of Sir Fazle Hasan Abed », *Daily Star,* 6 janvier 2010, http://www.thedailystar.net/newDesign/news–details.php?nid=120600.Brab_

5. Ce passage est largement inspiré d'un entretien avec Rothberg et du livre de Kevin Davies, *The $1,000 Genome : The Revolution in DNA Sequencing and the New Era of Personalized Medicine,* New York, Free Press, 2010, p. 17.

6. *Ibid.*, citation tirée de l'article d'Anita Hamilton, « The Retail DNA Test », *Time,* 29 octobre 2008, http://www.time.com/time/specials/packages/article/0.28804.185274718544931854113.00.html

7. *Ibid.* Voir également Jonathan Rothberg *et al.*, « An Integrated Semiconductor Device Enabling Non-optical Genome Sequencing », *Nature,* 474, 21 juillet 2011, p. 348-353.

8. On trouvera davantage de détails scientifiques dans Andrew Pollack, « Taking DNA Sequencing to the Masses », *New York Times,* 4 janvier 2011, http://www.nytimes.com/2011/01/05/health/05gene.html?pagewanted=all, et l'information suivante sur le site d'Ion Torrent (http://www.iontorrent.com/about/overview/) : « Jusqu'à maintenant, les scientifiques devaient passer par un intermédiaire, comme la lumière, pour traduire les données chimiques en données numériques. Cette approche exige de posséder un équipement chimique et optique, comme des caméras, des lasers et des scanners. Résultat, le séquençage est complexe, lent et extraordinairement coûteux ; il n'est donc accessible qu'aux plus grands laboratoires de recherche. La technologie de séquençage d'Ion Torrent, au contraire, n'exige aucun équipement chimique ou optique car elle repose sur un processus biochimique dont les caractéristiques sont bien connues. Quand un nucléotide est incorporé dans une chaîne ADN par polymérase, un ion d'hydrogène est libéré. Cet ion hydrogène porte une charge que notre senseur d'ion peut détecter. Si un nucléotide, par exemple un C, est ajouté à un échantillon d'ADN et qu'un signal est détecté, on sait que le nucléotide a été incorporé. Notre séquenceur – le plus petit compteur de pH solide du monde – a appelé la base, passant directement de l'information chimique à l'information numérique. Comme il s'agit d'une détection directe, chaque incorpora-

tion de nucléotide est enregistrée en quelques secondes et l'on peut faire un séquençage entier en une heure environ. »

9. Pollack, « Taking DNA Sequencing to the Masses ».

10. *Ibid.*

11. http://ir.lifetechnologies.com/releasedetail.cfm?releaseid=519891

CHAPITRE 3 - DOUTER

1. Pierre Abélard, *Sic et Non* (1122), éd. Blanche, Béatrice Boyer et Richard McKeon (Chicago, University of Chicago Press, 1976), p. 103.

2. Gary Wolf, « Steve Jobs : The Next Insanely Great Thing », *Wired,* février 1996.

3. Sources du *Fosbury Flop* : le site Web de l'IOC, http://www.olympic.org/richard-douglas-fosbury ; http://en.wikipedia.org/wiki/Dick_Fosbury, et l'excellent article paru dans *The Guardian* : Simon Burnton, « 50 Stunning Olympic Moments #28 : Dick Fosbury Introduces 'the Flop' », 8 mai 2012, où l'on trouvera toutes les citations de Fosbury et d'autres journalistes.

4. Rod Nordland, « In Reaction to Two Incidents, a U.S.-Afghan Disconnect », *New York Times,* 14 mars 2012, http://www.nytimes.com/2012/03/15/world/asia/disconnect-clear-in-us-bafflement-over-2-afghan-responses.html?ref=rodnordland

5. Une classification des illusions d'optique est disponible dans *Petite Philosophie des grandes trouvailles,* de Luc de Brabandere (Eyrolles, 2010).

6. Le livre *Petite Philosophie de nos erreurs quotidiennes,* de Luc de Brabandere et Anne Mikolajczak (Eyrolles, 2011), est entièrement consacré à l'étude des biais cognitifs.

7. Voir Edward Stein, *Without Good Reason : The Rationality Debate in Philosophy and Cognitive Science,* Oxford, Oxford University Press, 1996.

8. J.M. Henslin, « Craps and Magic », *American Journal of Sociology,* 73, 1967, p. 316-330.

9. Ye Li, Eric Johnson et Lisa Zaval, Association for Psychological Science, 6 décembre 2010.

10. Amos Tversky et Daniel Kahneman, « Extensional Versus Intuitive Reasoning : The Conjunction Fallacy in Probability Judgment », *Psychological Review*, 90, octobre 1983, p. 293-315 ; et Tversky et Kahneman, « Judgment under Uncertainty : Heuristics and Biases », *Science*, New Series 185, n° 4157, 27 septembre 1974, p. 1124-1131.

11. « Monty Hall Problem », http://en.wikipedia.org/wiki/Monty_Hall_problem

12. Cette affirmation est inspirée d'un commentaire sur un blog portant sur l'ancrage de David McRamey, qui s'inspirait lui-même, une fois encore, des recherches de Tversky et Kahneman : http://youarenotsosmart.com/2010/07/27/anchoring-effect/

13. Cette expérience a été réalisée en 1960 par le psychologue britannique Peter Wason, qui a beaucoup travaillé sur le biais de confirmation et la façon dont nous testons nos hypothèses.

14. Troy Paredes, « Too Much Pay, Too Much Deference : Behavioral Corporate Finance, CEOs, and Corporate Governance », *Florida State University Law Review*, 32, 2005, p. 690. L'auteur y affirme que « les études de rapports annuels ont apporté la preuve de ce type de tendances égoïstes parmi les managers, même si ces constatations reflètent peut-être une forme de manipulation, en plus du biais cognitif ». Paredes cite James R. Bettman et Barton Weitz, « Attributions in the Board Room : Causal Reasoning in Corporate Annual Reports », *Administrative Science Quarterly*, 28, n° 165, 1983 ; Stephen Clapham et Charles Schwenk, « Self-Serving Attributions, Managerial Cognition, and Company Performance », *Strategic Management Journal*, 12, n° 219, 1991 ; Gerald Salancik et James R. Meindl, « Corporate Attributions as Strategic Illusions of Management Control », *Administrative Science Quarterly*, 29, n° 238, 1984 ; Barry Staw *et al.*, « The Justification of Organizational Performance », *Administrative Science Quarterly*, 28, n° 582, 1983. « En règle générale, écrit Paredes, il est difficile de distinguer le biais cognitif de la tentative de manipulation. »

15. *Ibid.*

16. Richard Thaler, *The Winner's Curse : Paradoxes and Anomalies of Economic Life*, New York, Free Press, 1991, p. 63-78.

17. *Ibid.*

18. George Box et Norman Draper, *Empirical Model-Building and Response Surfaces*, New York, Wiley, 1987, p. 424.

19. Felix Gillette, « Ryanair's O'Leary : The Duke of Discomfort », *Bloomberg Businessweek*, 2 septembre 2010, http://www.businessweek.com/magazine/content/1037/b4194058006755.html

CHAPITRE 4 - EXPLORER

1. http://jacksonville.com/opinion/blog/423471/gary-mills/2012-04-02/burger-king-launches-new-menu-including-salads-smoothies

2. Voici ce que déclare le site Web de PepsiCo : « Notre mission est d'être la première entreprise de produits de grande consommation au monde dans le domaine des aliments "de commodité" et des boissons. » On y lit également que « PepsiCo se considère comme responsable d'améliorer continuellement tous les aspects du monde dans lequel il opère – environnement, société, économie – afin de créer des lendemains meilleurs ». http://www.pepsico.com/Company/Our-Mission-and-Vision.html

3. Rob Walker, « How a New Camera Will Revolutionize Photography », *Atlantic*, décembre 2011, p. 36 ; Kim Eaton, « Lytro : The $50 Million-Technology That May Change Photography Forever », *Fast Company*, 20 juin 2011, http://www.fastcompany.com/1762270/harry-potter-esque-photos-worth-50-million-lytro. Voir aussi l'opinion d'un journaliste sur cette nouvelle technologie, http://www.youtube.com/watch?v=JDyRSYGcFVM

4. Rapport annuel de l'EIA.

5. Site Web de l'ONU, département des affaires économiques et sociales, division de la population. Étude prospective de l'urbanisation dans le monde.

6. *Ibid.*

7. http://fr.wikipedia.org/wiki/All%C3%A9gorie_de_la_grenouille

8. Rapport annuel 2011 de Philips. Les solutions de santé à domicile re-

présentent 14 % de Philips Santé, dont le chiffre d'affaires annuel s'élève à 8 852 milliards d'euros, sur un total de 22 579 milliards d'euros pour l'ensemble du groupe. Il convient de noter que les solutions de santé à domicile ne sont qu'une partie des activités santé de Philips, qui comporte également les branches imagerie et informatique clinique.

9. General Mills 2011 CSR report, http://www.gmaonline.org/file-manager/Sustainability/Environmental-Success-Stories.pdf

10. Interviews de dirigeants de Philips, Wikipedia, http://www.usa.philips.com/c/airfloss/287417/cat/en/ ; http://www.waterpik.com/oral-health/videos.html

11. Interviews de dirigeants de Philips, plus article et courte vidéo : http://www.dailymail.co.uk/sciencetech/article-1310446/The-Airfryer-The-frying-machine-gives-perfect-chips-oil.html

12. Diverses sources (dont Dwayne Spradlin, « Are You Solving the Right Problem ? », *Harvard Business Review*, septembre 2012) attribuent cette citation à Einstein, qui aurait dit cinquante-cinq minutes et non cinquante-neuf. Mais les citations d'Einstein sont imputées à tort, et nous n'avons pas réussi à trouver la source d'origine.

Chapitre 5 - Diverger

1. Mars Pathfinder Landing Press Kit, July 1997, NASA.

2. La date de 1997 est indiquée par Wikipedia comme étant celle où le Mars Pathfinder s'est posé sur Mars.

3. Voir « Mars Pathfinder Air Bag Landing Tests », www.nasa.gov/centers/glenn/about/history/marspbag.html

4. Sources : http://online.wsj.com/article/NAWSJPUB:SB125875892887958111.html ; http://hbswk.hbs.edu/item/4585.html, ainsi que le site Web de l'Aravind Eye Care Hospital.

5. Il existe de nombreux exercices possibles dans la même veine. Nous avons découvert celui-ci dans *Creativity Unlimited*, de Micael Dahlén (New York, Wiley, 2008).

6. *Ibid.*

7. Entretien avec Vern Burkhardt sur IdeaConnection.com, 28 janvier 2012.

8. Cité *in* Jeff Himmelman, « The Secret to Solar Power », *New York Times*, 12 août 2012.

Chapitre 6 - Converger

1. Cette citation apparaît sur de nombreux sites Web, entre autres thinkexist.com et goodreads.com. Source originale inconnue.

2. Malcolm Gladwell, « Creation Myth : Xerox PARC, Apple, and the Truth About Innovation », *New Yorker*, 16 mai 2011, http://www.newyorker.com/reporting/2011/05/16/110516fafactgladwell#ixzz1Zdlrs6KV

3. *Ibid.*

Chapitre 7 - Réévaluer

1. Oliver Wendell Holmes, « Ideals and Doubts », *Illinois Law Review* 10, n° 3 (mai 1915).

2. « Will the Latest Corporate Shakeup Be the Last for Thomson Reuters ? », http://techbytes4lawyers.wordpress.com/2011/12/08/will-the-latest-corporate-shakeup-be-the-last-for-thomson-reuters/ ; Edmund Lee, « Thomson Reuters CEO Glocer Steps Down as Smith Takes Over », *BusinessWeek*, 5 décembre 2011, http://www.businessweek.com/news/2011-12-05/thomson-reuters-ceo-glocer-steps-down-as-smith-takes-over.html ; Amy Chozick, « Glocer, Chief Exec of Thomson Reuters, is Being Replaced », *New York Times*, 5 décembre 2011, http://mediadecoder.blogs.nytimes.com/2011/12/01/glocer-head-of-thomson-reuters-is-being-replaced/?ref=media

3. Nick Wingfield et Brian Stelter, « How Netflix Lost 800,000 Members and Good Will », *New York Times*, 24 octobre 2011.

4. E-mail cité *in* Nick Greene, « Netfl ix Fee Increase: Humanity's Most Trying Moment, » *Village Voice*, 15 juillet 2011, http://blogs .villagevoice.com/runninscared/2011/07/ netfl ix fee increase.php

5. *Ibid.*

6. Compustat U.S. public company data, analyse du BCG Strategy Institute.

7. Patrick J. Sauer, « The Mother of Reinvention », *Inc.*, 27 avril 2009.

8. « A Timeline of Ford Motor Company », *NPR*, 23 janvier 2006, www.npr.org/templates/story/story.php?storyID=5168769

9. Sauer, « The Mother of Reinvention ».

10. *Ibid.*

11. « A Timeline of Ford Motor Company ».

12. Tous les détails sur le fait qu'Henry Ford n'ait pas su aller au-delà de son Model T sont tirés de Richard Tedlow, *Denial : Why Business Leaders Fail to Look Facts in the Face — and What to Do About It*, New York, Portfolio, 2010.

13. *Ibid*, p. 17-19.

14. Tous les faits concernant Gelb et le Metropolitan Opera sont tirés de la biographie de Gelb postée sur http://www.metoperafamily.org, ainsi que sur un entretien qu'il nous a accordé en mars 2012.

15. Entretiens avec des dirigeants de Philips, et http://www.uselog.com/2010/03/senseo-real-story-behind-coffee.html

16. Voir http://www.senseo.com

17. La plupart des faits, les citations du PDG et des autres dirigeants, ainsi que d'autres affirmations concernant HLL et Nirma sont tirés de l'étude de cas « Hindustan Lever Limited : Levers for Change », INSEAD-EAC, Fontainebleau, France, 2002. Mais cette citation vient d'une autre étude de cas : « Hindustan Lever Re-invents theWheel », IESE-International Graduate School of Management, 2003.

18. Voir Marcel Planellas et Silviya Svejenova, « Creativity : Ferran Adria », ESADE Business School, mai 2006.

19. Julia Hanna, « Customer Feedback Not on elBulli's Menu », *Working Knowledge*, Harvard Business School, 18 novembre 2009.

20. *Ibid.*

21. M.S., « Creativity and Business Studies : From Liquid Raviolis to

Illiquid Businesses », *The Economist*, n° 27, octobre 2011.

22. Lisa Abend, « What Will the World's Best Restaurant Become Next ? », *Time*, 18 février 2010.

23. Lisa Abend, « The Night elBulli Danced : The World's Most Influential Restaurant Shuts Down », *Time*, 1er août 2011.

24. M.S., « Creativity and Business Studies : From Liquid Raviolis to Illiquid Businesses ».

25. *Ibid.*

26. http://www.pepsico.com/PressRelease/PepsiCo-and-Worlds-Greatest-Chef-Announce-New-Innovation-Partnership06162011.html

27. Sue Shellenberger, « Better Ideas Through Failure », *Wall Street Journal*, 27 septembre 2011.

CHAPITRE 8 - DE L'INSPIRATION À L'INNOVATION : CONSTRUIRE DE NOUVEAUX CADRES MENTAUX ET LES REMPLIR

1. Tous les details concernant le saut de Läng sont tirés de « Remo Laeng, Swiss Base Jumper, Becomes First Ever to Cross a Mountain Range in a Free Fall », *Global Post*, 10 mars 2012, http://www.globalpost.com/dispatch/news/regions/europe/120310/remo-laeng-swiss-base-jumper-becomes-first-ever-cross-mountain-r ; et « Swiss "Birdman" Flies Across Alps in Free Fall », Reuters, 10 mars 2012, http://uk.reuters.com/article/2012/03/10/us-swiss-freefall-idUKBRE8290FJ20120310

2. Steve Jobs, « Apple's One Dollar a Year Man », *Fortune*, 24 janvier 2000.

3. http://www.greenstar.org/butterflies/Hole-in-the-Wall.htm et http://www.bbc.co.uk/news/technology-10663353

4. Voir *La Valeur des idées*, Dunod.

5. http://www.corp.att.com/attlabs/about/mission.html

6. Sooksan Kantabutra, « What Do We Know About Vision ? », *Journal of Applied Business Research*, 24, n° 2, 2008, citant J.C. Collins et J.I. Porras, *Built to Last : Successful Habits of Visionary Companies*, Londres, Century, 1994.

7. http://www.avisbudgetgroup.com/company-information/our-mission-vision-and-values/

8. http://www.progressive.com/progressive-insurance/core-values.aspx

Chapitre 9 – Imaginer l'avenir

1. Fabrice Amedeo, « Le fret ferroviaire s'effondre », *Le Figaro,* 18 février 2009.

2. Christopher Hinton, « Drop in Business Travel Slams Airlines, Hotels », *Market Watch,* 16 avril 2009, http://articles.marketwatch.com/2009-04-16/news/30778714_1_high-end-hotels-iata-business-travelers

3. Le texte complet des scénarios UNIFE est disponible dans *Le Plaisir des idées,* Dunod, 4e édition, 2010.

4. Brian Spegele et Bob Davis, « High-Speed Train Links Beijing, Shanghai », *Wall Street Journal,* 29 juin 2011.

5. Keith Bradsher, « High-Speed Rail Poised to Alter China », *New York Times,* 22 juin 2011.

6. Keith Bradsher, « China Is Eager to Bring High-Speed Rail Expertise to the U.S. », *New York Times,* 7 avril 2010.

Les auteurs

Luc de Brabandere est *fellow* et *senior advisor* au Boston Consulting Group (BCG). Il dirige des séminaires de stratégie avec les administrateurs, les dirigeants et les managers d'un vaste éventail d'entreprises qu'il aide ainsi à développer de nouvelles visions, de nouveaux produits et services et des scénarios à long terme, afin de préparer l'avenir. Il enseigne également à la Louvain School of Management et à l'École Centrale Paris. Il est l'auteur ou le co-auteur d'un grand nombre de livres publiés en français et en anglais. Il publie régulièrement des articles dans divers journaux en France et en Belgique. Avant de rejoindre le BCG, il était directeur général de la bourse de Bruxelles.

Alan Iny est le spécialiste senior de la créativité et des scénarios au BCG. Il a formé des milliers de dirigeants et de consultants du BCG, dirige une vaste palette d'ateliers destinés à de multiples secteurs d'activité et donne des conférences, dans de nombreux pays, sur les idées susceptibles de conduire à de nouveaux produits ou services, le développement de nouvelles visions stratégiques et l'art et la manière de penser à l'avenir de façon créative. Avant de rejoindre le BCG en 2003, il avait passé son MBA à la Columbia Business School, après avoir obtenu un BS en mathématiques et management à McGill. Il réside à New York avec son épouse et sa fille.

Index

11 septembre 2001, 56, 255
454 Life Sciences, 42

A

Abed, Fazle, 38
Abélard, Pierre, 55
Abellàn, Carles, 221
Adam (la Bible), 18
ADN, 40, 41, 42, 169, 247
Adrià, Albert, 221
Adrià, Ferran, 220, 221, 222
AirFloss, 122
Air France, 86
Airfryer, 122
algorithme, 30, 70, 71, 106, 260
Allegro Tel, 136, 138
Allen, Paul, 174
Alstom, 264
Amazon.com, 104, 114
ambiguïté, 28, 41, 47, 51, 69, 106, 285, 287, 288
AMC, 253, 254, 256
ampoule (invention de l'), 174, 175
analogie, 50, 150, 154
Anas, Ilham, 137
ancrage mental, 75
AOL, 57
Apple, 38, 110, 172, 229
Aravind Eye Care System, 133
arc-en-ciel, 288
Ariel (lessive), 218
Aristote, 19
assurances
  compagnie d', 131, 162, 164, 170, 249, 263
  en ligne, 163, 164, 167
audit des convictions, 81
avenir, 11, 43, 52, 81, 82, 89, 95, 105, 106, 108, 147, 151, 152, 165, 186, 193, 198, 246, 251, 253, 254, 255, 256, 264, 266, 271, 280, 285, 298
  extraordinaire, 115, 118
Avis Budget Group, 247

B

Bach, Jean-Sébastien, 36
Bailly, Jean-Paul, 192
banque, 20, 131, 144, 206
Barnes & Noble, 114
Beethoven, Ludwig von, 36
Belgique (élection de 2010), 116
Bem Estar Bem (slogan), 235
Bergé, Pierre, 174
Berger, Gaston, 105, 107
biais cognitif, 51, 62, 63, 71, 75, 78, 79, 91, 111, 121, 208, 232, 233
  d'appariement, 72, 73
  de disponibilité, 75

de l'auto-attribution, 78
en mode déduction, 71
en mode induction, 75
Bible (la), 18
BIC, 36, 37, 46, 144, 230, 294
Bich, Marcel, 36
Blockbuster, 39
Bloomberg, 197, 198
blue sky thinking, 22
Boeing, 283
Bombardier, 264
bon sens, 70
Borders, 114
Boston Consulting Group (BCG), 83, 299
bourse, 196
de Londres, 196
Box, George, 80
Brabandere, Luc de, 174
BRAC, 38
brainstorming, 37, 130, 142, 143, 171, 230, 261, 262, 270, 297
Brésil, 108, 140, 236, 237, 238, 239, 240, 243, 244, 245, 261
Brill bend, 59
Burger King, 99
Bush, George (sosie), 68

C

cadre
changement de, 58, 102, 229
construire un nouveau, 43, 225, 229, 235, 311
créer un nouveau, 147, 227, 233
développer un nouveau, 149, 176, 180
et cerveau, 70
fabrication du, 29, 303
mettre en doute le, 60
neuf, 26, 28, 32, 36
prisonnier du, 26
réinvention du, 39
se placer dans un nouveau, 187
sortir du, 20, 21, 22, 23, 26, 47, 130
cadre mental
neuf, 13, 303
Caïmans (îles), 133
Caramba !, 36, 38, 39, 43, 50, 53, 195, 201, 204, 205, 206, 212, 216, 217, 219, 220, 281, 283
surmonter les, 214
casse-tête, 165, 265
des neuf points, 22
catégorie, 17, 18, 35
catégorisation, 18, 35, 95
cerveau, 10, 13, 14, 18, 20, 28, 30, 31, 49, 57, 60, 65, 66, 67, 68, 70, 167, 171, 173
convergent, 174
divergent, 174
Champagne de Castellane, 145
changement, 52, 53, 56, 81, 106, 108, 110, 111, 118, 128, 164, 181, 192, 195, 198, 201, 204, 205, 206, 229, 233, 244, 245, 288, 293
cognitif, 232, 235
Chemins de fer fédéraux suisses, 264
Chicago (université de), 79
Chine, 87, 108, 140, 159, 261, 274, 276, 281, 282, 283, 285
cinq mots clés (exercice d'), 144, 146
classification, 17, 35
client
connaissance du, 94, 95, 99, 101, 105, 121, 122
clientèle, 14, 261
clients
service, 98
CNN, 39
Coca-Cola Company *vs* PepsiCo, 101
communauté *open source*, 129

communication, 143, 166
ouverte, 292
par satellite, 196
technologies de, 274
complexité, 10, 16, 43, 69, 92, 223, 257, 287, 288
comptabilité à double entrée, 31, 32
comptabilité mentale, 79
concurrence, 94, 101, 122, 124, 164, 215, 219, 223
confiance, 189, 190, 191, 192, 193, 248
consensus, 82, 92, 112, 169, 185, 186, 248, 296
consommateur, 94, 99, 110, 210, 212
contrainte, 52, 65, 130, 147, 165, 178, 179, 184, 186, 265, 268, 289, 294, 298
briser la, 146
externe, 179
interne, 179
convergence, 45, 52, 81, 134, 158, 171, 172, 173, 174, 176, 177, 178, 183, 186, 242, 268, 270, 271, 272, 296, 297
atelier de, 187
exercice de, 177
processus de, 176, 179, 183, 186, 223
round de, 137, 175
conviction, 61
audit dess, 83, 88, 238
Coran, 65
Corée, 64
coup du sort, 117, 260, 261, 262, 265, 266, 267, 268, 287
Coyne, Shawn, 143
créativité, 10, 11, 17, 18, 20, 23, 26, 27, 31, 35, 37, 46, 47, 53, 55, 56, 91, 92, 106, 121, 130, 131, 142, 143, 147, 157, 165, 187, 195, 219, 220, 221, 222, 232, 292
atelier de, 111
« *Crer para Ver* » (Croire, c'est voir), 237
critère, 31, 35, 52, 64, 148, 178, 179, 182, 183, 184, 185, 250, 294
cygne noir, 53, 116, 275

D

Dad, Khaliq, 65
Daimler, Gottlieb, 202
Danone, 229
Datta, S., 219
Debussy, Claude, 36
décision, 52, 71, 79
d'achat, 96, 97
phase de, 179, 183
processus de, 186
déduction, 30, 31, 32, 33, 35, 36, 41, 47, 49, 51, 68, 70, 71, 86, 106, 111, 124, 142, 169, 173, 251, 258
Deep Blue, 68
Dell, 129, 233
démographie, 110, 268, 270, 271
tendances liées à, 112
Descartes, René, 55
dés (lancer de), 72
développement durable, 82, 117, 120, 237
différenciation, 181, 248
Disney, Walt, 225
divergence, 45, 51, 52, 81, 123, 128, 130, 131, 132, 134, 135, 158, 159, 162, 165, 171, 172, 173, 174, 176, 177, 179, 187, 191, 268, 270, 271, 294, 297
atelier de, 150
exercice de, 134, 144, 145, 152, 155, 188
processus de, 134, 223
round de, 137, 175
session de, 130, 140, 145, 151, 159, 164, 180, 186

diversification, 292, 296
« Divided Nations » (scénario), 275, 276
doute, 27, 44, 47, 51, 56, 61, 62, 69, 75, 80, 84, 92, 99, 132, 163, 167, 173, 219, 232, 239, 264, 297, 298
climat de systématique, 62, 63, 70
Douwe Egberts, 212, 213, 214
Dove, 237
« Dragon Corp. » (scénario), 274, 276, 282
Drucker, Peter, 171
dualité onde-particule, 205

E

échauffement (exercice d'), 63, 138, 139, 140, 141, 142, 151, 165, 292
échec, 39, 181, 204, 222
« échec héroïque », 222
« Ecomagination », 120
économie, 268
d'échelle, 132, 181, 206, 282
du comportement, 71
Edison, Thomas, 36, 174, 175
éducation
au Brésil, 237, 238, 240, 243, 244
efficacité opérationnelle, 181
Einstein, Albert, 36, 123, 205, 285, 288
elBulli, 220
« éléphant dans la salle », 118, 119, 266, 283
Elle, 166
énergie alternative, 108, 118, 146, 147, 270, 271, 274, 276
enquête de satisfaction, 31, 99, 191
entreprise parfaite (exercice de l'), 219
équation avec allumettes (exercice d'), 69
erreur, 71, 75
de jugement, 79
de logique, 72
de perception, 10
Espagne, 269
Esselunga, 100
Eurêka !, 36, 37, 38, 39, 40, 41, 43, 50, 57, 92, 128, 158, 200, 219, 281
exercice inductif, 87, 89
extranet, 164

F

Facebook, 57, 149
faisabilité, 180
fast-food, 132
Fédération des industries ferroviaires (FIF), 264
Ford, Henry, 202, 203, 204, 212
Ford Motor Company, 202
Fosbury, Dick, 58, 59, 60
Fosbury Flop, 58, 60
Fox News, 39
France, 85, 187, 192
Franklin, Benjamin, 36
futur, 253, 255, 256, 265, 272

G

Gates, Bill, 174
Gelb, Peter, 207, 208
General Electric, 120, 258
Generali (assurances), 131, 162, 163, 164, 165, 166, 167, 169, 170
General Mills, 120
General Motors, 203, 249
génome humain (séquençage), 40, 41, 42
géopolitique, 268
Google, 14, 60, 61, 75, 146, 153, 168, 190, 260
« grenouille dans la marmite », 118 119, 266
Grey Advertising, 222

H

Happy Coffee (entreprise fictive), 230, 231
Hastings, Reed, 199, 200
Hawking, Stephen, 253
hémisphère
  droit, 173
  gauche, 173
Henslin, James, 72
heuristique, 65, 70, 71, 73, 99
Hewlett-Packard, 129, 174
Hindustan Lever Limited, 214
Holmes, Oliver Wendell, 195, 260
Home Depot, 206
horizon temporel, 180
Huis clos (de J.-P. Sartre), 9, 10, 27
humilité, et doute, 56, 248
humour, 39, 139
Huygens, Christian, 205
hypothèse, 14, 16, 21, 35, 41, 44, 48, 50, 51, 55, 57, 61, 62, 77, 80, 83, 87, 99, 114, 128, 184, 206, 227, 231, 255, 260, 262, 268, 270, 271, 272, 274, 287

I

IBM, 68, 129, 172, 229
Icare, 225
Idea Man, 174
Ikea, 38, 131
illusion, 72
  d'optique, 65, 165, 265
impact, 181, 185
  écologique, 236
  sur l'environnement, 237
« impensable », 53, 116, 117, 118, 119
incertitude, 53, 264, 288
« inconnu connu », 53
« inconnu inconnu », 287
Inde, 132, 133, 140, 210, 214, 218, 261
indicateur de performance, 209, 284
induction, 30, 31, 32, 33, 34, 36, 41, 44, 47, 49, 51, 70, 71, 86, 106, 111, 116, 124, 142, 169, 251, 285
industrie
  automobile, 112, 203, 249
  du rail, 264, 269, 274, 284
  du transport aérien, 255
  informatique, 40
innovation, 20, 23, 26, 36, 44, 53, 82, 121, 148, 221, 225, 247, 311
  technologique, 109, 190
inspiration, 28, 40, 187, 222, 225, 227, 311
Internet, 108, 131, 163, 164, 166, 167, 169, 196, 197
intuition, 71, 139, 212
investigation
  en phase de divergence, 169
  trois sphères d', 93
Ion Torrent, 42
Italie, 210

J

Japon, 38, 64, 250
jeu vidéo, 114, 149, 210
jeux Olympiques, 59
  de Mexico, 58
  de Munich, 60
Jobs, Steve, 36, 56, 92, 172, 229
joint-ventures (exercice des), 280
Journal of Personality and Social Psychology, 72
jugement, 14, 50, 51, 52, 171, 172, 173, 185, 186, 266
Jungheinrich Group, 97, 98, 99

K

Kahneman, Daniel, 73
Kilby, Jack, 40
Kindle, 114

Kraft, 120, 148
Kumon Math (et Reader Centers), 38

L

Lampedusa, Giuseppe de, 223
Läng, Remo, 225
La Poste, 85, 88, 148, 152, 155, 187, 188, 189, 190, 191, 192, 193
leadership, 43
Lefebvre, Georges, 88, 190
Le Hasard sauvage, 116
Le Lay, Patrick, 234
« Le monde de la famille en forme » (scénario), 254, 256, 257
« Le monde du loisir sur mesure » (scénario), 254, 257
LG, 231
liberté, 298
liberté créative, 221, 227, 292
Lincoln, Abraham, 196
Lincoln Center, 207, 208
Linux, 129
logique, 15, 19, 31, 35, 50, 73, 172, 280
logistique, 295
Los Angeles Times, 59
low cost, 131, 132, 133, 216
Lucy Belle (chatte), 222
Lytro, 103

M

Magritte, René, 69
« mais si jamais » (scénario), 255
marketing, 84, 124, 145, 147, 164, 181, 218, 219
marque (et réputation), 181
Mars (planète), 127
mathématiques, 32, 35, 72
McDonald's, 99, 149
mécanique quantique, 205
megatrend(s), 45, 52, 94, 105, 108, 109, 110, 111, 114, 115, 116, 117, 124, 147, 260, 261, 267, 287
  gérer les ~, 107
  identifier les ~, 105, 108, 120, 265
Metropolitan Opera, 207
Metropolitan Opera Radio, 207
Meyer, Jürgen, 281
Michelin, 192, 229
microcosme, 154
microprocesseur Intel Pentium, 40
Microsoft, 147, 172, 188, 249
ministère de l'Éducation (Brésil), 239
« Mission Mobility » (scénario), 274, 276
Mitra, Sugata, 240
modèle mental. Voir « cadre »
modus ponens, 71
Monty Hall (problème), 74

N

NASA, 127, 128, 149
Natura Cosméticos, 235, 236, 238, 239, 243, 244
Natura Institute, 237, 240, 242, 244, 245
Neandertal, 42
Netflix, 39, 199, 200, 254
Newton, Isaac, 205
New York Times, 200
Nintendo, 231, 232
Nirma (lessive), 215, 216, 217, 218
Nook, 114
Noyce, Robert, 40
numérisation, 110

O

observation, 16, 91, 96
obsolescence, 46
O'Leary, Michael, 86, 87
Organon (d'Aristote), 19
« oui, et », 136, 155, 161, 168, 187, 272

« oui, mais », 135, 136, 159
outsider, 57, 103
oxymore, 153
  exercice d', 153

P

Pacioli, Luca, 32
paradigme, 14, 19, 24, 47, 48, 50, 80, 99, 114, 124, 128, 130, 164, 196, 205, 227, 232, 297
  changement de, 182, 229, 294
paradoxe, 51, 69, 204, 205, 206, 208, 212, 220, 283
paramètre, 106, 211
Pasteur, Louis, 36
Patel, Karsanbhai, 215
Pauling, Linus, 127
pays en développement, 112, 133
pensée prédictive, 106
PepsiCo, 101
perception, 51, 91, 95, 100, 111, 145, 191, 208, 233, 250, 256, 258, 265, 266, 289
  changement de, 50, 128, 163, 198, 227, 233, 234
  remise en question de, 280
perspective(s), 43, 128, 140, 232, 292, 295
  changer de, 150, 187, 191, 192, 234, 245
  disparates, 188
phase « explorer », 44, 91, 92, 101, 198, 223
phase de convergence (phase 4), 45, 158, 161, 169, 174, 177, 178, 179, 186, 242, 243
phase de divergence (phase 3), 45, 89, 116, 120, 125, 128, 130, 134, 135, 136, 138, 148, 153, 155, 157, 158, 161, 167, 169, 170, 173, 186, 238, 241, 280, 287
phase de doute (phase 1), 44, 55, 65, 85, 91, 111, 297
phase « impact », 242
phase « réévaluer » (phase 5), 45
Philips, 120, 185, 212, 213, 214
Picasso, Pablo, 136
pigeon voyageur, 196
postulat, 19, 23, 61, 71, 80, 81, 82, 130, 232, 233
potentiel « de rupture », 112
printemps arabe, 119
processus créatif inductif, 223
processus en cinq étapes, 43, 46, 169, 228, 230, 232, 245, 261
Procter & Gamble, 218

Q

quadricycle, 202
Quand la panthère rose s'emmêle, 39
question
  poser la bonne, 293, 294
quiz, 139
Qwikster, 199

R

radio, 196, 197
rasoir d'Occam, 68
réalité, 14, 16, 17, 18, 19, 167, 186, 260, 266
  interprétation de la, 16, 52
  perception de la, 50, 53, 55, 63
  représentation mentale de la, 36
  simplification de la, 14, 49
  virtuelle, 153, 166, 254, 257
réchauffement climatique, 72, 233, 261
rédaction de titres de journal (exercice de), 152
Redbox, 39
réflexion déductive, 111
réflexion inductive, 115

réflexion prospective, 105, 106, 167
réussite, 39, 62, 75, 78, 79, 84, 100, 110, 123, 136, 175, 181, 184, 195, 203, 204, 213, 219, 220, 222, 223, 228, 242, 247
Reuters, 196, 197
Rin (lessive), 217, 218
Ripley, John, 214, 219
Risen, Jane, 72
risque, 181, 288
  aversion au, 78
  d'erreur, 101
  estimation subjective du, 71
Rive, Lyndon, 147
Rolls-Royce, 174
Rothberg, Jonathan, 40, 41, 42, 43
Rothberg, Noah, 40, 41
rupture de continuité hypothétique, 266
Russie, 38, 261
Ryanair, 86, 87, 131

S

Saint Laurent, Yves, 174
Samsung, 120
santé, 43, 120, 132, 153, 185, 229
Sartre, Jean-Paul, 9, 298
scénario, 53, 105, 253, 254, 255, 256, 257, 258, 259, 260, 261, 262, 263, 266, 267, 268, 271, 272, 274, 275, 279, 280, 281, 282, 283, 284, 287, 288
  atelier, 262
  catastrophe, 152, 153
  contraire, 117
  de rêve, 152
  développer son propre, 261
  exercice de, 285, 287, 288
  planification par, 258, 259, 263, 264, 265, 279, 281, 285, 288
  raisonnement par, 259, 260
scepticisme méthodologique, 55
sélection, 52, 111, 159, 178, 184
Sellers, Peter, 39
semi-conducteur, 41, 42
Sen, S., 216, 217
Senseo, 212
  Sarista, 214
Shaw, George Bernard, 198
Shell, 102, 257, 285
Shetty, Devi, 132, 133
Siemens, 264, 281
signaux faibles, 46, 208, 212, 214, 217, 219, 220, 283
SolarCity, 147
Sony, 103, 210, 229, 249, 250
souris (d'ordinateur), 172, 173
Sperry, Robert Wolcott, 173
Sports Illustrated, 59
Stallman, Richard, 128
Staples, 143
stéréotype, 14, 19, 50, 61
Streisand, Barbra (sosie), 138
subjectivité, 33, 64, 185, 209
Surf (lessive), 214, 215, 216, 217, 218

T

talk radio, 39
Tedlow, Richard, 203
télégraphe, 196, 197
téléphone portable, 37, 88, 92, 129, 151, 205
téléscripteur, 196
tendance(s), 63, 86, 94, 108, 109, 110, 112, 114, 115, 117, 118, 145, 164, 223, 257, 261, 265, 266, 267, 268, 270, 283, 287, 296
  liste de ~, 119, 262
Teresa (Mère), 132
terrorisme, 255
TGV, 140, 283
Thaler, Richard, 79

Thatcher, Margaret, 67
The Economist, 268
The Guardian, 59
Thomson Reuters, 197
Tiffany, 231
Time, 221
Torvalds, Linus, 128
Toyota, 38, 73
Trader Joe, 100
« True Beauty » (campagne), 237
« tue-l'idée », 159
Tversky, Amos, 73

U

Ultragames, 149, 150
UNIFE, 263, 264, 265, 266, 270, 271, 274, 275, 279, 281, 282, 283, 284, 285
Unilever, 214
United Airlines, 86
urbanisation, 109, 203
US Airways, 255

V

valeur(s), 53, 71, 82, 169, 180, 209, 246, 247, 248, 249, 259
  création de, 182
  jugement de, 50
Vamp (entreprise fictive), 177
variables, 261, 262, 268, 270, 272, 287
  développer les, 268, 287
veille concurrentielle, 94, 104, 261
Vinci, Léonard de, 32
vision stratégique, 46, 53, 145, 176, 218, 229, 230, 237, 242, 245, 246, 280
visualisation, 18
Vlaskovitz, Patrick, 230
volcan, 117, 267

W

Wack, Pierre, 257
Watson, James, 42
Watson, Steve, 68
Web 2.0., 164
Wheel (lessive), 218
Whole Foods, 100
wingsuit, 225, 228
Wired, 56, 153, 166
« World @ Home » (scénario), 274, 276

X

Xerox, 172

Z

Zolten, Amanda, 222
zone de confort, 10, 29, 44, 57
ZVEI, 264

Mise en page : Florian Hue

Certifié PEFC

Ce produit est issu de forêts gérées durablement et de sources contrôlées.

PEFC 10-31-2568

pefc-france.org

Achevé d'imprimer : EMD S.A.S.

N° d'éditeur : 4814 - N° d'imprimeur : 28654

Dépôt légal : octobre 2013

Imprimé en France

Cet ouvrage est imprimé - pour l'intérieur - sur papier Ambergraphic 90 g des papeteries Arctic Paper, dont les usines ont obtenu la certification environnementale ISO 14001 et opèrent conformément aux normes ECF et EMAS